PEDAGOGIA CRISTÃ:
COMO PRATICAR A FÉ
EM SALA DE AULA

DAVID I. SMITH
COLEÇÃO FÉ, CIÊNCIA & CULTURA

PEDAGOGIA CRISTÃ:
COMO PRATICAR A FÉ
EM SALA DE AULA

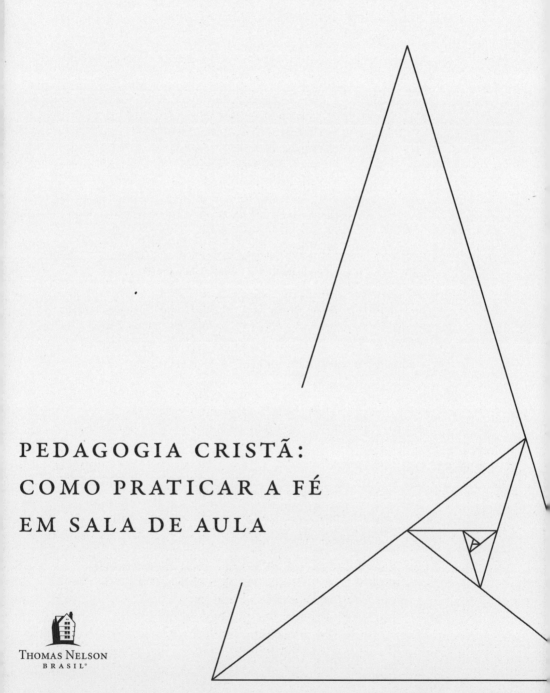

THOMAS NELSON
BRASIL

Título original: *On Christian teaching: practicing faith in the classroom*
Copyright © 2018, de David I. Smith, edição original de William B. Eerdmans Publishing Co.
Todos os direitos reservados. Copyright de tradução © 2022, de Vida Melhor Editora LTDA.

Todos os direitos desta publicação são reservados por Vida Melhor Editora LTDA.

As citações bíblicas são da Nova Versão Internacional (NVI), da Bíblia, Inc., a menos que seja especificada outra versão da Bíblia Sagrada.

Os pontos de vista desta obra são de responsabilidade de seus autores e colaboradores diretos, não refletindo necessariamente a posição da Thomas Nelson Brasil, da HarperCollins Christian Publishing ou de sua equipe editorial.

Publisher *Samuel Coto*
Editor *André Lodos Tangerino*
Produção editorial *Fabiano Silveira Medeiros*
Tradução *Tiago Garros*
Preparação *Emerson Martins Soares*
Revisão *Gabriel Braz*
Diagramação *Aldair Dutra de Assis*
Capa *Rafael Brum*

Dados Internacionais de Catalogação na Publicação (CIP)
(BENITEZ Catalogação Ass. Editorial, MS, Brasil)

S147p   Smith, David I.
1.ed.   Pedagogia cristã : praticando a fé na sala de aula / David I. Smith; tradução de Tiago V. Garros. — 1.ed. — Rio de Janeiro: Thomas Nelson Brasil, 2022.
              208 p.; 15,5 x 23 cm.

              Título original : On Christian teaching: practicing faith in the classroom.

              ISBN: 978-65-56896-11-3

              1. Educação cristã (Teologia). 2. Educação cristã - Métodos de ensino. 3. Ensino - Aspectos religiosos - Cristianismo. 4. Professores - Vida religiosa. I. Garros, Tiago V. II. Título.

09-2022/143   CDD 248.8

Índice para catálogo sistemático

1. Educação cristã: Aspectos religiosos: Cristianismo   248.8

Bibliotecária: Aline Graziele Benitez - CRB-1/3129

Thomas Nelson Brasil é uma marca licenciada à Vida Melhor Editora LTDA.
Todos os direitos reservados. Vida Melhor Editora LTDA.
Rua da Quitanda, 86, sala 218 — Centro
Rio de Janeiro, RJ — CEP 20091-005
Tel.: (21) 3175-1030
www.thomasnelson.com.br

Sumário

Coleção fé, ciência e cultura 7
Prefácio à edição brasileira 9
Agradecimentos 13
Prefácio 15

    1. A lacuna pedagógica............................... 17
    2. A íntegra dos nove minutos 33
    3. Padrões que importam............................. 49
    4. O movimento da alma 67
    5. Planejamento motivado............................ 83
    6. Ver, engajar, remodelar 101
    7. O trabalho da imaginação 117
    8. Vida em comunhão 137
    9. Planejando espaço e tempo 157
  10. Pedagogia e comunidade......................... 175
  11. O estado da pesquisa acadêmica cristã 187

Índice remissivo 205

Coleção Fé, ciência e cultura

Há pouco mais de sessenta anos, o cientista e romancista britânico C. P. Snow proferia na *Senate House*, em Cambridge, sua célebre conferência sobre "As Duas Culturas" — mais tarde publicada como "As Duas Culturas e a Revolução Científica" —, em que, não só apresentava uma severa crítica ao sistema educacional britânico, mas ia muito além. Na sua visão, a vida intelectual de toda a sociedade ocidental estava dividida em *duas culturas*, a das ciências naturais e a das humanidades,[1] separadas por "um abismo de incompreensão mútua", para enorme prejuízo de toda a sociedade. Por um lado, os cientistas eram tidos como néscios no trato com a literatura e a cultura clássica, enquanto os literatos e humanistas — que furtivamente haviam passado a se autodenominar *intelectuais* — revelavam-se completos desconhecedores dos mais basilares princípios científicos. Esse conceito de *duas culturas* ganhou ampla notoriedade, tendo desencadeado intensa controvérsia nas décadas seguintes.

O próprio Snow retornou ao assunto alguns anos mais tarde, no opúsculo traduzido para o português como "As Duas Culturas e Uma Segunda Leitura", em que buscou responder às críticas e aos questionamentos dirigidos à obra original. Nessa segunda abordagem, Snow amplia o escopo de sua análise ao reconhecer a emergência de uma *terceira cultura*, na qual envolveu um apanhado de disciplinas — história social, sociologia, demografia, ciência política, economia, governança, psicologia, medicina e arquitetura — que, à exceção de uma ou outra, incluiríamos hoje nas chamadas ciências humanas.

O debate quanto ao distanciamento entre essas diferentes culturas e formas de saber é certamente relevante, mas nota-se nessa discussão a "presença de uma ausência". Em nenhum momento são mencionadas áreas como teologia ou ciências da religião. É bem verdade que a discussão passa ao largo desses assuntos, sobretudo por se dar em ambiente em que o conceito de laicidade

---

[1] Aqui, deve-se entender o termo "humanidades" como o campo dos estudos clássicos, literários e filosóficos.

é dado de partida. Por outro lado, se a ideia de fundo é diminuir distâncias entre diferentes formas de cultivar o saber e conhecer a realidade, faz sentido ignorar algo tão presente na história da humanidade — por arraigado no coração humano — quanto a busca por Deus e pelo transcendente?

Ao longo da história, testemunhamos a existência quase inacreditável de polímatas, pessoas com capacidade de dominar em profundidade várias ciências e saberes. Leonardo da Vinci talvez tenha sido a mais célebre dessas pessoas. Como essa não é a norma entre nós, a especialização do conhecimento tornou-se uma estratégia indispensável para o seu avanço. Se, por um lado, isso é positivo do ponto de vista da eficácia na busca por conhecimento novo, é também algo que destoa profundamente da unicidade da realidade em que existimos.

Disciplinas, áreas de conhecimento e as *culturas* aqui referidas são especializações necessárias em uma era em que já não é mais possível — nem necessário — deter um repertório enciclopédico de todo o saber. Mas, como a realidade não é formada de compartimentos estanques, precisamos de autores com a capacidade de traduzir e sintetizar diferentes áreas de conhecimento especializado, sobretudo nas regiões de interface em que essas se sobrepõem. Um exemplo disso é o que têm feito respeitados historiadores da ciência ao resgatar a influência da teologia cristã da criação no surgimento da ciência moderna. Há muitos outros.

Assim, é com grande satisfação que apresentamos a coleção *Fé, Ciência e Cultura*, através da qual a editora Thomas Nelson Brasil disponibilizará ao público-leitor brasileiro um rico acervo de obras que cruzam os abismos entre as diferentes culturas e modos de saber, e que certamente permitirá um debate informado sobre grandes temas da atualidade, examinados pela perspectiva cristã.

Marcelo Cabral e Roberto Covolan
Editores

Prefácio à edição brasileira

Falar em educação é tratar de um tema amplo, que, justamente por sua enormidade, pode tornar-se ambíguo. Comumente, associa-se, de imediato, o tema da educação à escolarização ou ao ensino formal, com suas disciplinas acadêmicas. No entanto, educar é indispensável à própria vida humana, existindo até mesmo nas estruturas sociais mais simples, mesmo antes da escolarização universal. Uma vez que a educação é reconhecida como atividade humana, cultural, social e existencialmente indispensável, deve-se admitir que, à medida que as sociedades vão-se tornando historicamente mais complexas, a educação também exigiu novos atores sociais e diversas instituições envolvidas com a tarefa do ensino.

Mais que indispensável, educar é inevitável. A própria necessidade de educação aponta para certo inacabamento e para uma demanda por determinado tipo de relação formativa que municie a pessoa de habilidades, competências, saberes e virtudes que não podem ser simplesmente herdados biologicamente. O ser humano é, por natureza e por sua origem em Deus, relacionalmente dependente. Daí a necessidade existencial de educação como uma rede de trocas de formação que contribua para o florescimento e o desenvolvimento do ser humano na condição de criatura feita à imagem de Deus.

Desse modo, por ser a educação algo indispensável, exigirá um paradigma de humanidade, uma antropologia (em sentido filosófico), ou seja, um modelo de ser humano. Exatamente nesse ponto é que as coisas se tornam desafiadoras. Existem modelos antropológicos distintos, dependendo dos diferentes contextos, ideologias e tradições humanas. E, em virtude dessa constelação de concepções de ser humano, o cristianismo (com suas respectivas tradições) vê-se obrigado a desenvolver um modelo educacional que se revele leal à particularidade (universalidade?) de sua antropologia.

Quando se fala em educação cristã, consideram-se todos os contextos institucionais em que é aplicada. Ela tem lugar na família, na igreja e, eventualmente, na escola confessional, na educação domiciliar e na faculdade cristã. Também é preciso considerar outros ambientes da educação cristã: seminários teológicos, fóruns de reflexão, conferências, associações cristãs, pequenos grupos, instituições missionárias e cursos livres. Os objetivos educacionais de uma educação cristã podem variar de contexto para contexto e, sem dúvida, é necessário reconhecer, de maneira integrada, a importância de cada um no escopo de uma ampla formação humana em sentido cristão.

Quando o tema *educação cristã* se aproxima daquilo que é chamado *educação formal*, ou seja, a forma como se dá no ensino fundamental, no ensino médio e no ensino superior, há desafios que ocupam pouquíssimo espaço nos fóruns e estudos sobre educação cristã, particularmente no Brasil. Com frequência, a discussão e a reflexão se restringem ao campo dos conteúdos e valores, e quando o assunto entra na pedagogia propriamente dita, o tom em geral é de reação a teorias pedagógicas não cristãs.

Desde 2011, minha inquietação nas conferências e nos encontros de educação cristã, sobretudo escolar, dizia respeito a uma educação cristã mais propositiva. Com isso, quero dizer que uma boa filosofia da educação cristã sempre provocará reflexões e exigirá orientações metodológicas, ocupando-se da pedagogia em si. Se queremos uma pedagogia cristã, temos de oferecer uma filosofia da educação advinda de seus fundamentos, dialogando com as teorias pedagógicas correntes, mas disciplinando-as à luz de sua teologia. Compreendidas as razões teológicas e filosóficas, a direção e os fins de uma educação cristã, é preciso dar um passo além, aplicando-a aos diferentes contextos formativos (família, igreja, escola confessional, universidade etc.).

No caso da educação formal (ensino fundamental, médio e superior), uma pedagogia cristã que integre teoria e prática terá de considerar a função da instituição escolar, o ambiente de sala de aula, a relação professor-aluno, as metodologias de ensino, a relação aluno-aluno, a teoria do currículo, a ecologia formativa, os ritos escolares e os sistemas de avaliação e de monitoramento. Esse é o campo da reflexão pedagógica, um domínio ainda desconhecido para muitos dos envolvidos em educação cristã. Não cruzamos a linha entre uma pedagogia reativa para uma pedagogia propositiva. Estamos, no máximo, na luta por uma filosofia da educação.

Uma vez reconhecido o desafio pedagógico que professores e intelectuais cristãos têm à sua frente, no Brasil, em particular, carecemos de materiais e traduções que contribuam para o projeto de uma pedagogia que possa ser chamada "cristã". Um atalho para se avançar nessa jornada é, sem dúvida, tratar de um tema fundamentalmente pedagógico: *o ensino*.

Por ensino, refiro-me ao esquema integrado *ensino-aprendizagem*, o que David I. Smith chama de um ensino que seja "tipicamente cristão" (p. 177). Observe que ele não diz um conteúdo, mas um *ensino*. Esse é o ponto mais frágil em nossas reflexões em pedagogia cristã no Brasil — e em âmbito global. Ocupamo-nos do conteúdo e negligenciamos a forma. Há questões essenciais que exigem respostas: *Há uma maneira cristã de ensinar? De que modo a filosofia e a teologia cristãs influenciam a maneira como se ensina? O que uma pedagogia cristã tem a dizer sobre didática? O que é ensinar de uma forma que seja distintamente cristã?* Assim, à medida que essas e outras inúmeras perguntas forem sendo respondidas, caminharemos para os contornos de uma filosofia da prática, ou seja, para uma metodologia cristã do ensino.

O livro *Pedagogia cristã: como praticar a fé em sala de aula* apresenta algumas propostas essenciais nessa direção, ao considerar de que maneira a fé pode "afetar a pedagogia", que é a maneira como "professores e alunos podem viver juntos por um tempo, um lugar no qual os alunos são recebidos como hóspedes e podem crescer" (p. 29). Com esse senso de hospitalidade, o professor David I. Smith, diretor do Instituto Kuyper para Ensino e Aprendizagem e professor de educação na Calvin University, convida-nos a apreciar a tradição cristã como um depósito de *insights* pedagógicos.

Para o autor, a tradição bíblica e histórica do cristianismo oferece princípios como diálogo, comunidade, hospitalidade, descanso, imaginação, narratividade, virtudes, a arte da pergunta e a devoção como recursos metodológicos para criar um ambiente pedagógico voltado a uma prática de ensino particularmente cristã.

É importante destacar que os princípios mencionados encontram consonância com a antropologia cristã, razão pela qual resistem aos modelos racionalistas ainda presentes em determinados conceitos de educação cristã — modelos que associam educação apenas a uma *mudança de mentalidade* ou de *ideias*. O autor recupera a noção de Charles Taylor de *imaginário social* como uma descrição mais apropriada sobre o *ambiente* no qual a educação cristã deveria acontecer, ou seja, o "imaginário social não é uma teoria, uma teologia ou uma coleção de crenças articuladas, mas um senso não articulado de como as coisas devem funcionar" (p. 126). Assim, Smith não despreza a dogmática e a teologia, mas direciona a discussão para além do conteúdo, uma vez que esse é relativamente evidente. Ele se ocupa em demonstrar que um *modo* cristão de ensinar exige um imaginário social que atenda a esses conteúdos e que leve em consideração processos de aprendizagem nem sempre conscientes. Smith se ocupa da ecologia formativa, do ambiente de aprendizagem, dos ritos da escola, das estratégias de aprendizagem e do contexto das relações. Para ele, a prática do ensino tem de acontecer em certa atmosfera imaginativa, permeada de histórias, narrativas e memória.

A proposta de Smith é interessante se comparada à maneira de Deus entregar sua revelação em forma escrita pelas Escrituras Sagradas. Considere que a verdade de Deus nos foi legada em um livro complexo, polissêmico, em línguas pouco conhecidas (no caso do hebraico, uma língua quase tribal), além de pouco sistemático e proposicional. A Bíblia é um livro indomável para o racionalista: ela não aceita imposições analíticas anacrônicas. Não há como lê-la sem respeitar as regras que emergem de seu pano de fundo literário, linguístico, cultural e teológico. A verdade é apresentada de forma narrativa, e até mesmo quando verdades proposicionais aparecem (p. ex., as afirmações de Paulo sobre justificação), emergem de uma tradição narrativa (p. ex., a aliança de Deus com Abraão).

Apesar de grande parte dos conteúdos abordados no ensino formal ser tratada à luz do rigor científico e acadêmico, não se pode ignorar que até mesmo nos momentos da conceituação, da descrição fenomenológica, da taxonomia ou da análise sintática de uma oração, tais práticas deveriam ser embebidas em uma atmosfera de histórias enraizadas na fé cristã, nas Escrituras e em sua tradição. Independentemente do conteúdo, o professor deve ser um artesão do ambiente e das relações de aprendizagem, proporcionando *reshaping practices* [práticas remodeladoras], reconhecendo sujeitos por inteiro, e não mentes ou cérebros a ser adestrados em competências técnicas. Formar sujeitos para terem domínio *unicamente* técnico sobre certos objetos ou conteúdos contradiz a antropologia cristã. E, embora reconheça que tais habilidades são indispensáveis, mesmo como parte do mandato cultural, a fé cristã se ocupa, principalmente, de uma formação humana integral que se dirige à glorificação de Deus, ao serviço ao próximo e à conformação segundo a imagem de Deus, em Jesus Cristo, o novo paradigma de humanidade.

Por fim, os envolvidos com a educação cristã devem considerar seriamente que não lhes basta ter um conteúdo cristão, mas que é necessário um modo cristão de ensinar. Pois "sentido do comportamento pedagógico é conduzido não apenas por palavras, mas também nas posições e posturas, em uma espécie de memória corporal e coreografia familiar — o suporte material da prática pedagógica" (p. 162-3). Este livro traz contribuições metodológicas nesse sentido. Não fornece procedimentos fechados, mas aprimora e desperta reflexões que ajudarão o professor a definir métodos e abordagens em uma pedagogia cristã mais propositiva, não apenas no conteúdo, mas também na forma de ensinar.

Igor Miguel

Agradecimentos

Este livro baseia-se em três décadas de ensino, interagindo com alunos e colegas e debatendo sobre ensino em conferências, seminários e cursos de pós-graduação. Baseei-me livremente em ideias que desenvolvi aos poucos em livros e artigos anteriores, reunindo-as em um único relato aqui. Agradeço especialmente ao *Journal of Christianity and World Languages* e ao *International Journal of Christianity and Education,* pela permissão concedida para que eu reutilizasse o material. Também me baseei em mais conversas, encontros e lições aprendidas com outras pessoas do que consigo me lembrar. As pessoas que, de alguma forma, influenciaram este livro são inúmeras, mas não têm culpa pelo resultado, que temo ser apenas o melhor que pude fazer com um tópico que continua a exceder meus esforços para capturá-lo. Sou particularmente grato a Trevor Cooling, Beth Green, James K. A. Smith, Jacob Stratman, Marj Terpstra e Matthew Walhout, pelos comentários úteis sobre os penúltimos rascunhos, e a Sarah Williams, por um momento de insight e encorajamento que pesou mais do que suspeito que ela imagine. Meus agradecimentos a Herb Fynewever, Kurt Schaefer, Kara Sevensma, Michael Stob e Frans Van Liere, por despertarem ideias ou me indicarem e me ajudarem a localizar fontes importantes, e a Michele Rau, pela ajuda na revisão do manuscrito final. Meus agradecimentos também a Daniel McWhirter e Nathaniel Smith pelas histórias. Meus colegas e alunos na Calvin College e em *workshops* em muitos lugares ao redor do mundo ajudaram a moldar boa parte dos pensamentos aqui. O capítulo 9 beneficiou-se de minha participação em um seminário sobre teologia do tempo, dirigido por Stanley Hauerwas, evento pelo qual devo agradecimentos a ele e aos demais participantes, bem como a Kurt Berends, do Issachar Fund. Os editores da Eerdmans, particularmente Jon Pott e David Bratt, foram pacientes e encorajadores com um projeto que demorou muito mais do que o previsto, assim como minha esposa, Julia, que continua me mantendo são. O aplicativo Scrivener, da *Literature and Latte,* foi absolutamente inestimável. Essas pessoas ajudaram de maneiras recentes e concretas; há muitos outros que se estendem mais para trás no tempo e cuja contribuição foi igualmente importante, e meus agradecimentos vão para eles também. O que temos que não tenhamos recebido?

PREFÁCIO

Há agora uma biblioteca bastante ampla de literatura sobre educação cristã de vários tipos que discorre sobre como "integrar" (ou use seu termo favorito) fé e aprendizado.[2] No entanto, ainda tenho a sensação de que não fizemos um bom trabalho ao apontar o que pode ser cristão sobre o processo real de ensino. Não me refiro à história das ideias, nem às perspectivas cristãs sobre nossa área de estudo, nem à bondade de nosso caráter ou a devocionais, nem se podemos compartilhar nossa fé verbalmente com os alunos, tampouco à nossa posição sobre o pós-modernismo ou à natureza do conhecimento; refiro-me ao *ensino propriamente dito*, o que realmente acontece nos momentos em que estamos tentando ajudar os alunos a aprender em um ambiente educacional. Acho que isso acontece particularmente com os círculos protestantes (embora não de forma exclusiva). Geralmente fico desapontado quando leio livros e artigos sobre aprendizado cristão e procuro insights sobre ensino. Muitas vezes fico com a sensação de que as maneiras pelas quais estamos acostumados a realizar estudos acadêmicos cristãos, a despeito de todos os seus outros méritos, raramente têm o sabor da sala de aula. Suponho que este livro também não tenha o sabor correto, mas tentei manter o foco em uma questão-chave: existe algo como *ensinar* "de forma cristã"? Ensinar de tal maneira que a fé molde os processos, os movimentos, as práticas, a pedagogia, e não apenas as ideias que são apresentadas ou o espírito com que são oferecidas? Meu argumento é que sim, existe.

Para manter o foco no ensino, vou me basear mais no exame de exemplos de ensino e aprendizagem do que na elaboração de ideias grandiosas (embora eu espere que isso venha a ser um meio de chegar a algumas grandes ideias e mostrar por que são importantes). Neste livro, concentro-me no ensino presencial em ambientes de sala de aula, embora boa parte do que é dito possa ser estendida, com as devidas modificações, a outros tipos de ambiente de

---

[2] "Integração de fé e aprendizado" é a expressão mais usada nos círculos protestantes para descrever abordagens intencionalmente cristãs ao conhecimento, e é ao mesmo tempo objeto de várias críticas. Uma vez que um debate dessa natureza está, em grande parte, fora do objetivo deste livro, resolvi fazer alusão a essa linguagem de integração para nomear a análise do projeto de aprendizagem intencionalmente cristã sem, contudo, endossá-la como necessariamente a melhor forma de conceituar o projeto.

aprendizagem. Não examino o aprendizado on-line; embora eu considere que a espécie de análise aqui adotada possa também ser de interesse nesse contexto, está simplesmente fora do escopo deste livro em particular. (Atualmente estou trabalhando com colegas em outro livro sobre tecnologia educacional.) Meu objetivo aqui não é fornecer um manual para todos os tipos de ensino, mas, sim, esclarecer o papel da fé na formação de nossas abordagens pedagógicas. Espero que, no final, eu tenha apresentado um argumento razoável de que a fé é capaz de moldar a pedagogia, oferecendo um sentido concreto de como fazê-lo. Há muito tempo, acredito que esse é um tópico extremamente carente e é vital para a saúde da educação cristã em todos os níveis, e espero que este livro contribua de alguma forma para sua elaboração. Obrigado por lê-lo.

CAPÍTULO 1

A lacuna pedagógica

Há um verso em uma música de Bruce Cockburn que apresenta os "cães selvagens do dia a dia" mordendo nossos tornozelos.³ A imagem permaneceu por muito tempo em minha mente. Isso chama minha atenção para as lacunas que persistem obstinadamente entre as declarações cristãs de missão educacional e a realidade diária da prática educacional. As asas de águia que pairam sobre as declarações de missão cristã, das perspectivas filosóficas, das declarações de cosmovisão e de coisas do gênero podem elevar nosso olhar para o alto e nos lembrar de que coisas maiores estão em jogo quando entramos em uma sala de aula. No entanto, muito do que fazemos nesse ambiente é decidido mais aqui embaixo, perto do nível do tornozelo, mais próximo do lugar em que as pressões materiais e as peculiaridades de nossos contextos de ensino atormentam e conduzem nossos movimentos. Nossas declarações de fé tocam uma melodia emocionante, porém, com frequência, são os cães selvagens do dia a dia que determinam os passos de nossa dança. Em meio aos estalidos e rosnados, surgem lacunas entre nossa aspiração e nossa prática.

"ODEIO AQUELE LIVRO"

Quando meu filho estava no ensino médio, fez um curso avançado de ciências. O livro que ele trouxe para casa era um apanhado monumental de conhecimento, com gravuras pequenas, letras menores ainda e uma seção, ao que parecia, para cada espécie de fungo. Desafiando seu peso, peguei emprestado e comecei a dar uma olhada.

---

[3] Bruce Cockburn, "Southland of the heart", do álbum *Dart to the heart* (Sony Music Entertainment, 1994).

Logo deparei com passagens que me fizeram imaginar como o professor do meu filho lidaria com elas em sala de aula. Uma página apresentava evidências de grandes chuvas de meteoros na história passada do planeta Terra e de seus efeitos ecológicos catastróficos. O livro observava que, quanto aos intervalos históricos médios, parece que outro grande impacto já deveria ter ocorrido, sugerindo que é um acidente estatístico que alguém ainda esteja vivo para ler o livro. Em outra página, enumerava a quantidade de vários elementos químicos no corpo humano, fornecendo um valor de mercado atual em dólares. O processo chegou a um valor bastante modesto para um ser humano em termos químicos. A escola do meu filho era cristã. Não é preciso conhecer muita teologia para concluir que passagens que implicam que a continuidade da vida humana é um mero acidente estatístico ou que o corpo humano pode ser precificado por peso e composição dispensam qualificação.

Meu pensamento imediato foi que esse seria um excelente texto para uma sala de aula cristã. Além da grande extensão de informações sólidas, parecia haver momentos em que uma cosmovisão naturalista vazava pelas páginas, uma imagem do mundo *apenas* como matéria em movimento. Esses momentos certamente tinham potencial para desencadear alguns debates interessantes. Havia oportunidades ali para os alunos refletirem sobre importantes questões, pesarem e avaliarem histórias rivais sobre o significado da existência humana. Eu estava curioso sobre como o professor do meu filho usaria o tal livro. Os alunos seriam ajudados a lidar com perguntas sobre fé e conhecimento, sobre providência, valor e milagres?

Quando encontrei uma ocasião para perguntar como estava indo a aula de biologia, soube que estava indo bem, mas que meu filho, um excelente aluno, não havia considerado o livro didático particularmente atraente. Na verdade, seu veredicto foi sucinto: "Odeio aquele livro. É muito chato". Perguntei quanto do livro ele tinha lido. Ele estimou talvez algumas páginas, e voltou-se para seu dever de casa.

Fiquei um pouco intrigado. Já havia muitas semanas que ele estava no curso. Eu sabia que seu dever de casa era baseado no livro didático e que o curso já havia avançado vários capítulos. Ele alegou ter lido apenas algumas páginas, mas era um aluno diligente e parecia estar indo academicamente bem. Comecei a observar mais de perto.

As tarefas de casa eram bem padronizadas, do tipo que eu mesmo em muitas ocasiões havia pedido para meus alunos fazerem. Em geral, pediam que o aluno lesse um capítulo específico do livro e respondesse a algumas perguntas, com o fim de demonstrar compreensão. Meu filho e seus colegas se mostraram hábeis em encontrar caminhos mais eficientes para alcançar o resultado desejado. Por que ler vinte ou trinta páginas de um texto tedioso para extrair informações quando você sabe como usar um mecanismo de busca? Melhor ainda: trabalhe com as perguntas em grupo por meio de um bate-papo on-line, com cada aluno pesquisando diferentes sites de ciência e referência geral, e selecione as respostas mais comuns em várias fontes. A pedagogia pretendida de leitura individual e resumo escrito se transformou em uma combinação de habilidades de pesquisa, colaboração em grupo on-line e verificação de fatos. E, ao adotarem essas estratégias, os alunos preencheram as folhas de exercícios rapidamente e com razoável confiabilidade. Aparentemente, isso foi bem eficaz em atender aos requisitos do professor; meu filho recebeu notas excelentes. Eu me perguntei quantas de minhas próprias tarefas eram como carruagens de Cinderela, transformando-se em algo bem diferente do que eu imaginava tão logo os alunos saíam da minha sala de aula. Suspeito que isso aconteça com mais frequência do que consigo imaginar. Afinal, isso acontece com bastante constância enquanto os alunos ainda estão em sala de aula e eu supostamente sou o responsável por isso.

Conto esta história aqui para começar a desdobrar uma questão que está no cerne deste livro. Se quisermos entender a forma como a fé molda a educação, de que maneira o processo de ensino e aprendizagem, e não as perspectivas transmitidas pelo conteúdo do curso, demanda nossa atenção?

Há um enorme investimento de esforço, tempo e recursos em todo o mundo em várias formas de educação cristã, e aqui eu me refiro não apenas à inculcação direta da fé cristã, mas também ao esforço mais amplo de oferecer educação em todos os tópicos dentro de um quadro de referência cristão. Mais de um quinto das instituições de ensino superior americanas que concedem diplomas referem-se a si mesmas como "afiliadas a uma religião",[4] sendo essa afiliação, em sua maior parte, cristã. Uma rede ainda maior de escolas cristãs nos ensinos fundamental e médio promete de várias maneiras uma educação tipicamente cristã. Em muitos outros países, porcentagens significativas de jovens em idade escolar frequentam instituições religiosas, e escolas e instituições de ensino superior cristãs ainda estão se multiplicando em muitos locais ao redor do mundo.[5] A existência de tais instituições pressupõe

---

[4] Duane Litfin, *Conceiving the Christian college* (Grand Rapids: Eerdmans, 2004), p. 19.
[5] Veja Joel Carpenter; Perry L. Glanzer; Nicholas S. Lantinga, *Christian higher education: a global reconnaissance* (Grand Rapids: Eerdmans, 2014).

e sustenta um diálogo contínuo sobre a relação do termo "cristão" ou "cristã" com "educação", um diálogo em que as posições e suposições arraigadas das pessoas competem com os dados de pesquisa.[6]

Grande parte da literatura protestante existente sobre essa questão tende a sugerir que o ensino cristão acontece quando as ideias ensinadas são cristãs. De acordo com essa visão, um caminho de estudo é cristão quando ensina sobre as coisas sob uma perspectiva cristã, ou quando versa sobre como a fé se relaciona com o tópico em estudo, ou quando a Bíblia é trazida para arbitrar sobre um tópico, ou ainda quando comunica uma cosmovisão cristã. As formulações variam. No entanto, é possível encontrar livros inteiros sobre educação cristã que mal mencionam o processo pedagógico ou a forma como os alunos vivenciam e interpretam o aprendizado. O enfoque recai com mais frequência nas filosofias que enquadram o empreendimento e as perspectivas e visões de mundo oferecidas. É mais fácil encontrar escritos que se concentram na história intelectual e na prescrição ideológica do que escritos que abordam os significados implícitos em nossas práticas reais de ensino e aprendizagem.[7]

Essa abordagem comum era a que estava em minha mente quando o livro de biologia do meu filho me despertou a atenção. Eu estava me perguntando qual perspectiva o livro estava fornecendo. Em que pontos essa abordagem traía uma cosmovisão por meio da apresentação do conteúdo do curso? Haveria um engajamento cristão ponderado em sala de aula com a assunção das ideias subjacentes do livro? No final, as práticas de aprendizagem de meu filho e de seus amigos superaram essas questões. O modelo das tarefas de casa, a disponibilidade de tecnologias da Internet, as interações sociais dos alunos fora da sala de aula, a prosa pouco convidativa do livro didático, as pressões do tempo sobre uma vida adolescente ocupada, todos esses fatores tornaram a cosmovisão do livro didático completamente irrelevante nesse caso. Não sei se as seções que me chamaram a atenção foram debatidas em sala de aula. Em face da recusa do meu filho em prestar a devida atenção às suas páginas, duvido. Nesse caso, pelo menos, não era a perspectiva do livro didático — muito menos a eloquente declaração de missão da escola — que estava moldando o aprendizado. Isso não decorreu de eventual falta de fé por parte do professor, devendo-se simplesmente às vicissitudes normais de ensinar e

---

[6] Veja, p. ex., Gerald R. Grace, "Educational studies and faith-based schooling: moving from prejudice to evidence-based argument", *Educational Studies* 51, n. 2 (2003), p. 149-67.
[7] Fundamento essa afirmação no capítulo 11.

aprender, as mesmas vicissitudes que vejo em minha própria sala de aula. Mais uma vitória para os cães selvagens.

É claro que os livros didáticos podem exercer influência significativa, e moldar o conteúdo do curso com responsabilidade certamente é algo importante. No entanto, a forma do processo de ensino/aprendizagem afeta a maneira pela qual os alunos acessam e experimentam esse conteúdo, ajudando a tecer a teia de valores, relacionamentos e ações dentro da qual o aprendizado se torna significativo. Uma educação cristã que se concentra apenas na verdade do que é ensinado, deixando de abordar os significados moldados pelo *como* é ensinado e aprendido, é, na melhor das hipóteses, incompleta. No entanto, esse é o tipo de educação que produzimos com mais frequência, se considerarmos a literatura publicada sobre educação cristã.[8] O que acontece se deslocarmos o foco e perguntarmos não apenas quais ideias cristãs devem ser ensinadas, mas também o que poderia ser cristão sobre as práticas de ensino/aprendizagem entre as quais convidamos nossos alunos a viver? Este livro busca responder a essa pergunta. Mas, em primeiro lugar, vamos voltar nosso olhar lá para baixo, para o nível do tornozelo.

"NÃO PRECISO SABER ISSO TÃO BEM ASSIM"

Concentrar-se no processo de ensino e aprendizagem pode trazer à mente outra estratégia-padrão para refletir sobre o que torna a educação algo cristão. Talvez o ensino seja cristão ao refletir um espírito ou um *ethos* cristão, quando é infundido com amor, humildade ou paciência, ou quando demonstramos um zelo genuíno em relação aos alunos. Talvez o ensino seja cristão ao se permitir brotar de um coração cristão e de um relacionamento amoroso.[9] Tudo isso parece bom até certo ponto, mas, antes de chegarmos com pressa a essa segunda estratégia, permita-me contar outra breve história sobre o dever de casa do meu filho.

Dessa vez, o dever de casa era de uma aula de religião. A aula foi ministrada por um educador gentil, dedicado, atencioso e criativo, uma pessoa com excelente caráter cristão. Um dia, meu filho se aproximou de mim e me pediu

---

[8] Veja David I. Smith; Joonyong Um; Claudia D. Beversluis, "The scholarship of teaching and learning in a Christian context", *Christian Higher Education* 13, n. 1 (2014), p. 74-87. Para uma análise mais aprofundada sobre o estado da literatura de pesquisa existente, veja o cap. 11.

[9] Veja nessa linha, p. ex., Jenell Paris, *Teach from the heart: pedagogy as spiritual practice* (Eugene: Cascade, 2016); Parker J. Palmer, *The courage to teach: exploring the inner landscape of a teacher's life* (San Francisco: Jossey-Bass, 1998).

para ajudá-lo a estudar para um teste. Ele me mostrou uma folha com duas colunas paralelas. À esquerda, havia uma lista com cerca de uma dúzia de palavras-chave teológicas; em correspondência a cada uma delas, à direita, estava uma definição de mais ou menos um parágrafo. Ele precisava dominar essas palavras e suas definições para o teste do dia seguinte. Sentamo-nos na sala e comecei a sondar sua compreensão daquelas questões. Ascensão significa apenas subir no espaço físico? Qual é a diferença entre justificação e santificação? Você consegue pensar em uma história ou em um texto bíblico para ilustrar qualquer um desses termos? Ele tolerou esse procedimento por alguns minutos antes de pegar a folha de minhas mãos e exclamar, com uma nota de leve exasperação: "Mas eu não preciso conhecê-los tão bem assim! No teste, eles só vão me pedir para combinar as palavras com as respectivas definições!".

Congele a ação neste momento e considere o que está acontecendo aqui. Observe que ele está se afirmando capaz de prever o futuro; o teste ainda está por vir, mas ele acha que sabe como será. O que lhe dá a confiança de fazer essa previsão? Dito um pouco mais formalmente, acho que ele estava realmente dizendo algo assim: "Oh, querido pai, você não entende a forma como isso funciona. Ao longo de meu tempo no ensino médio, já me dei conta de determinados padrões no comportamento de meus professores. Quando eles me dão informações formatadas de acordo com um padrão, há uma correlação estável com o tipo de teste que eles aplicam. Essa correlação me permite prever, com algum grau de confiança, que só precisarei combinar as palavras com suas definições. O reconhecimento básico de padrões é suficiente. Pensar em todas as distinções e implicações está tomando mais do meu tempo do que a natureza da tarefa exige". Padrões no comportamento do professor tornavam a natureza do teste previsível, e o teste esperado exigia apenas recordação, e não compreensão. Eu estava tornando as coisas muito difíceis e desperdiçando seu tempo.

Se era realmente algo assim que envolvia seu processo de pensamento subjacente, sua conclusão estava bastante correta.[10] Imagine uma folha de papel semelhante disposta da mesma maneira, em colunas, mas escrita em um idioma que você não fala, ou com a fonte *Wingdings*.[11] Com o investimento de

---

[10] Quando, recentemente, pedi permissão ao meu filho para compartilhar essa história, ele gentilmente sugeriu que eu tinha uma tendência a fazer perguntas que pareciam bastante exigentes para um estudante do ensino médio. Talvez ele tenha mesmo razão.
[11] A fonte *Wingdings* é aquela composta apenas por símbolos e desenhos. (N. T.)

dez minutos de esforço (memorize os primeiros caracteres de cada palavra e de sua definição correspondente), você pode pontuar muito bem em qualquer teste de correspondência e em muitos testes de múltipla escolha. Se as regularidades de formato permitirem que você preveja o procedimento do teste, e ele se apoiar muito em exercícios de correspondência (ou relacionar colunas), a compreensão é, em geral, opcional. Isso sugere que a resposta do meu filho não foi simplesmente preguiçosa; como em biologia, ele estava indo bem na aula de religião. Era apenas a resposta racional de uma pessoa ocupada com a busca da maneira mais eficiente de concluir uma tarefa. Eu me pergunto quantas das minhas próprias estratégias de elaboração de testes convidaram os alunos a responderem com foco na conclusão bem-sucedida da tarefa, mas ignorando o aprendizado mais profundo. Muitas, suspeito. Desenvolver testes e provas nem sempre é o assunto no qual minhas energias criativas estão mais concentradas. Os cães selvagens estão de volta.

Assim como no dever de casa de biologia, o problema aqui não é a cosmovisão sugerida pelo conteúdo do curso. O professor teria tido completa liberdade para explorar mais ideias cristãs na página sem usar uma fonte menor. E se, em vez disso, apontarmos para o coração e o caráter, para a forma como a fé do professor brilha em seu envolvimento relacional com os alunos? Ajuda aqui se pensarmos no ensino cristão não apenas como ideias e perspectivas, mas também em função de vivenciar as virtudes cristãs? No presente exemplo, não.

Certamente, virtudes e relacionamentos (como ideias e perspectivas) importam, mas nesse caso em particular o caráter do professor não era o problema. O que está em foco aqui não é o caráter ou a qualidade do relacionamento, mas o modelo da tarefa, a estrutura dos recursos de aprendizagem e os padrões de prática. Meu filho não estava dizendo que desconfiava de seu professor, mas simplesmente que tinha uma ideia bem precisa da quantidade de esforço exigida para a realização desse tipo específico de tarefa — tarefa definida dentro dos padrões mais amplos de comportamento pedagógico dos professores e das práticas de avaliação da escola.

O efeito disso foi um resultado de aprendizagem não intencional. Estou certo de que nunca foi dito em sala de aula que aprender conceitos centrais em teologia não é algo muito importante. No entanto, parece que o padrão criado pela planilha e pelo procedimento de avaliação comunicou exatamente essa mensagem. Meu filho estava olhando para uma página que listava cerca de uma dúzia dos conceitos teológicos mais importantes para se entender o Novo

Testamento e concluiu: "Eu não preciso conhecê-los assim tão bem". Esse resultado parece ser um pouco mais indicado do que a escolha de apreender conhecimentos em biologia de forma mais eficiente on-line. E tem uma relação mais direta com a formação na fé. No entanto, suspeito que, se a maioria de nós fosse questionada sobre o que nossas escolas estão fazendo quanto à formação da fé, apontaríamos para as agendas na capela, os ministérios estudantis e o conteúdo programático dos cursos de religião muito antes de pensarmos em mencionar nossos modelos habituais de folhas de exercícios e procedimentos de avaliação. Pensamos nisso como questões mecânicas, meio distantes das preocupações relacionadas à fé. Percebemos, com razão, que não existe uma única maneira ordenada por Deus de lidar com elas, nenhum padrão "bíblico" para apresentar informações em folhas de exercícios. Na maioria das vezes, produzimos esse material apenas de forma boa o suficiente para funcionar, enquanto fazemos malabarismos com as pressões do tempo. No entanto, se não formos capazes de nos engajar fundamentadamente com os significados comunicados a nós *em* e *por meio dos* padrões específicos das práticas de ensino, será difícil reivindicar a devida consideração com a forma ou a possibilidade de a educação que oferecemos ser cristã. Pois é dentro desses padrões que convidamos os alunos a viver e aprender.

"O CAMINHO DE MENOR RESISTÊNCIA"

Vamos mudar um pouco o foco e olhar para um incidente ocorrido em uma sala de aula do ensino superior. Alguns anos atrás, recebi um e-mail de um ex-aluno excepcionalmente brilhante, atencioso e dedicado. Ele ingressara em uma pós-graduação de um seminário muito respeitado. No meio de seus estudos de pós-graduação, ele me escreveu o seguinte:

> Em um curso sobre pós-modernidade anglo-americana, frustrei-me com a forma pela qual as tarefas são projetadas. Recentemente, recebemos o resultado de nossa primeira avaliação, e fiquei surpreso e até mesmo um pouco confuso ao descobrir que quase todos os melhores alunos (ou seja, aqueles que se interessaram mais pelo assunto, que fizeram as perguntas mais perspicazes e ao lado de quem geralmente gosto de sentar e ter uma longa conversa sobre a matéria) obtiveram notas muito ruins. Dos cerca de cinco alunos com quem conversei, todos alunos que considero mais brilhantes que eu e que gostaria que examinassem meu trabalho,

apenas um se saiu bem, enquanto vários se saíram muito mal. Depois de conversar com pessoas diferentes, cheguei a imaginar que o motivo é que esses alunos não se contentavam em simplesmente regurgitar informações. Percebemos que o que o professor e seu assistente querem é basicamente um caminhão de citações para responder a perguntas relativamente simples. Eu me diverti um pouco com o resultado dessa tarefa, por haver posicionado o último em primeiro lugar e o primeiro em último — alunos que normalmente obtêm nota C conseguiram nota A, enquanto aqueles que, em geral, obtêm nota A tiraram C. Mas isso também é frustrante, porque o caminho de menor resistência para tirar um A é a mediocridade intelectual. Todos rimos de nós mesmos, pois havíamos passado horas debruçados em um trabalho em que, com facilidade, obteríamos um A e, ao final, recebemos B ou C. Contudo, a consequência disso é incentivar o comodismo e a apatia intelectual. Deparei com isso agora, em algumas matérias, e estou começando a me preocupar em não sobreviver ao seminário com o mínimo de rigor intelectual em mim.[12]

O contexto é diferente, porém, mais uma vez, efeitos não intencionais advêm de padrões de prática comuns. Com certeza, a mensagem de que o estudo teológico e um pensamento criterioso não combinam facilmente não era o que o professor tinha em mente. Como nos casos anteriores, não tenho motivos para duvidar do caráter do professor, da eficácia do conteúdo do curso ou da intenção do professor de oferecer uma perspectiva cristã sobre esse conteúdo. O que, mais uma vez, está em questão não é o conteúdo ou o caráter, mas a forma como organizamos o material pedagógico. O padrão da prática pedagógica está sustentando uma lacuna entre a intenção e o resultado. Não trago esse relato como um exemplo de ensino particularmente ruim; estou certo de que eu também já enviei mensagens não intencionais semelhantes. Nenhum de nós, espero, deseja afirmar uma conformidade irrefletida ou desencorajar o pensamento cuidadoso. No entanto, o padrão de nossas práticas envia suas próprias mensagens. Os alunos encontram sentido em nosso ensino. E talvez esses não sejam os exatos sentidos que desejamos transmitir, mas estão lá para ser encontrados no ambiente de aprendizagem que fornecemos. Mais uma vez, sentimos uma espécie de mordida em nossos calcanhares.

---

[12] Comunicação pessoal de Daniel McWhirter, citada com permissão.

FÉ E PEDAGOGIA

Até agora, eu trouxe três exemplos de práticas de ensino que foram um pouco distorcidas. Cada uma delas me parece comum, o tipo de coisa que acontece o tempo todo em minha sala de aula e nas salas de aula de todos os lugares. Todos nós poderíamos adicionar mais relatos de lacunas dessa natureza. Eu poderia acrescentar o momento em que um aluno me perguntou, com razão, por que uma habilidade específica que parecia extremamente relevante para o meu curso estava sendo negligenciada, sem que eu tivesse me dado conta dessa ausência. Ou o momento em que eu me vi muito feliz com a atividade de aprendizagem criativa e envolvente que eu havia projetado para determinada aula, apenas para um aluno mais tarde me confidenciar que o grupo considerara aquilo tudo divertido, mas que ninguém havia sido capaz de descobrir o que eu estava realmente tentando ensinar. As lacunas entre a intenção e o resultado são um fato básico da vida, e nenhum de nós já deu uma aula perfeita. Boa parte dos processos nos quais estamos envolvidos são tão complexos que é demais esperar o domínio completo dos efeitos que temos sobre os outros e sobre o mundo ao nosso redor.

No entanto, parece haver mais coisas acontecendo em cada um desses exemplos do que apenas arestas aleatórias a serem aparadas. As derrapadas em cada exemplo não são apenas acidentais. Cada desconexão faz sentido quando olhamos para o padrão de prática pedagógica que conduziu a ela. A lacuna não surge *apesar* das escolhas do professor, mas *por causa* delas. Não é como derramar água em um balde e algumas gotas acidentalmente se perderem. É mais como despejar produtos químicos domésticos comuns em um ralo e descobrir haver danificado o ecossistema local. A questão não é apenas a complexidade ou a falta de domínio, mas a escolha do meio e da estratégia. Em cada caso, de maneiras diferentes, a fé é, de alguma forma, parte da mistura envolvida na forma como o ensino funciona. Isso novamente nos remete à questão central deste livro: como a fé cristã pode relacionar-se com o próprio processo pedagógico, e não apenas com os tópicos e contextos institucionais de aprendizagem?

À medida que venho lutando com essa questão, tenho regularmente encontrado colegas que duvidam de sua utilidade. Talvez, segundo eles, ensinar seja apenas o "como fazer", apenas um conjunto de técnicas e rotinas a serem testadas empiricamente e aproveitadas em prol de objetivos e tópicos mais elevados. Talvez o trabalho intelectual pesado esteja apropriadamente associado a esses objetivos e tópicos mais elevados, e não apenas a meios e estratégias práticas. Talvez ensinar seja apenas uma questão de combinar as estratégias do professor com os dados atuais da neurociência ou com os resultados dos estudantes, a fim de otimizar a capacidade de absorção de seus cérebros.[13] Talvez ensinar, assim como andar de bicicleta, não seja o tipo de coisa que possa ter uma versão cristã — talvez os pedais funcionem da mesma forma para todos e as rodas girem de maneira indiferente à fé do ciclista.[14] É possível que algum esforço para descobrir o que poderia ser cristão sobre o ensino e a aprendizagem esteja fadado a se tornar estranho, prescrevendo alguma maneira "bíblica" idiossincrática de demonstrar reações químicas ou de explicar poemas, impondo-a a todos, independentemente das necessidades em educação, das diferenças entre os alunos, do contexto institucional, dos pontos fortes da personalidade ou das evidências empíricas. Talvez a razão pela qual tem havido relativamente pouca discussão sobre como a fé molda a pedagogia é que não há muito o que tratar. Talvez, como um colega cristão me disse uma vez, "desse mato, não saia cachorro".

Talvez. Mas eu acho que não. Na verdade, acho que todas essas suposições são equivocadas. Este livro oferecerá um argumento cumulativo para outra visão: a fé pode e deve dar os subsídios à pedagogia, ajudando-a a se moldar. Vou dar exemplos de aula no ensino superior e no ensino fundamental e de várias áreas temáticas sem tentar cobrir todos os tipos de ensino. Não oferecerei prescrições rígidas ou estratégias perfeitas, mas tentarei modelar e traçar um tipo particular de reflexão e diálogo.[15] Meu objetivo não é apresentar uma receita de bolo para outros copiarem, mas, sim, expor uma capacidade mais sutil e maleável, visando a um engajamento frutífero com o ensino/aprendizagem cristão. As principais questões que espero desenvolver e ilustrar são as seguintes:

---

[13] A neurociência é uma adição importante à pesquisa em educação e que, no ambiente cultural atual, tende a ser reportada de forma reducionista. Mesmo um guia que enquadra as contribuições da neurociência com mais cuidado, *The brain at school* [O cérebro na escola], de John Geake, começa com a frase: "Cérebros jovens vêm à escola para aprender: cérebros mais velhos vêm à escola para ensiná-los", como se fossem cérebros, e não pessoas, que estão envolvidas nos processos diários da educação. O restante do livro é muito mais cauteloso e oferece um registro útil do que a neurociência atual pode contribuir, mas essa abertura do livro reflete algo do clima cultural reducionista em torno da conversa sobre o cérebro. John G. Geake, *The brain at school: educational neuroscience in the classroom* (Maidenhead: McGraw Hill/Open University Press, 2009), p. ix.
[14] Essa é a imagem usada por David C. Noe, "Is there such a thing as Christian education", *Ordained Servant Online* (abril 2012), disponível em: http://www.opc.org/os.html?article_id=302& issue_id=74, acesso em: 14 fev. 2017.
[15] Para uma análise de alguns dos problemas com a prescrição de métodos de ensino, veja, p. ex., Andrew Davis, "Prescribing teaching methods", *Journal of Philosophy of Education* 33, n. 3 (1999), p. 387-401.

- Há um diálogo rico, interessante e importante sobre fé e pedagogia que precisa ser travado. Esse diálogo vai além de questões de cosmovisão ou perspectiva expressas no conteúdo dos cursos, e não é redutível a questões de caráter ou a dispensar um tratamento gentil aos alunos.
- Avançar nesse diálogo não implica impor um conjunto prescrito de técnicas aprovadas por Deus. Precisa ser uma conversa porque não existe uma fórmula simples para ensinar de forma cristã, nem deveria existir.
- Esse diálogo é necessário para a saúde contínua e o desenvolvimento futuro da educação cristã em todos os níveis, bem como para o desabrochar de seus alunos. Envolve um tipo específico de atenção à prática incorporada que não abandona o foco mais comum no bom pensar, mas expande seu contexto.
- Esse diálogo específico tende a ser negligenciado nas discussões protestantes sobre educação. Atualmente, não somos muito habilidosos em nos engajar nesse sentido, e muitas das ferramentas intelectuais empregadas na abordagem da "integração entre fé e aprendizado" não são ideais ao seu desenvolvimento.

Extrairei vários exemplos de minha própria experiência com ensino simplesmente porque me oferecem acesso íntimo ao processo de reflexão sobre ensino e aprendizagem moldado pela fé. Exemplos não são provas comuns, mas são capazes de ilustrar, esclarecer, provocar e sugerir questões-chave. Espero também que o foco nos exemplos nos leve mais longe do que prescrições genéricas e declarações de princípios. Mesmo que por razões teológicas queiramos dizer que a fé deve realmente fazer a diferença no ensino, podemos imaginar que diferença ela faria nos processos pedagógicos de uma aula de francês ou de um curso de matemática sem recorrer a apenas adicionar devocionais ou cair no idiossincrático? É essa capacidade concreta de imaginar como a fé pode afetar a pedagogia que quero promover.

CONSTRUINDO CASAS

Um exemplo da história da educação pode, adicionalmente, orientar nossa imaginação para o que se segue. A era moderna tende a imaginar o ensino como a linguagem do método e da técnica. Uma pedagogia passou a ser pensada como uma "rotina de eficiência"[16] que oferece etapas convenientes e replicáveis para se chegar a resultados pragmáticos — um modo de fazer as coisas desvinculado de tempo, lugar e empenho. Um "método" deve funcionar para todos, em todos os lugares, e estar isento de contaminação por nossas crenças e amores. A Universidade de Paris do século 14 oferece um conjunto diferente de imagens para ensino e aprendizagem, inserindo a técnica em um contexto mais amplo.[17]

Antes que as faculdades organizadas mais centralmente ganhassem espaço no século 15, as opções básicas para os alunos que iam estudar na universidade consistiam em alugar acomodações particulares ou se associar a uma casa estudantil comunitária. Casas assim faziam parte da estrutura da universidade e também eram um local diferente de aprendizado. Um "mestre em artes"[18] supervisionaria a comunidade e forneceria ensino acadêmico, além de se responsabilizar por alimentação, mobília e pelas regras e rotinas compartilhadas, em troca de uma taxa semanal. Essas casas recebiam vários nomes, como, por exemplo, *hospicium*, ou hospício, um termo que, antes de sua associação pós-século 19 ao cuidado de idosos à beira da morte, significava uma casa de repouso para viajantes.[19] Os alunos eram *hospites*, hóspedes, o que evoca uma imagem de hospitalidade para com estranhos. A casa na qual os alunos viviam e aprendiam também poderia ser chamada de *paedagogium*, um lugar de pedagogia.

Trago essas informações não para sugerir um retorno às estratégias de ensino ou de organização da universidade medieval ou para sugerir eventual superioridade em relação às universidades de hoje. Levanto esse assunto simplesmente porque a escolha do nome é sugestiva. Após o século 17, uma *pedagogia* se tornaria um método, um conjunto sistemático de passos a serem seguidos. A imagem do *paedagogium* sugere que uma pedagogia pode ser uma casa, um lar, um espaço de habitação compartilhado.

A estrutura econômica e administrativa do sistema medieval de albergues não sobreviveu no longo prazo. No entanto, há uma verdade na ideia

---

[16] Walter J. Ong, *Ramus, method and the decay of dialogue* (Cambridge: Harvard University Press, 1958), p. 225.
[17] Rainer Christoph Schwinges, "Student education, student life", in: Hilde De Ridder-Symoens, *A history of the university in Europe* (Cambridge: Cambridge University Press, 1992), vol. 1: *Universities in the Middle Ages*, p. 195-243, 218.
[18] Esse profissional era uma espécie de professor pós-graduado nas áreas hoje mais associadas às humanidades e ciências sociais. (N. T.)
[19] Em inglês, *hospice* é o equivalente a "asilo", casas de cuidado para idosos, e não tem a conotação de "hospício", ou seja, como um lugar de tratamento para deficientes mentais — termo hoje já em desuso. (N. T.)

de um *hospicium* que é também um *paedagogium*, uma verdade que tende a permanecer oculta na expressão "métodos de ensino". Ensinar é ter algum conteúdo, um plano e algumas estratégias e habilidades, com certeza. Mas também consiste em fazer escolhas sobre como o tempo e o espaço são usados, quais interações ocorrerão, quais regras e ritmos as governarão, o que será oferecido como alimento e usado para construir uma imaginação compartilhada e quais padrões serão estabelecidos aoss alunos. Uma pedagogia oferece um espaço temporário de convivência enquanto se aprende. Pode ser um espaço no qual há muito ou pouco tempo para reflexão silenciosa, um espaço no qual os alunos aprendem a colaborar intensamente ou a ouvir de forma passiva, em que os problemas do bairro ao redor são trazidos para seu interior ou postos de lado em prol de outros assuntos, em que as vozes de fora são bem-vindas ou silenciadas, em que o foco está na utilidade ou no maravilhamento. Uma pedagogia pode incluir ou excluir, pode ser hospitaleira ou inóspita, pode energizar ou amortecer.

Devemos deixar de ver o ensino como um conjunto de técnicas, como algo feito *para* os alunos por um professor. Quando ensinamos e projetamos o aprendizado, oferecemos um lar temporário no qual os alunos viverão por algum tempo e moldamos os padrões de vida comunitária de acordo com os quais eles crescerão. Uma pedagogia é uma casa na qual professores e alunos podem viver juntos por um tempo, um lugar no qual os alunos são recebidos como hóspedes e podem crescer. E, como qualquer casa, a pedagogia envolve recursos e padrões de interação, tanto intencionais como não intencionais, padrões que moldam a forma como aqueles que estão em seu interior crescem e imaginam o mundo.[20] Do próximo capítulo em diante, visitaremos alguns lares pedagógicos e consideraremos como seria viver e aprender neles, e se são capazes de oferecer alguma ajuda com os "cães selvagens do dia a dia".

Para reflexão e debate

- Qual dos exemplos deste capítulo você achou mais interessante? Por quê?

---

[20] Cf. Walter Brueggemann, *The creative Word: canon as a model for biblical education*, 2. ed. (Minneapolis: Fortress Press, 2015), p. 27: "Uma comunidade que nutre e socializa não o faz simplesmente em relação a práticas religiosas. Em vez disso, engaja-se na construção de um mundo, na formação de um sistema de valores e símbolos, de dever e poder, de exigências e permissões, de configurações de poder".

- Você acha que existem maneiras cristãs de ensinar, ou que o ensino funciona da mesma forma para todos? Como suas pressuposições podem afetar a forma de você ler o restante deste livro?
- Como você poderia descobrir, junto aos alunos, de que forma estão interpretando e reagindo às suas estratégias de ensino? O que, eventualmente, possibilita que eles lhe deem uma opinião honesta a esse respeito?
- Considere alguns aspectos básicos do ensino: objetivos, conteúdo do curso, relacionamento, estratégias educacionais e avaliação. Em qual desses aspectos você está mais propenso a superestimar ou subestimar o papel da fé?
- Se formos capazes de pensar em uma pedagogia como um lar, quais são seus ritmos e valores básicos? Como você acha que é viver no lar criado por sua própria pedagogia?

Anotações

Encontre uma hora e um lugar em que você possa refletir tranquilamente. Escolha um aspecto específico de suas práticas de ensino, como, por exemplo, suas atividades típicas de dever de casa ou seu sistema de avaliação e notas. Escreva algumas linhas sobre o que esses elementos de sua prática podem estar comunicando em relação ao que importa na aprendizagem. Se possível, peça a opinião de um de seus alunos e/ou de um colega. Compare o que você escreveu com seus objetivos para o curso. Há uma boa correlação?

Capítulo 2

A íntegra dos nove minutos

illiam Blake escreveu sobre ver "o mundo em um grão de areia e o céu em um campo florido", sobre ter "o infinito na palma da mão e a eternidade em uma hora".[1] Este capítulo é um exercício de busca de perspectivas mais amplas dentro do que é estreito e particular, partindo não de grandes conceitos, mas de escolhas imediatas e cotidianas. Espero que possamos encontrar, se não a eternidade em uma hora, pelo menos algum insight em nove minutos. Proponho tomar um grão de ensino, apenas uma sequência curta, e ver quanto do mundo somos capazes de vislumbrar nele.[2]

Uma razão para começar por esse ponto é evitar a armadilha de falar sobre fé e ensino como se já fosse óbvio o que é ensino e que apenas precisássemos, de alguma forma, encontrar um meio de inserir a fé nesse quadro. Se pensarmos no ensino de forma bem restrita, ou bem abstrata, o espaço para explorar o papel da fé estaria encaixotado desde o início. Prestar bastante atenção ao que acontece quando ensinamos pode nos dar uma base melhor para considerar a forma como a fé está envolvida.

Todo ato de ensino se dá em um contexto específico, e por isso vamos olhar de perto para determinada sequência de ensino, em determinada aula. Os nove minutos examinados aqui são de uma aula de língua estrangeira moderna, ministrada a um grupo de quase trinta alunos. Esses minutos se desdobram numa sala de aula com cadeiras móveis e num contexto cultural cercado de alguma familiaridade com trabalho em grupo. Isso aconteceu no início de um ano letivo. A

---

[1] William Blake, "Auguries of innocence", in: *The complete poetry and prose of William Blake*, ed. rev., ed. David V. Erdman (Berkeley/Los Angeles: University of California Press, 1982), p. 490. [Levemente adaptado da tradução de Paulo Vizioli, do poema "Augúrios da inocência", in: *William Blake: prosa e poesia selecionadas*. Seleção, trad. e notas de Paulo Vizioli (São Paulo: Nova Alexandria, 1993), p. 76-9.]

[2] Uma versão anterior deste capítulo foi publicada como David I. Smith, "Patterns of practice and webs of belief in the language classroom", *Journal of Christianity and World Languages* 17 (2016), p. 7-24.

sequência de ensino provavelmente seria diferente em outro contexto se conduzida por outro instrutor. Poderia ser adaptada a alguns outros assuntos e configurações, mas não a todos. Não afirmo que essa seja a maneira correta de começar o ano, ou que seja aquilo que todos deveriam fazer, ou mesmo que seja algo particularmente inovador ou notável.[3] É apenas ensino. O ponto aqui é tentar esclarecer um pouco do que talvez esteja em jogo quando o ensino acontece.

COMEÇA UM SEMESTRE

Junte-se a mim, então, no primeiro dia de aula de um semestre recente. A aula que está prestes a começar é de alemão, no segundo ano da graduação em uma faculdade cristã de Letras[4] nos Estados Unidos. Existem muitas maneiras pelas quais uma aula dessa natureza poderia começar, e eu considerei várias delas; mas, para o bem ou para o mal, decidi pelo que segue.

A aula tem início antes da chegada dos alunos. Eu imprimi um conjunto de fotos da turma, usei-o como marcador de páginas e tentei me lembrar de orar pelos alunos durante uma ou duas semanas antes do início do semestre. Também cheguei cedo à sala e reorganizei as cadeiras. Aprendi observando e também alterando a disposição delas e depois pedindo aos alunos que "retornem ao normal" que o padrão de disposição de cadeiras na minha instituição e na mente dos meus alunos são linhas retas voltadas para a frente. Mas hoje libero algum espaço e agrupo as cadeiras em grupos de quatro. Certifico-me de ser o primeiro a chegar, para poder cumprimentar os alunos quando entrarem e também para impedir que retornem as cadeiras para um arranjo mais familiar. Embora eu tenha verificado os números com alguma antecedência, é o primeiro dia e é impossível ter certeza de quantos exatamente assistirão à aula. Se os que chegarem não forem divisíveis por quatro, terei de ajustar a arrumação. Eu poderia fazer um grupo de seis, ou me juntar a um grupo, ou encontrar um voluntário para se juntar a nós nesses primeiros minutos, ou talvez atribuir a um ou dois alunos o papel de observador; tenho alguns planos de contingência em mente.

---

[3] Tenho quase certeza de que a atividade não foi ideia minha (embora eu não me lembre das fontes a partir das quais a montei e ajustei ao longo do tempo), e de que coisas mais ou menos parecidas acontecem em muitas salas de aula.
[4] Os programas e as instituições de Letras, ou "artes liberais" (*liberal arts*), na América do Norte prezam por uma formação interdisciplinar segundo a qual os estudantes têm aulas de várias áreas do conhecimento (incluindo disciplinas de humanidades, científicas, artes etc.) e podem escolher sua trajetória acadêmica de uma forma bastante flexível e generalista. (N. T.)

Hoje, os números dão certo, e dedico inicialmente trinta segundos para me apresentar e confirmar que todos estão esperando assistir a uma aula de alemão. Sem mais preâmbulos, peço aos alunos que formem duplas em seus grupos. Digo a eles que cada pessoa terá dois minutos para compartilhar o máximo que puder sobre si mesma em alemão com seu parceiro. Especifico que essa deve ser uma conversa um pouco diferente — não os habituais ouvir e falar, mas uma pessoa falando e a outra ouvindo por dois minutos completos, e depois trocando de papéis. Sinalizarei quando for a hora de a segunda pessoa começar a falar e, mais uma vez, quando os quatro minutos terminarem. Fico caminhando pela sala enquanto os alunos falam.

Decorridos os quatro minutos, apresento novas instruções. Peço aos pares que se reúnam em grupos de quatro e digo que agora eles têm um minuto cada para apresentar seu parceiro ao grupo, novamente em alemão, com base no que aprenderam na primeira conversa. Mais uma vez, caminho pela sala. Decorridos dois minutos, sinalizo que já passou a metade do tempo, e então encerro a atividade ao fim de quatro minutos. Estamos agora aproximadamente na marca de nove minutos desde que a aula começou. Nesse ponto, passo alguns minutos falando com toda a turma, chamando as pessoas pelo nome e perguntando um pouco sobre de onde vêm. O período de aula continua a partir daí.

Essa não é nem mais nem menos do que uma breve atividade de abertura planejada para nos pôr em movimento. Em algum sentido, essa atividade não nos levou para muito longe; é possível sentir-se tentado a ver isso apenas como uma espécie de "limpeza de garganta" coletiva no início do semestre, antes de começarmos a trabalhar de verdade. Além disso, aparentemente, há pouca conexão óbvia com a fé. É tentador pensar na conexão da fé com o ensino naqueles momentos em que os olhos dos alunos brilham com uma ânsia existencial enquanto questões mais profundas sobre o sentido da vida são debatidas, ou quando convicções são expressas e posições são tomadas nas controvérsias do dia, ou ainda quando se fazem orações e se consultam as Bíblias. Esse não é um momento assim. Escolhi me debruçar sobre esse exemplo em parte por causa de sua qualidade banal e monótona.

É o primeiro dia do semestre, razão pela qual tive muito mais tempo do que o normal para planejar e refletir sobre como ministrar essa aula. Supondo que eu tenha escolhido cuidadosamente, o que imagino ganhar ao começar exatamente dessa maneira, e não escolher outra das muitas alternativas? Que tipo de casa pedagógica estou construindo? Faça uma pausa aqui para formular algumas respostas a essa pergunta antes de prosseguir com a leitura.

DANDO À DISCIPLINA O QUE LHE É DEVIDO

A princípio, essa atividade pode parecer um mero quebra-gelo social e, quando a descrevo a grupos de professores, alguns se apressam em associá-la a uma redução do rigor disciplinar e às altas expectativas por uma conversa fiada que nos faz sentir tão bem. Essa impressão é equivocada. Vários dos meus objetivos dizem respeito a preocupações específicas com o ensino da minha disciplina e aos processos de aquisição da linguagem. (Sei que é improvável que você ensine alemão, mas tenha paciência comigo por alguns breves parágrafos, apenas para superar a falsa suposição de que essa atividade seria apenas conversa fiada.) Meus alunos provavelmente falaram inglês durante a maior parte do verão e eu preciso sacudir um pouco dessa ferrugem, então começo com uma tarefa de fala relativamente fácil que proporciona uma revisão das palavras familiares e os obriga a usar o alemão de imediato, reativando o vocabulário latente. Se meus alunos desejam aprender um novo idioma, terão de abraçar a ideia de que a prática da fala faz parte do aprendizado e que, ao contrário de algumas de suas outras aulas, não é possível ter sucesso somente assistindo às aulas e fazendo anotações. Começar dessa maneira envia uma mensagem imediata sobre o tipo de participação necessária para o sucesso. Mais adiante, exploraremos esse tema.

Observe o que acontece linguisticamente nas duas conversas. A mudança de apresentar a si mesmo (primeira conversa) para apresentar seu colega (segunda conversa) conduz a uma mudança gramatical de primeira pessoa para terceira pessoa (eu moro em.../ela mora em...), usando os mesmos verbos com novas terminações e mantendo o tópico constante. Para ampliar a crescente capacidade dos alunos na nova língua, muitas vezes procuro meios de levá-los a dizer a mesma coisa com uma nova estrutura linguística ou algo novo com a mesma estrutura, de forma que eles não fiquem estagnados nem sobrecarregados. A simples repetição por si só tem valor limitado; há evidências de que incluir uma prática que abranja repetição significativa (contextualizada) pode melhorar alguns aspectos do aprendizado, e a mudança de público entre os dois diálogos ajuda nisso.[5] Pense em contar a mesma anedota

---

[5] Veja, p. ex., Xiaoqiu Xu; Amado M. Padilla, "Using meaningful interpretation and chunking to enhance memory: the case of Chinese character learning", *Foreign Language Annals* 46, n. 3 (2013), p. 402-22; YouJin Kim; Nicole Tracy-Ventura, "The role of task repetition in L2 performance development: what needs to be repeated during task-based interaction", *System* 41, n. 3 (2013), p. 829-40; Masoud Saeedi; Shirin Rahimi Kazerooni, "The influence of task repetition and task structure on EFL learners' oral narrative retellings", *Innovation in Language Learning and Teaching* 8, n. 2 (2014), p. 116-31; George

a três pessoas sucessivamente em uma festa, e então contá-la à mesma pessoa três vezes consecutivas; essa última ação é estranha, até mesmo fora do normal, enquanto a primeira é bastante natural. Meus alunos precisam de muita repetição para dominar as habilidades linguísticas, porém será mais palatável e mais eficaz se essa repetição for significativa e socialmente plausível. À medida que vou circulando pela sala, consigo ouvir como os alunos estão se saindo com a mudança das terminações verbais, intervenho quando necessário e avalio seu domínio das estruturas básicas.

Essa prática também faz sentido quanto à quantidade de atividade linguística. Suponha que eu tenha vinte alunos e peça a cada um que diga quem é e de onde vem em alemão. Suponha, por uma simples questão aritmética, que cada troca desse tipo leve um minuto. Levarei vinte minutos para dar a cada aluno um minuto de prática de conversação; por outro lado, terei vinte minutos de prática, embora eu próprio seja a pessoa na sala que menos precisa disso. Mas, com a atividade aqui apresentada, recebo oito minutos de prática de conversação dos alunos por nove minutos de tempo de aula investidos. Longe de retardar a tarefa de aprender de verdade, essa conversa em grupo está otimizando o uso do tempo, desde que eu mantenha todos envolvidos na tarefa.

Apenas quanto aos objetivos de aquisição de linguagem, então, a atividade não é um exercício de abandonar o "rigor" em favor de um pouco de companheirismo; ela está contribuindo de forma direta para os objetivos pedagógicos do curso. E surge de crenças moldadas sobre o que é capaz de maximizar o aprendizado do aluno (diferente de maximizar a sensação do professor de haver "coberto" muitas coisas e estar no comando).[6] Mas este livro não trata apenas do ensino de idiomas. Então, o que mais está acontecendo?

ESPAÇO, TEMPO E ESTRATÉGIA

Um segundo conjunto de considerações diz respeito ao gerenciamento dos recursos e das estratégias para os momentos posteriores na vida da classe. Dois dos meus principais recursos como professor são o espaço e o tempo,

---

Stuart; Charles Hulme, "The effects of word cooccurence on short-term memory: associative links in long-term memory affect short-term memory performance", *Journal of Experimental Psychology: Learning, Memory, and Cognition* 26, n. 3 (2000), p. 796-802.

[6] Embora informada por minha compreensão de algumas das pesquisas relevantes, qualquer uma dessas crenças pode, é claro, provar-se equivocada à medida que a pesquisa, ou minha compreensão da pesquisa, vai progredindo.

e uma tarefa pedagógica fundamental consiste em planejar o que acontecerá com eles. Ao administrar o espaço (a postura, a disposição dos móveis, as distâncias e os obstáculos entre as pessoas e a direção dos olhares) e o tempo (a duração de cada etapa da atividade, a duração das pausas, a presença ou ausência de silêncio, a forma como o foco é investido e o ritmo em geral), posso influenciar o tipo de reflexão e de participação. A forma como o espaço e o tempo interagem impacta tanto a experiência de aprendizagem dos alunos como os sentidos que eles atribuem a essa experiência. Isso também afeta ou não a facilidade do meu trabalho como instrutor e é parte fundamental do projeto de uma casa pedagógica que ajudará a sustentar o *ethos* que desejo para a classe.

Suponha que eu deixe a sala de aula em sua configuração-padrão, com as cadeiras dispostas em fileiras voltadas para a frente, e peça aos alunos que formem pares. O que vem a seguir é um interlúdio prolongado de caos, pois os alunos estarão em busca de seus parceiros, o que, com frequência, resulta em alunos solitários posicionados em cantos opostos da sala, os quais terão de ser incentivados para o emparelhamento final, enquanto a tarefa engatinha para começar. E se eu planejar com antecedência e organizar as cadeiras em pares logo no início? Agora, arrisco um momento semelhante de caos quando peço grupos de quatro. De acordo com minha experiência, a força do desejo de sentar em certos grupos sociais é bem capaz de traduzir um pedido meu para sentar entre quatro pessoas em um pedido dos alunos para sentar em grupos de três a seis. Então, começo com as cadeiras em grupos de quatro e elimino os dois momentos iminentes de caos. Quando solicitados a encontrar um parceiro, os alunos ainda têm uma escolha, o que pode me render algum pequeno incremento de investimento pessoal da parte deles em uma cultura que valoriza a escolha. Mas a escolha é simples e rápida. Quando instados a formar grupos de quatro, eles só precisam se virar em seus assentos. A disposição dos assentos minimizou a quantidade de atenção dedicada a essa difícil negociação sobre quem é amigo de quem, tornando mais fácil para os alunos se concentrarem no aprendizado do idioma.[7]

Espaço e tempo estão conectados. Resolver os problemas de espaço me permitiu ter a certeza de que todos os pares começarão a falar mais ou menos

---

[7] Cf., p. ex., Pierre Barrouillet; Sophie Bernardin; Sophie Portrat; Evie Vergauwe; Valérie Camos, "Time and cognitive load in working memory", *Journal of Experimental Psychology: Learning, Memory, and Cognition* 33, n. 3 (2007), p. 570-85; Sven L. Mattys; Lukas Wiget, "Effects of cognitive load on speech recognition", *Journal of Memory and Language* 65, n. 2 (2011), p. 145-60.

ao mesmo tempo, minimizando as chances de termos os que demoram para começar e os que terminam bem antes. Eu posso, então, gerenciar o restante do tempo com firmeza. Se eu permitisse a continuidade da atividade por muito mais tempo, alguns parceiros esgotariam a conversa e ficariam sentados à espera de que os outros terminassem, ou passariam a tratar de outras coisas em seu idioma nativo. Isso significaria um tempo gasto longe do aprendizado, uma perda de ritmo que poderia fazer a aula parecer arrastada ou desprovida de foco. Também colocaria em risco um padrão de rajadas rápidas de alemão com períodos de bate-papo em inglês bem no meio, e isso seria ruim para o aprendizado do idioma alemão. Administrar cuidadosamente o tempo também significa evitar aqueles pedidos ansiosos e intimidadores dos alunos para o professor ir mais rápido. Permitir aos alunos tempo demais, ou tempo de menos, ou aumentar e diminuir a sensação de estresse relacionado ao tempo, tudo isso surtirá efeito no processamento da linguagem dos alunos, bem como em seu envolvimento interpessoal.[8] Para que essa atividade funcione de um modo ideal, tenho de encontrar um ritmo que sustente o engajamento sem criar a a indevida sensação de pressão.

Por outro lado, a capacidade dos alunos de se concentrar e aprender também está conectada ao fluxo do tempo e do espaço. Pense, por um instante, no plano descartado (antes mencionado), segundo o qual eu poderia ficar na frente da turma e perguntar a cada aluno quem é e de onde vem. Isso dividiria imediatamente os alunos em dois grupos: os que ainda não responderam e os que já responderam. O primeiro grupo provavelmente terá a mente sobrecarregada com ensaios mentais, dedicando-se a preparar as palavras para sua vez de falar em alemão na frente de seus colegas.[9] O segundo grupo, após ter sobrevivido à exposição pública, estaria experimentando alívio, orgulho, vergonha, repetição mental de suas palavras para verificar se houve algum embaraço, ou simplesmente a consciência de que agora estão seguros por um tempo e, portanto, podem relaxar. Nenhum grupo provavelmente estaria

---

[8] O efeito do tempo e do estresse nos processos de processamento e aquisição da linguagem ainda é alvo de pesquisa. Veja, p. ex., M. K. Rai; L. C. Loschky; R. J. Harris; N. R. Peck; L. G. Cook, "Effects of stress and working memory capacity on foreign language readers' inferential processing during comprehension", *Language Learning* 61 (2011), p. 187-218; Lanlan Li; Jiliang Chen; Lan Sun, "The effects of different lengths of pretask planning time on L2 learners' oral test performance", *TESOL Quarterly* 49, n. 1 (2015), p. 38-66; Mohamed Ridha Ben Maad, "Time pressure and within-task variation in EFL oral performance", *e-FLT: Electronic Journal of Foreign Language Teaching* 5, n. 1 (2008), p. 5-12; Chau Thai; Frank Boers, "Repeating a monologue under increasing time pressure: effects on fluency, complexity, and accuracy", *TESOL Quarterly* 50, n. 2 (2016), p. 369-93.

[9] É claro que isso também pode acontecer quando os alunos trabalham em pares; mais sobre audição a seguir.

ouvindo com atenção o que os próximos alunos estariam dizendo. Exceto pelo minuto em que o aluno se encontrou ou se encontra no centro das atenções, o tempo provavelmente não seria investido no aperfeiçoamento do alemão ou no conhecimento de outras pessoas da classe. A atividade em grupo concentra o tempo de forma mais eficaz em ambos os sentidos.

Não são apenas os alunos que têm problemas com a carga cognitiva (a quantidade de esforço despendido por nossa memória de trabalho e os limites resultantes disso no número de coisas em que podemos prestar atenção). Ao configurar a atividade da maneira que fiz, também consigo alterar minha própria experiência de tempo e minha própria carga cognitiva. A experiência me diz que, se eu começar na frente da turma e perguntar os nomes aos alunos, vou me lembrar de pouquíssimos. Talvez minha memória para nomes seja pior do que a de outras pessoas, mas há mais coisas envolvidas que isso. No primeiro dia, sinto-me ansioso. Estou conhecendo jovens pela primeira vez e preciso reunir coragem para ser o professor deles. Fiquei aliviado ao descobrir que outros professores também têm sonhos por causa da ansiedade no início do ano letivo, aqueles sonhos em que estou falando e ninguém me ouve, ou olho para baixo e vejo que o livro está em um idioma que não conheço, ou não consigo encontrar a sala na qual minha aula já devia ter começado há cinco minutos (eu sempre sei onde fica, com absoluta certeza).[10] Não importa quão bom tenha sido o semestre anterior, em algum lugar bem no fundo da minha mente, abriga-se a ansiedade de que talvez esse grupo seja hostil ou indiferente. Talvez dessa vez eles finalmente descubram que eu sou um incompetente, que estou blefando ou que sou um pobre impostor na academia. Talvez eu simplesmente não ensine bem. E assim por diante. Essa voz interior sempre tem material para alimentar o medo que às vezes tenho de estar em sala de aula. Acrescente a isso o fato de ser o primeiro dia e de ninguém, nem mesmo eu, estar no ritmo. Tenho de me concentrar mais no que preciso dizer em seguida, a quais alunos eu já fiz ou não uma pergunta, quais informações não posso esquecer de mencionar, qual é a melhor forma de demonstrar competência e autoridade e assim por diante. Com tanta energia mental dedicada a gerenciar meu próprio papel, resta pouco espaço para realmente perceber o mundo ao meu redor, quanto mais para aprender um monte de novos nomes! Os nomes dos alunos entram em

---

[10] Veja, p. ex., Larry Cuban, "Anxious dreams about teaching again and again" (Mar. 25, 2015), disponível em: https://larrycuban.wordpress.com/2012/09/11/anxious-dreams-about-teaching-again-and-again/, acesso em: 14 fev. 2017.

minha consciência, acenam alegremente quando passam por mim e saem de novo sem tirar os casacos.

Ao começar com a atividade em pequenos grupos, dou a mim mesmo um pequeno presente de tempo: oito minutos durante os quais não tenho audiência e não preciso gerenciar tantos processos. Como já mencionado, posso usar esse tempo para começar a avaliar as necessidades da turma: qual gramática eles já dominam? Quem está cometendo mais ou menos erros? Quem é tímido ou muito falador? Quem precisa de encorajamento para contribuir ou de ajuda para aprender a se mostrar sensível às pessoas ao seu redor? Também aproveito o tempo para aprender nomes.[11] Tanto a carga cognitiva reduzida como a disposição da sala ajudam nisso. Posso me concentrar nos alunos, e não em mim mesmo, e aprender os nomes em grupos de quatro em determinados cantos da sala de aula dá muito mais força à minha mente do que se eu estivesse enfrentando toda a turma sentada em fileiras.[12] Consegui perceber que, com um grupo de cerca de quarenta alunos — e com o manusear da lista de nomes e fotos deles que preparo antes do início da aula —, posso (pelo menos temporariamente) aprender o nome de todos eles nos oito minutos disponíveis. Isso significa que, quando nos reunimos pela primeira vez como uma turma inteira e começo a fazer perguntas, posso me dirigir a cada aluno pelo nome. Esse é um dos meus principais objetivos para o primeiro segmento curto de ensino, e o modelo da atividade proporciona o tempo necessário para alcançá-lo, ao manter os alunos ocupados com a tarefa.

AFETO, SEGURANÇA E ATENÇÃO

Tenho focado na carga cognitiva, mas o aspecto afetivo da experiência dos alunos também está em jogo aqui. É o primeiro dia do semestre, e pelo menos alguns alunos ficarão intimidados com a perspectiva de falar na frente da turma e de um professor. Alguns alunos já me confessaram haver ficado tão desencorajados pela constante correção de erros nas aulas de idiomas anteriores que têm medo de dizer qualquer coisa em alemão, pois sabem, de antemão, que isso estará errado. Outros me disseram que minha prática de encontrar

---

[11] Sobre a relação da aprendizagem de nomes com o *ethos*, o respeito e a hospitalidade em sala de aula, veja Jacob Stratman, "What's in a name: the place of recognition in a hospital classroom", *International Journal of Christianity and Education* 19, n. 1 (2015), p. 26-36.

[12] Cf., p. ex., Jonathan F. Miller, "Spatial clustering during memory search", *Journal of Experimental Psychology: Learning, Memory, and Cognition* 39, n. 3 (2013), p. 773-81.

cada aluno individualmente em meu gabinete durante a primeira semana do semestre, com o objetivo de conhecê-los um pouco mais, os deixou mais à vontade para virem até mim e pedirem ajuda no final do semestre.[13] Estabelecer um relacionamento não ameaçador e desenvolver na primeira visita ao gabinete uma conversa encorajadora os deixaram mais dispostos a procurar ajuda nos momentos de necessidade. As questões afetivas não estão separadas da aprendizagem, como se prestar atenção a elas fosse uma questão de distrair-se com o que é meramente terapêutico; elas estão ligadas ao aprendizado. Espero que minha atividade inicial ajude a criar uma sensação de envolvimento sem intimidação logo no início do semestre e que isso aumente o engajamento e o aprendizado no longo prazo.[14] Assim, começo com o tipo menos ameaçador de conversa em sala de aula: cada um deles falando com um colega sobre um tópico de fácil acesso sem ser tão publicamente monitorado pelo professor em busca de erros e com uma escolha rápida e fácil do parceiro de conversa. Quando passamos a falar com três colegas em um grupo, já é a segunda passagem pelo mesmo tópico. No momento em que alguém é convidado a falar diante de todo o grupo, é a terceira vez que eles ensaiam algo sobre o assunto, de modo que já criaram algum senso inicial de relacionamento com aqueles que estão imediatamente ao seu redor. Isso não elimina totalmente a ansiedade (nem é essa minha intenção), mas cria uma rampa de acesso escalonada para ajudar a levar os alunos a um envolvimento mais ativo.

Com essa dinâmica, eu também tenho uma noção de quem está na sala antes de chamar alguém lá da frente. Tenho refletido muito a esse respeito desde que tive, alguns anos atrás, um aluno nessa disciplina que lutava com uma gagueira que piorava sob estresse. Tive de descobrir como lidar com seu embaraço e timidez, com sua necessidade de praticar a fala em sala de aula e com a necessidade do resto do grupo de aprender a receber sua fala de forma respeitosa e sem medo. Agora, começo o ano imaginando o que aconteceria se eu entrasse na sala e chamasse alguém para começar as atividades e a primeira pessoa que eu colocasse no centro das atenções fosse aquele aluno. O objetivo não é eliminar permanentemente o estresse — um desafio abrupto

---

[13] Aprendi essa prática com minha colega e colaboradora Barbara Carvill, e, sempre que cedi à pressão do tempo e deixei de marcar essas reuniões na primeira semana, me arrependi ao longo do semestre.

[14] Algumas pesquisas sugerem que indivíduos com elevados níveis de ansiedade social são mais sensíveis a sinais ameaçadores em um ambiente social do que a sinais não ameaçadores. Daniel T. Mullins; Marshall P. Duke, "Effects of social anxiety on nonverbal accuracy and response time I: facial expressions", *Journal of Nonverbal Behavior* 28, n. 1 (2004), p. 3-33. Alunos que sofrem de elevada ansiedade social podem estar interpretando o ambiente da sala de aula de uma forma mais negativa.

pode estimular o aprendizado —, mas gerenciá-lo com responsabilidade. Dar aos alunos uma pequena audiência inicial e a mim mesmo tempo para observá-los contribui para uma sensação de segurança na qual o envolvimento, incluindo o envolvimento com futuros desafios, se torna mais provável.[15]

Isso me traz de volta ao aprendizado dos nomes. Um grande benefício de ter criado tempo para circular e aprender os nomes, um por um, é que posso mudar a natureza do meu primeiro encontro com cada aluno. Em vez de perguntar seus nomes enquanto estou de pé na frente deles, no modo autoritário de "fazer a chamada", eu me agacho ao lado da cadeira de cada aluno enquanto eles trabalham na atividade, reservando um momento para olhá-los nos olhos, no mesmo nível, indagando seus nomes e repetindo-os com um breve cumprimento de boas-vindas. Isso cria uma oportunidade para um ligeiro momento de reconhecimento individual antes de me dirigir à classe como um grupo. Os alunos começam a se tornar pessoas para mim antes de representarem tarefas ou desafios e, de uma forma que não consigo articular por completo, isso muda minha forma de ensinar mais tarde, durante a aula. Considerando isso e as conversas com os colegas, cada aluno na sala foi visto, nomeado e ouvido pelo professor e por seus colegas nos dez minutos iniciais do curso. Isso importa. O que quer que isso mude para os alunos, acho que para mim muda sutilmente a maneira como os vejo e minha postura interior quando realmente começo a ensinar lá da frente. Eu os vejo como pessoas que já conheço, meu nervosismo em relação ao meu desempenho diminui e sinto-me mais capaz de me concentrar em ajudar no aprendizado deles do que em minha própria apresentação. A simples prática de aprender os nomes um a um me permite começar a ser quem espero ser em sala de aula no que diz respeito a transmitir cuidado e respeito pelos alunos.

Quero criar um nível de segurança, mas não quero que isso se transforme em relaxamento, pois estamos aqui para trabalhar e crescer. Um movimento nessa atividade aumenta intencionalmente o nível de estresse para um propósito específico. Os alunos apresentam-se aos seus parceiros e, em seguida, têm de apresentar o parceiro ao grupo. Existem várias outras maneiras como eu poderia gerenciar essa situação. Suponha que os alunos se apresentem a um parceiro e, em seguida, se apresentem novamente ao grupo. Isso eliminaria qualquer foco na escuta. Assim como na versão voltada a toda a turma,

---

[15] Carolyne M. Call, "Defining intellectual safety in the college classroom", *Journal on Excellence in College Teaching* 18, n. 3 (2007), p. 19-37.

já mencionada algumas vezes, os alunos poderiam concentrar-se apenas em suas próprias palavras e identidades. Suponha que eu anuncie, logo no início, que os alunos deverão apresentar seu parceiro. Os alunos provavelmente ouvirão com mais atenção na primeira conversa e anotarão as informações que terão de repetir. O risco, no entanto, é que ouvir os outros se tornaria uma tarefa escolar e que a mensagem implícita é "ouvir os outros quando o professor disser para fazê-lo e quando você precisar, com vistas ao seu próprio sucesso na tarefa". Isso não é o que pretendo fazer, então tendo a escolher o outro caminho, ou seja, não dizer nada até o final do primeiro diálogo. Isso permite que muitos alunos experimentem a sensação momentânea de frio na barriga quando percebem que não ouviram tão bem quanto poderiam e que, então, terão de repetir coisas que não retiveram muito bem. Espero que esse pequeno choque possa influenciar sua abordagem para futuras conversas em sala de aula. Quero que a mensagem implícita seja a seguinte: ouvir os outros é importante o tempo todo e, portanto, a qualquer momento, talvez tenham de prestar contas do que ouviram. A configuração informal de pequenos grupos e a sequência temporal evitam que isso se transforme em constrangimento total: eles ouviram seu parceiro por dois minutos, mas devem reportar-se ao grupo por apenas um minuto, para que não precisem se lembrar de todos os detalhes e tenham algo a dizer. No entanto, de alguma forma, deixei claro, logo no início, meu ponto de vista, de que ouvir os outros pode ser importante e que isso é parte do que estamos aprendendo.[16] O foco cuidadoso na forma como nos inter-relacionamos oferece contornos relacionais específicos ao nosso emergente lar pedagógico.

ESTABELECENDO TRAJETÓRIAS

Poderíamos continuar assim. À medida que debatia essa atividade com sucessivos grupos de professores, fomos descobrindo novos ângulos. Há uma riqueza de coisas em curso em qualquer trecho significativo de ensino e aprendizagem. É evidente que nem eu, nem ninguém, dispõe de tempo para pensar em cada segmento de nove minutos de seu semestre letivo com essa quantidade de detalhes — acabaríamos enlouquecendo bem antes das férias de julho. No entanto, há razões para focar cuidadosamente nessa sequência de abertura.

---

[16] Cf. Jason D. Whitt, "Teaching attentiveness in the classroom and learning to attend to persons with disabilities", *International Journal of Christianity and Education* 19, n. 3 (2015), p. 215-28.

Como ocorre em todos os encontros com novas pessoas, as primeiras impressões também são importantes em sala de aula. Elas não são imunes a mudanças posteriores, mas estabelecem uma trajetória que exige esforço para eventual desvio. Um estudo revelou que, embora a reputação anterior do professor não parecesse afetar as avaliações do curso no final do semestre, as avaliações de ensino concluídas pelos alunos apenas nas primeiras duas semanas de aula não se revelaram diferentes, de uma forma significativa, do que os alunos escreveram no final do semestre.[17] As primeiras horas e os primeiros dias gastos em qualquer aula estabelecem as expectativas sobre o que será valorizado, esperado, enfatizado, ignorado ou vivenciado naquela aula. Se essa trajetória inicial não corresponder aos meus objetivos para o curso, talvez eu tenha de batalhar muito pelo restante do semestre, lutando contra as percepções postas em movimento no início. Qualquer que seja o tipo de aprendizagem que desejo imprimir ao curso, será de grande ajuda para mim e para meus alunos se eu conseguir enfatizá-lo desde o início; o ímpeto inicial e os primeiros julgamentos trabalharão a nosso favor, e não contra nós. Existem outras formas e outros momentos para lidarmos com a burocracia de início de ano e com o conteúdo programático.

A primeira aula do semestre é, portanto, o foco de uma quantidade desproporcional de reflexão e planejamento, seguido pelo resto da primeira ou da segunda semanas, e depois disso posso começar a me apoiar em nosso repertório, nos padrões que construímos juntos.[18] Ao escolher a atividade já apresentada, busquei estabelecer um precedente para o que se segue e, ao fazê-lo, considero-me responsável por cumprir suas promessas implícitas com o passar do tempo. Empenhei-me em comunicar, desde o início, que a participação ativa é necessária, que a identidade que cada um traz é relevante para o aprendizado, que precisamos administrar tempo e energia com o fim de maximizar o aprendizado e que ouvir os outros, construir uma comunidade e respeitar cada pessoa presente são elementos valiosos do nosso trabalho conjunto. De todas essas maneiras, dou os primeiros passos para construir uma imaginação compartilhada que fornecerá a base para nossa vida pedagógica em conjunto.

---

[17] Stephanie Buchert; Eric L. Laws; Jennifer M. Apperson; Norman J. Bregman, "First impressions and professor reputation: influence on student evaluations of instruction", *Social Psychology of Education* 11 (2008), p. 397-408. Sou grato ao meu colega Michael Stob, por me indicar esse artigo.

[18] Veja o relato de Etienne Wenger sobre como um repertório é desenvolvido e produz um "regime de prestação de contas" que norteia a ação futura em: Etienne Wenger, *Communities of practice: learning, meaning, and identity* (Cambridge: Cambridge University Press, 1999).

OK, E DAÍ?

Dessa forma, sobrevivemos aos nove minutos iniciais do semestre. Essa atividade não precisa abranger tudo — há uma boa parte do semestre pela frente —, mas é um começo, e muita coisa já terá acontecido. Tentei trazer à tona algumas das suposições, considerações e esperanças que podem alimentar as decisões que moldam um curto período de ensino e aprendizagem em sala de aula. Escolhi, deliberadamente, um momento do ensino no qual ainda não me posicionei na frente dos alunos, nem expliquei qualquer coisa ou apresentei grandes ideias para sua consideração. Ainda não conduzi devocionais, não ofereci uma perspectiva sobre determinado assunto, nem pronunciei qualquer exortação. O que interessa aqui deverá estar, por enquanto, nos movimentos de ensino, na pedagogia, e não no conteúdo do curso ou no que é pregado. É claro que, a qualquer momento, posso me dar conta de que uma ou mais de minhas suposições sobre como as coisas funcionam estão erradas; então, o processo de reflexão e ajuste tem de continuar se desenvolvendo. Meu interesse aqui está na natureza do processo, e não nessa atividade como destino final ou padrão perfeito. Este livro é sobre como cozinhamos, e não sobre se todos nós devemos comer espaguete.

Apresentar o restante do ano letivo com esse nível de detalhamento estaria além da minha inteligência, do orçamento da minha editora e da paciência de qualquer leitor minimamente são. Sou muito grato se você ficou comigo até aqui. Esse mergulho nos detalhes agora, espero, nos permitirá dar um passo para trás e visualizar nosso aprendizado. Essa será a tarefa do próximo capítulo, no qual investigaremos algumas das questões mais amplas decorrentes dessa pequena atividade. O que ela nos mostrou sobre a natureza do ensino? Como as decisões de ensino aqui tomadas se relacionam com as questões de cosmovisão? Essa atividade pode ajudar-nos a ver como o ensino e o aprendizado podem ou não ser moldados pela fé? Já aconteceu alguma coisa cristã aqui?

Para reflexão e debate

- Você se pegou reagindo contra alguma parte dessa atividade? Em caso afirmativo, quais crenças e valores fundamentaram essa reação?
- Quais partes dessa atividade podem funcionar ou não em sua disciplina e em seu contexto de ensino? Que tipo de atividade teria o potencial de alcançar objetivos semelhantes em seu contexto?

- Quando você planeja uma aula, de que forma se concentra no espaço, no tempo e na forma pela qual os alunos interagem uns com os outros?
- O que você quer que os alunos aprendam nos primeiros dias de seu curso/matéria sobre os valores que moldam o curso? De que maneira espera que eles se envolvam?
- De que forma específica você poderia comunicar respeito e cuidado aos seus alunos logo no início de um semestre?

Anotações

Encontre um tempo e um lugar em que você possa refletir sem pressa. Concentre-se em uma aula específica que você lecionou recentemente ou que dará em breve. Esboce seu plano para os primeiros quinze minutos do semestre e, em seguida, adicione notas sobre por que o semestre deve começar dessa maneira. Quais valores e compromissos são comunicados de forma implícita? O que você poderia melhorar?

CAPÍTULO 3

Padrões que importam

Cheguei à conclusão de que afirmar que pode haver maneiras cristãs de ensinar evoca algumas ansiedades recorrentes até mesmo entre os colegas cristãos. Isso significa ignorar a pesquisa ou a experiência e deixar a teologia decidir sobre o que funciona? Significa que eu quero impor um único método de ensino "bíblico"? Cristãos e não cristãos não habitam o mesmo mundo e se valem das mesmas técnicas? Colocar a fé em primeiro plano prejudicará a excelência e o rigor no aprendizado das disciplinas? É necessário haver uma versão cristã de tudo? Ensinar matemática não pode ser apenas ensinar matemática?[1]

Minha sensação é que inquietações dessa natureza têm raiz nas formas de pensar o ensino que não conseguem captar tudo o que ele envolve. No capítulo anterior, passamos algum tempo considerando as decisões, os movimentos e os processos de pensamento envolvidos em uma sequência de nove minutos de ensino. O objetivo não era oferecer uma receita, mas tão somente abordar algumas questões de fé e ensino, observando atentamente uma sequência de ensino real. Com essa sequência ainda em mente, agora vou examinar mais de perto cada ideia na seguinte afirmação: mais de uma coisa está acontecendo quando ensinamos, e tudo acontece ao mesmo tempo, e, embora tenhamos objetivos de aprendizagem bem-definidos, a fé é que molda nossa abordagem.

---

[1] Sobre a variedade de pontos de vista a respeito do papel da fé na educação entre os professores que trabalham no ensino superior cristão, veja Todd C. Ream; Michael Beaty; Larry Lion, "Faith and learning: toward a typology of faculty views at religious research universities", *Christian Higher Education* 3, n. 4 (2009), p. 349-72. Para um relato recente e útil de alguns problemas herdados que cercam a relação de "cristão" com "igual" e "diferente", veja Robert Sweetman, *Tracing the lines: spiritual exercise and the gesture of Christian scholarship* (Eugene: Wipf and Stock, 2016).

MAIS DE UMA COISA ESTÁ ACONTECENDO QUANDO ENSINAMOS...

Vamos começar, então, pelo tema central do capítulo 2: quando ensinamos, muitas coisas estão acontecendo ao mesmo tempo. Apesar do hábito de nos referirmos ao ensino como apenas o momento em que alguém se levanta e explica algo a alguém, ensinar é algo irredutivelmente complexo. Ensinar é complexo porque os seres humanos são complexos, e ensinar implica tentar ajudar os seres humanos a crescer. E, à medida que as pessoas interagem em torno das tarefas de aprendizagem, aproximam-se dessas tarefas com uma série de motivações, limitações, crenças, sentimentos, medos, expectativas, dons e fraquezas. A forma como a aprendizagem se desenvolve é influenciada pelo espaço físico: disposição dos móveis, linhas de visão, iluminação, postura e assim por diante. Também é influenciada pelo momento: ritmo, silêncio, repetição, expectativa, começos, finais, promessas, lembretes. A identidade e a criatividade do professor e do aluno entram em jogo junto com suas atitudes de interação, em relação à aprendizagem e em relação à matéria em si. Palavras, símbolos, metáforas e gestos tecem teias particulares de significados em torno do que acontece. Comportamentos não apenas acontecem; eles são testemunhados, interpretados, julgados e têm reações. As ideias não são apenas explicadas ou abordadas; são aceitas, contestadas, mal interpretadas, reformuladas, adaptadas, unidas, isoladas, deixadas de lado ou aplicadas.[2] Dessa forma, obtemos gradualmente uma noção do que está acontecendo, do que isso significa e se isso importa — e como importa. Pensar no ensino como basicamente explicar coisas é como pensar em um culto na igreja como basicamente cantar músicas. Perde-se muito do que realmente importa.

Isso significa que o ensino sempre é subdeterminado pelo conteúdo a ser ensinado. Em outras palavras, sempre há mais coisas acontecendo do que o conteúdo do curso, o qual, por si só, não dita a forma como devemos ensinar. Matemática como disciplina não é a mesma coisa que ensinar matemática, arte não é a mesma coisa que ensinar arte, e existem muitas maneiras de traçar uma sequência de ensino e aprendizagem para cada uma dessas disciplinas. Saber o que temos de ensinar não nos diz por si só — exceto por meio do costume e do consenso atual — a forma como devemos ensinar. Isso

---

[2] Cf. M. M. Bakhtin, *Speech genres and other late essays*, trad. para o inglês V. W. McGee (Austin: University of Texas Press, 1986); edição em português: *Os gêneros do discurso*, trad. Paulo Bezerra (São Paulo: Ed. 34, 2016).

é verdade até mesmo para algo aparentemente tão simples e direto quanto a educação de novos motoristas em uma autoescola. Apenas pelas experiências de minha própria família, encontrei um instrutor de direção que usou filmes de acidentes horríveis para sugerir a adolescentes reunidos o que poderia acontecer com eles se fossem maus motoristas; um instrutor que se concentrou, desde o início, no encorajamento e na construção de relacionamentos; e outro que, após uma pequena instrução inicial, sentou-se silenciosamente no banco do passageiro e ficou esperando ocorrer algum erro; e então apenas disse "ãhn-ãhh!" em tom de acusação, esperando pela respectiva correção. Nenhum deles estava *apenas* ensinando a dirigir. Quando ensinamos matemática ou arte (ou dirigir, ou qualquer outra coisa), também estamos implicitamente moldando o lar pedagógico dentro do qual se encontra o assunto.

Quando uma disciplina, ou um assunto, entra no ambiente de aprendizagem, adquire uma nuvem de significados pedagogicamente mediados. Podemos aprender a forma como as forças funcionam e, ao mesmo tempo, que a ciência é árida e difícil, ou prática e envolvente, ou autoritária e intimidadora, ou profunda e misteriosa, ou contraditória à fé, ou pragmática e circunscrita a grandes questões.[3] Os mesmos conceitos na história podem ser ensinados com ameaças contra os desatentos, em pequenos grupos de discussão ao ar livre na grama, por meio de uma palestra formal, por meio de uma simulação elaborada, via um projeto de serviço acadêmico de aprendizagem ou através de um programa de leitura supervisionada. Os conceitos podem ser transmitidos de forma competitiva ou colaborativa, em ambientes interpessoais calorosos ou formais, e com exemplos focados na realidade humana diária ou em grandes estruturas sociais. Podem ser ensinados com ênfase na relevância contemporânea ou com uma distância desapegada dos acontecimentos, com ênfase na dinâmica de funcionamento do poder ou na experiência dos fracos, no local ou no global, no familiar ou no estranho. Ainda que os conceitos ou habilidades permaneçam, em certo sentido, os mesmos, ainda que os alunos os dominem igualmente bem no final, é provável que coisas diferentes tenham sido aprendidas, e diferentes associações, atitudes e paixões tenham sido nutridos. Saber como os alunos se sairão na prova é apenas parte do quadro mais amplo, porque esse

---

[3] Exemplos fascinantes disso no contexto da aprendizagem de ciências no ensino superior são trazidos em Sheila Tobias, *They're not dumb, they're different: stalking the second tier* (Tucson: Research Corporation, 1990).

resultado se encaixa no meio de outros tipos de aprendizado, de outros significados adquiridos paulatinamente no processo.

É normal que o ensino tenha múltiplos objetivos. Na verdade, faz pouco sentido falar de um objetivo único de qualquer sequência de ensino bem elaborada. Na atividade que examinamos, meu objetivo era fornecer uma prática básica de fala *e* comunicar que a participação ativa seria necessária, *e* ensinar que ouvir os outros é importante, *e* demonstrar respeito pelos alunos, *e* avaliar o domínio das terminações verbais do presente, *e* aumentar a confiança no desempenho da linguagem por meio da repetição, *e* tornar possível aprender todos os nomes rapidamente, *e*... Às vezes, posso aplicar uma atividade com um propósito bem circunscrito (um exercício intensivo e específico de gramática, digamos), mas isso, em geral, será um momento isolado no ensino, uma espécie de afastamento temporário para esclarecer alguma coisa. Mesmo assim, extrairá seu significado da sequência e do contexto em que surge. O que parece ser muito mais comum é que eu tenho uma lista de razões simultâneas para qualquer sequência de ensino, dependendo do aspecto no qual desejo focar, enquanto tento refletir sobre o todo. Esse complexo de razões simultâneas é o motivo pelo qual podemos pensar que a fé desempenha um papel relevante no processo de planejamento sem, necessariamente, competir com os objetivos da área temática ou funcionar como o único critério que, de alguma forma, supera todas as outras considerações. Assim como buscar seguir a Deus na vida em família não é uma competição com, ou uma alternativa a, preparar o jantar ou checar os ralos, a fé pode ser uma parte viva do complexo simultâneo de considerações que moldam a pedagogia.

... E TUDO ACONTECE AO MESMO TEMPO...

Então, muitas coisas estão acontecendo quando ensinamos. Agora observe a palavra "simultâneo". Eu não entro na sala e passo alguns minutos fazendo com que os alunos se sintam seguros, e depois comunico respeito, e então faço os alunos praticarem algumas palavras em alemão por um tempo, e então lhes ensino que ouvir outras pessoas é importante, como uma sucessão de contas em um barbante. Não estou dando aula de idioma por três minutos e depois trabalhando engajamento moral por quatro e comunicando cosmovisão por dois. Essas coisas acontecem mais ou menos ao mesmo tempo, entrelaçadas no mesmo processo, como parte do mesmo conjunto de práticas. Se nos sentimos como se tivéssemos de escolher entre, digamos, considerar as necessidades afetivas dos alunos e manter o rigor disciplinar, é provável que estejamos diante de um projeto de ensino fraco. E, mesmo quando ignoramos algumas partes do quadro mais amplo, elas não desaparecem; o processo de ensino atua em vários níveis, independentemente da nossa vontade.

Quando dei meus primeiros passos no ensino (como estagiário em uma escola de ensino médio na cidade), minha sala de aula era muitas vezes caótica, e eu nutria certa inveja de um colega que parecia ter uma habilidade incrível de entrar em sala de aula e garantir silêncio e atenção plena em um ambiente repleto de adolescentes. Suas aulas começavam com os alunos sentados em fileiras retas, todos olhando para a frente enquanto ele chamava os nomes da lista de presença. Aos poucos, fui percebendo que uma das ferramentas que ele usava para conseguir isso era a humilhação pública. Quando os alunos saíam da linha, ele fazia deles um exemplo, usando palavras mordazes para colocá-los "em seu devido lugar" na frente dos outros colegas. Ele não era completamente abusivo — alguns poderiam chamá-lo de um capataz rigoroso —, mas fazia, sim, uso da vergonha e da ansiedade dos alunos. Em parte, seus alunos ficavam em silêncio porque suas habilidades de organização da sala de aula eram muito melhores do que as minhas e, em parte, porque eles simplesmente sentiam medo dele. E essa dinâmica funcionava. Então, decidi, com base em minhas próprias convicções, a maneira apropriada de tratar os alunos e concluí que nunca desejaria imitá-lo. Ele também estava pondo em prática escolhas que envolviam espaço físico, estratégias de gerenciamento de classe, sentimentos e percepções dos alunos, normas de interação, valores e expectativas e assim por diante, ao mesmo tempo que inculcava o idioma francês. Ele teceu um padrão de prática bem diferente do apresentado no capítulo anterior e acabou por produzir um lar pedagógico diferente para os alunos habitarem. A escolha disponível para nós não é comunicar ou não valores além do conteúdo do curso, mas, sim, quais valores comunicar.

Os vários aspectos do ensino não são apenas simultâneos; é bem provável que também interajam entre si. Se meus alunos se sentirem pelo menos um pouco mais seguros, por exemplo, é provável que se arrisquem a falar alemão em minha aula, e isso provavelmente aumentará seu progresso na aquisição de habilidades linguísticas, bem como afetará a maneira como tratam as pessoas ao seu redor. Assim, é provável que o objetivo de ajudar os alunos a se sentirem suficientemente seguros para aprender será alcançado através da demonstração de respeito, do conhecimento de seus nomes, moldando a atividade de aprendizagem para que o desafio linguístico inicial não seja superior ao que eles conseguem suportar. As diferentes facetas do que está acontecendo podem e devem ser distinguidas, mas não acontecem de forma isolada umas das outras.

Ao abordar esse assunto com os estudantes de pedagogia, às vezes faço comparações com minhas próprias experiências iniciais de aprender a dirigir. Minha primeira aula de direção aconteceu na zona rural de Lincolnshire, na Inglaterra, em estradas rurais estreitas e com valas profundas cheias de água de ambos os lados, em um carro com câmbio manual. Durante a maior parte daquela primeira lição, colocar a alavanca de câmbio na marcha certa exigia toda a minha atenção e, assim, quando eu mudava de marcha, não olhava mais para onde estava dirigindo. Eu conseguia gerenciar apenas um aspecto da tarefa por vez, embora a tarefa exigisse focar em várias coisas ao mesmo tempo. Quando eu tinha de mudar de marcha, o instrutor era obrigado, em várias ocasiões, a assumir o controle, a fim de evitar a morte por afogamento. Anos depois, descobri que eu podia passar por cruzamentos complexos enquanto ouvia música, conversava com um passageiro, observava o comportamento dos outros motoristas, notava que o combustível estava baixo e pensava nos meus planos para a manhã seguinte. Mesmo uma tarefa relativamente simples, como dirigir, torna-se multifacetada quando crescemos em competência. Suponho que uma parte significativa do aprimoramento do professor implica, igualmente, tornar-se mais consciente do que está acontecendo e ser capaz de gerenciar com responsabilidade um conjunto mais complexo de variáveis de interação sem perder o foco firme nas tarefas centrais.

... E, EMBORA TENHAMOS OBJETIVOS DE APRENDIZAGEM DEFINIDOS...

E as tarefas centrais? Uma imagem recente advinda de uma pesquisa sobre ensino e aprendizagem, destacando os múltiplos processos simultâneos que ocorrem em sala de aula, retrata um ambiente de aprendizagem como um ecossistema.[4] Um ecossistema envolve um ambiente no qual muitos fatores interagem entre si, em uma rede sutil de efeitos, e não em uma série de consequências lineares. Se uma sala de aula é um ecossistema, e não um lugar no qual os métodos são aplicados de forma mecânica, então uma pequena

---

[4] P. ex., Jonathan Leather; Jet van Dam, orgs., *The ecology of language acquisition* (Dordrecht: Kluwer, 2003).

mudança pode surtir um efeito desproporcional. Percebi isso logo no início da minha carreira docente, quando, de repente, me tornei um professor muito mais eficaz porque a escola havia instalado carpete na minha sala de aula. Com as lajotas de cerâmica anteriores, cada raspar de cadeira ou de mesa no chão era amplificado, e o ambiente barulhento tendia a fazer com que todos, inclusive eu, levantassem a voz. Quando o piso mudou, o burburinho diminuiu significativamente. Eu me vi trabalhando muito menos para recuperar a atenção dos alunos após uma interação em grupo, o que, por sua vez, me encorajou a desenvolver atividades de aprendizado que concedessem mais liberdade aos alunos. Foi ao mesmo tempo humilhante e, de certa forma, um alívio perceber que minha habilidade não era a única variável relevante na sala: até mesmo o material do piso estava envolvido em moldar a forma como o aprendizado acontecia. Como um pesquisador bem diz, abordar a sala de aula de forma ecológica significa começar com "mínimas suposições *a priori* sobre o que pode ser ignorado".[5] Se até mesmo algo tão inerte quanto o revestimento do piso pode influenciar o desempenho, imagine então as crenças e suposições de professores e alunos!

No entanto, há um aspecto importante no qual a metáfora ecológica não se encaixa. Ao contrário de um ecossistema, um ambiente de ensino normalmente tem um propósito focal combinado e consensual. Embora não possamos ensinar sem tocar em várias facetas da experiência dos alunos, geralmente ainda estamos engajados em ensinar *alguma* coisa. Quando os alunos se inscrevem para uma aula de latim ou de literatura inglesa, esperam, com bastante razão, que o resultado principal seja o aumento da competência em latim ou literatura inglesa. Suponho que a consciência disso alimenta a preocupação de alguns professores de que, uma vez que começamos a falar sobre questões afetivas, formação de alunos ou assuntos relacionados à fé, estamos, de alguma forma, jogando os padrões da disciplina ao vento e nos transformando em orientadores educacionais ou conselheiros não licenciados, e não em professores.

Enquanto me preparo para uma aula de alemão, é verdade que aumentar a habilidade dos alunos no idioma é minha responsabilidade principal. Nada do que foi dito até aqui implica que a tarefa central da minha aula de alemão

---

[5] Jet Van Dam, "Ritual, face, and play in a first English lesson: bootstrapping a classroom culture", in: Claire Kramsch, org., *Language acquisition and language socialization: ecological perspectives* (New York: Continuum, 2002), p. 237-65.

não seja ensinar e aprender alemão. Não devo suspender isso para me dedicar a estudo bíblico, terapia ou campanha política.[6] Os objetivos complexos mencionados não são, nesse sentido, iguais. Se eu conseguir fazer os alunos se sentirem seguros e respeitados, mas eles não aprenderem alemão de forma eficaz, terei falhado, e o projeto de ensino é ruim.

No entanto, "ensinar alemão" e "aprender alemão" são atos que podem ser configurados de muitas maneiras distintas, e muitas delas podem realmente levar à competência em alemão. Todas essas maneiras implicam significados, escolhas, desejos e crenças que vão além do conteúdo do curso. Ao longo do último século, vimos abordagens de ensino de línguas que envolvem sentar alunos em fileiras e treiná-los intensivamente em frases repetitivas, em razão da teoria behaviorista de que eles são essencialmente sistemas biológicos a serem condicionados pela aplicação reiterada dos estímulos certos. Vimos abordagens que dispõem os alunos em círculos, convidando-os a falar sobre tópicos de sua própria escolha e, em seguida, usando suas próprias palavras como base para a discussão da gramática, em razão da crença existencialista de que o aprendizado da língua deve estar enraizado na necessidade dos alunos por autodireção autônoma e autoestima. Vimos abordagens que investem muita energia em explicar estruturas gramaticais e representá-las de forma sistemática, seguindo a crença racionalista de que o mais importante no desenvolvimento dos alunos é sua capacidade de pensar segundo padrões lógicos. Vimos abordagens que envolvem os alunos intensamente em ensaiar diálogos ambientados em cafés, estações ferroviárias e hotéis, aderindo à crença consumista de que o que mais importa são as necessidades práticas de comunicação que surgem da necessidade diária de alimentação, transporte e acomodação. *Todas* essas abordagens se propõem a "ensinar alemão" (e nós poderíamos elaborar listas semelhantes em relação a outras disciplinas). Nossos objetivos essenciais estão aninhados em histórias maiores. Não existe essa coisa de "ensinar alemão" abstraindo-se de uma visão de quem somos e do que devemos nos tornar. A tarefa que me foi atribuída é ensinar a língua alemã, mas

---

[6] Esse é o fundo de verdade no argumento de Stanley Fish em seu *Save the world on your own time* (Oxford: Oxford University Press, 2008). Acho que ele está certo ao afirmar que aqueles que "preferem objetivos e ambições grandiosas" à atenção adequada ao ofício de ensinar erram o alvo (p. 53), mas apenas no sentido de que essas não são, como Fish retoricamente insinua serem, alternativas necessariamente opostas. Boa parte de seu argumento se baseia em uma dicotomia simplista entre advogar por uma causa no lugar do ensino (usando a sala de aula para recrutar alunos para causas políticas) e o ensino simples da disciplina (com o ensino aparentemente imaginado como uma técnica neutra). Estou argumentando aqui que essa imagem é falsa, não porque o abandono do ensino em favor do recrutamento político deva ser defendido, mas porque Fish entende de forma equivocada a natureza do ensino.

nunca ensino *apenas* alemão, não somente porque tenho objetivos múltiplos e simultâneos, mas também porque não existe uma maneira de buscar o objetivo principal que seja isenta de valores.

Ademais, concentrar-se apenas na tarefa principal pode parecer algo nobre, até imaginarmos uma criança tão concentrada em correr pela casa para buscar algo que acaba por atropelar sua irmãzinha bebê pelo caminho. A importância dos objetivos focais não significa que seja sensato prestar menos atenção ao seu contexto. No final das contas, isso não é diferente de qualquer outra atividade humana complexa. Considere arquitetos e engenheiros civis trabalhando no projeto e na construção de uma nova ponte sobre um rio nas proximidades de uma pequena cidade. (Eu não sou arquiteto nem engenheiro, então trabalho com a permissão de uma ligeira licença poética.) O objetivo principal da ponte, acredito, é levar os veículos em segurança e em um volume suficiente de um lado ao outro do rio. Se os construtores de pontes decidirem que isso é entediante e, em vez disso, construírem uma obra de arte elaborada que carregará apenas alguns veículos mais leves, terão fracassado. Boa parte dos processos envolvidos será puramente técnica, envolvendo as propriedades dos materiais, a largura do vão a ser percorrido, a solidez do terreno de cada lado, e assim por diante. Nada disso significa, no entanto, que não existam outras normas em jogo. O projeto da ponte deve levar em conta se ela precisa ser bonita (por exemplo, para não reduzir a qualidade de vida, prejudicar a renda advinda do turismo ou provocar indignação em um local que antes era pitoresco). Questões éticas estarão em jogo: a construção da ponte vai afetar as casas de certas pessoas (por que essas pessoas em particular?) ou um valioso habitat natural? E quanto aos interesses das pessoas que são beneficiadas ou prejudicadas com o investimento de recursos nessa ponte? Haverá julgamentos sobre o que importa e sobre que tipo de comunidade queremos — ciclistas e pedestres importam o suficiente para influenciar o projeto? Haverá alguma tentativa de controlar as consequências secundárias — o trabalho na ponte causará alguma poluição local ou perda de renda e, em caso afirmativo, como isso será contido? A melhor maneira de pensar nessas questões não é como obstáculos para a construção de uma boa ponte, mas como parâmetros do projeto a ser elaborado. Encontrar a resposta certa a todas essas perguntas de uma só vez pode significar lutar com algumas tensões, mas nada disso contradiz a ideia de que o objetivo central é construir uma estrutura que consiga transportar veículos de um lado ao outro do rio. Isso significa apenas que o projeto se desenvolve em contextos, é complexo e carregado de valor.[7] Quando projetamos coisas, somos responsáveis por seguir várias normas ao mesmo tempo.[8] Se o projeto resultar na poluição do abastecimento de água local, não valerá defender-se no tribunal dizendo que "nosso objetivo não era proteger o meio ambiente; era construir uma ponte para permitir o tráfego". Da mesma forma, não faz sentido dizer coisas como "questões éticas e formação de alunos não são meu trabalho; estou aqui apenas para ensinar matemática". Esperamos que as atividades de matemática ensinem conceitos matemáticos com precisão *e* sejam justas *e* não incluam exemplos racistas ou sexistas *e* não desperdicem papel, e assim por diante. Essas não são adições ou alternativas irrelevantes. Não há razão para pensar que a adição de compromissos de fé cristã a uma lista de possíveis variáveis mude isso. Eles podem desempenhar papel real dentro de um complexo maior de preocupações sem anular o propósito central de determinada sequência de ensino.

... A FÉ MOLDA NOSSA ABORDAGEM

Percebo que a ideia de que, além de todos os outros fatores, a fé cristã pode exercer alguma influência nos processos de ensino não é nada óbvia para a maioria das pessoas. Por essa razão, passei algum tempo construindo uma imagem de como múltiplos fatores influenciam e orientam o que acontece no momento em que ensinamos. No entanto, ainda não expus como uma preocupação especificamente cristã pode encaixar-se nessa mistura. Em sua maior parte, a atividade descrita no capítulo 2 baseou-se em crenças sobre como o cérebro adquire a linguagem, em que medida os alunos podem ser motivados por alguma liberdade de escolha ou os prováveis efeitos de um layout da sala. Esses são os tipos de crenças que provavelmente desejaremos testar de forma empírica, indagando quais efeitos esses movimentos realmente têm.[9] É improvável que possamos extrair essas crenças da Bíblia, que tem pouco a dizer sobre como organizar o mobiliário em uma sala de aula.

---

[7] Wayne Au, de forma bastante útil, conceitua o currículo como uma questão de "projeto ambiental complexo" envolvendo material físico, linguagem e sistemas simbólicos, comportamento, tempo, criatividade e política social. Veja Wayne Au, *Critical curriculum studies: education, consciousness and the politics of knowing* (New York: Routledge, 2012), p. 33-9.
[8] Veja Doug Blomberg, *Wisdom and curriculum: Christian schooling after postmodernity* (Sioux Center: Dordt College Press, 2007).
[9] O cap. 2 incluiu intencionalmente mais referências à pesquisa empírica nas notas para ilustrar a relação dessa pesquisa com o esforço para entender e planejar dentro da sala de aula. Esse tipo de pesquisa normalmente informa sem nos dizer exatamente como ensinar.

Dada a ausência de uma linguagem clara em relação à fé em nossa atividade de nove minutos, será que a fé já desempenhou algum papel ali?

Considere apenas uma das muitas alternativas para o desenvolvimento da atividade. David Bridges descreve os minutos iniciais de um seminário de pós-graduação em ética liderado por Robert Dearden, no Instituto de Educação de Londres, quatro décadas atrás, em uma época na qual a abordagem analítica da filosofia da educação dominava. Dearden começou propondo uma questão para discussão e convidando a que fizessem o primeiro comentário. Uma estudante australiana tomou a palavra:

— Desculpe-me — interveio, nervosa, mas com alguma determinação —, mas você acha que poderíamos começar nos apresentando, para que nos conheçamos um pouco? Caso contrário, seremos apenas, bem...

— ... apenas fontes de argumento? — completou Dearden.

— Sim.

— Bem, é exatamente isso que vocês são: fontes de argumento. Não importa quem você é ou de onde vem. O que importa é a qualidade do seu argumento. Se vocês quiserem saber mais uns dos outros, podem se encontrar no barzinho mais tarde. Agora, sobre a virtude...[10]

A escolha de não aprender nomes está associada a uma visão do conhecimento como impessoal, e não contextual e objetivo. Combina com uma visão de ideias como mais importantes do que identidades, e com uma visão implícita da formação do aluno, uma visão segundo a qual os alunos devem tornar-se melhores em participar desse modelo de conhecimento. Bridges pensa que esse é um exemplo de prática pedagógica emancipatória, pois despersonaliza a crítica (criticam-se ideias, e não indivíduos) e reduz a relevância do status social para a sala de aula (não quem você é, mas o que conclui, é isso que importa). Esse argumento leva em consideração concepções implícitas de liberdade, igualdade e justiça. Retrata a justiça e a libertação da perspectiva de fuga de nossas identidades particulares para um espaço neutro e racional. Embora tudo o que tenha acontecido se resuma a uma decisão fugaz de não gastar tempo aprendendo nomes, uma série de crenças básicas implícitas desempenhou papel relevante em dar forma a esse acontecimento.

---

[10] David Bridges, *Fiction written under oath? Essays in philosophy and educational research* (Dordrecht: Kluwer, 2003), p. 1.

Minha atividade de nove minutos materializou escolhas diferentes quando se tratava de aprender nomes. Envolveu investir uma grande quantidade de energia estratégica no aprendizado de nomes, criando espaço e tempo para os alunos se conhecerem. Implicava também um conjunto diferente de valores e compromissos. Assim como na versão de Dearden/Bridges, minhas razões para agir assim estavam ligadas a ideias sobre conhecimento, formação e ética. Constatei o bem-estar dos alunos no que se refere ao fato de se sentirem acolhidos uns pelos outros, em vez de deixarem suas identidades fora do círculo de aprendizagem.[11] Priorizei valorizar a noção de comunidade e apoio mútuo, e iniciar o processo de desenvolvimento como uma norma compartilhada pelo grupo. Tratar bem os outros, acredito, deve vir da intenção compartilhada de cuidar dos outros, e não de um tipo de abstração procedimental em nossas interações. Eu quis transmitir a convicção de que ouvir uns aos outros é importante porque as pessoas têm valor, e não apenas para articular respostas verdadeiras.

Há algo de cristão nisso? Não exclusivamente, mas essas escolhas estão enraizadas em um conjunto de pressupostos e crenças que, para mim, incluem fontes explicitamente cristãs. Há muitos anos eu me pergunto o que significa ver os alunos não como mentes, como realizadores, como clientes ou desafios, mas como imagens de Deus que são chamadas a uma vida fiel e ao amor a Deus e ao próximo. Também há muito tempo me interesso pela forma como as salas de aula podem incorporar a virtude cristã de hospitalidade.[12] Ler um comentário bíblico há muitos anos me fez pensar longamente sobre as implicações de Israel ser chamado para ouvir antes de ser chamado para falar ("Ouça, Ó Israel..."), cedendo ao outro antes de afirmar sua própria agenda.[13]

---

[11] Em outras palavras, não acredito que a escolha seja entre reconhecer as identidades e permitir o preconceito, por um lado, e resistir às diferenças de status por meio da objetividade impessoal, por outro. Aprender e praticar a hospitalidade para com os outros é uma terceira opção, que considero estar mais claramente enraizada em uma visão cristã das pessoas.

[12] Veja David I. Smith; Barbara Carvill, *The gift of the stranger: faith, hospitality, and foreign language learning* (Grand Rapids: Eerdmans, 2000); David I. Smith, *Learning from the stranger: Christian faith and cultural diversity* (Grand Rapids: Eerdmans, 2009); David I. Smith; Pennylyn Dykstra-Pruim, *Christians and cultural difference* (Grand Rapids: Calvin College Press, 2016).

[13] Refiro-me ao comentário de Walter Brueggemann sobre o livro de Jeremias, originalmente publicado em dois volumes e mais recentemente republicado como *A commentary on Jeremiah: exile and homecoming* (Grand Rapids: Eerdmans, 1998). Escuta e autonomia são temas recorrentes. Brueggemann escreve: "A alternativa à escuta é a autonomia [...] Israel organizou sua vida para servir a si mesmo e sua autossuficiência, negando, assim, seu caráter como um povo unido em aliança com aquele que é soberano" (p. 82). Os "principais pecados de Judá são autonomia e autossuficiência, que são evidenciados em não ouvir" (p. 153). Nessa oposição de escuta e autonomia, "ouvir significa ser endereçado, saber que a vida vem como um dom do outro" (p. 110). Todos esses comentários se concentram em ouvir a Deus, e é arriscado simplesmente transferir as preocupações sobre o perigo da autonomia autoafirmativa contra Deus para nossa autonomia em relação a outras pessoas. No entanto, acho que a ideia de que o povo

O foco que o Novo Testamento coloca em "uns e outros" ("lavem os pés uns dos outros" [João 13:14], "amem uns aos outros" [João 15:12] , "ser devotados uns aos outros" [Romanos 12:10], "viver em harmonia uns com os outros" [Romanos 12:16] etc.) inclina-me a resistir ao enfoque-padrão que normalmente temos no sucesso individual na sala de aula ou a desconsiderar as perspectivas específicas dos alunos. Esses impulsos vêm da interação com a Bíblia e com ideias colhidas de teólogos e estudiosos cristãos de outras disciplinas. Eles desempenharam papel ativo na formação das escolhas específicas descritas no capítulo 2. Quando se sentem atraídos para meu pensamento pedagógico, eles interagem com o que aprendi com a pesquisa e a experiência sobre linguagem, aprendizagem, natureza do conhecimento, a forma como as salas de aula funcionam, e assim por diante.

Não há um caminho direto dos versículos da Bíblia para as escolhas pedagógicas, como se minhas escolhas na atividade de nove minutos fossem, de alguma forma, aquelas ordenadas pela Bíblia. Também não há direitos autorais bíblicos em jogo — seria inteiramente possível para outro professor fazer escolhas como as que eu fiz, mas com base em valores enraizados em um conjunto diferente de fontes. No entanto, não preciso acreditar que nenhum outro ser humano tem a cor dos meus olhos para afirmar que a tenho por causa dos meus pais. Os cristãos não são os únicos que valorizam a comunidade ou que procuram honrar os alunos. No entanto, os cristãos fazem isso por razões cristãs, e o raciocínio cristão estava envolvido em minha escolha no sentido de ouvir, respeitar, aprender nomes, criar um ambiente seguro, construir comunidade e coisas do gênero. Eu poderia estar enganado — errado em minha compreensão do que a fé cristã exige, errado em minhas crenças sobre como isso se aplica à sala de aula, errado em minhas crenças sobre como as salas de aula funcionam ou errado sobre como os alunos estão recebendo e interpretando minhas escolhas. Deixar a fé entrar em cena não garante que eu esteja certo ou que meu ensino esteja indo bem. No entanto, ainda tenho de confessar que, nesse caso, apesar da falta de qualquer referência aberta à fé, as escolhas pedagógicas que eu fiz foram influenciadas por minha fé cristã.

Mais uma vez, isso não acontece isoladamente, como se eu parasse por alguns minutos para ser cristão (uma oração rápida, talvez) antes de retornar ao trabalho secular de ensinar minha disciplina e observar como o cérebro

---

de Deus deve ser o tipo capaz de ceder seu próprio domínio para ouvir é relevante para a forma como nos aproximamos de outras pessoas.

adquire a linguagem. O próprio processo de ensino carrega, em seus padrões, uma visão, influenciada pela fé, da maneira como devemos viver e aprender juntos. Eu simplesmente tentei encontrar práticas que corporificassem minhas crenças. Ao fazer isso, já comecei a comunicar uma imagem de como devemos viver juntos e o que devemos esperar — o tipo de casa que devemos construir. É apenas um pequeno começo — afinal, estamos apenas há nove minutos no semestre —, mas é o início dos padrões que importam.

OLHANDO ADIANTE

Mais de uma coisa está acontecendo quando ensinamos, e tudo acontece ao mesmo tempo, e embora tenhamos metas de aprendizado direcionadas, a fé molda nossa abordagem. Tentei desenrolar e defender cada ideia nessa frase tendo como pano de fundo a atividade de aprendizagem descrita no capítulo 2. Antes de prosseguir, é necessário fazer uma advertência importante. Observamos uma breve sequência de aprendizado e tentamos compreender o que isso pode implicar, mas, se olharmos para essa sequência por si só, seu significado ainda é um tanto indeterminado. É importante saber como a história continua. Considere os comentários de Dearden sobre não precisar aprender nomes porque os argumentos são realmente o que importa. Suponha que Dearden concluísse a aula dizendo: "Tudo bem, agora que vocês entenderam a diferença entre bons argumentos e opiniões, vamos passar alguns minutos nos conhecendo". Ou suponha que ele viesse para a próxima aula e dissesse: "Agora, que tipo de filosofia do conhecimento acha que eu estava fazendo você encenar da última vez? É algo realmente válido? O que devemos fazer de modo diferente?". Em ambos os casos, o significado de seu movimento de abertura seria alterado. O mesmo se aplica à minha versão. Suponha que eu prosseguisse com meu semestre e descobrisse que, após esse floreio inicial, os alunos raramente tivessem a chance de interagir, participar ou ouvir uns aos outros de forma significativa. O significado da sequência, então, mudaria de maneira importante. Isso poderia revelar-se como uma exibição falsa, ou como uma provocação astuta ao pensamento, ou como um gesto breve e nobre que, ao final, acaba se revelando periférico e de pouca importância em comparação às mensagens reais do curso. O significado de ensinar se estabiliza ao longo do tempo. A história contada pela pedagogia é mais eloquente nos padrões de prática que emergem e no repertório estável de uma aula do que no floreio esporádico. Concentrei-me em uma única atividade, mas, na verdade, estou apontando para os padrões mais amplos para os quais essa atividade pode contribuir.

Com o tempo, esses padrões podem ajudar a moldar as percepções e práticas dos alunos. Como observa Jerome Bruner,

> qualquer escolha da prática pedagógica implica uma concepção do educando e pode, com o tempo, ser adotada por ele como a forma adequada de pensar o processo de aprendizagem. Pois uma escolha de pedagogia inevitavelmente comunica uma concepção do processo de aprendizagem e do aprendiz. A pedagogia nunca é inocente. É um meio que carrega sua própria mensagem.[14]

Bruner afirma que tal pedagogia não é neutra e acrescenta uma segunda questão: os alunos submetidos a uma pedagogia específica tendem a se adaptar e adotar suas demandas e seus valores implícitos. Eles podem vir a pensá-la como normal. Podem vir a pensar que, na verdade, é *assim* que se aprende uma língua, é *disso* que se trata a química. Na maioria dos casos, eles experimentaram poucos outros modelos que lhes possibilitassem uma comparação. As próprias escolhas pedagógicas tornam-se, assim, parte da formação do aluno. Elas induzem os alunos a maneiras de se relacionar uns com os outros, com o assunto em questão, com o professor, com eles próprios e, implicitamente, com o mundo mais amplo no qual a aprendizagem está inserida. Essa indução é sustentada e reforçada por meio de padrões da prática cotidiana. A formação não é algo exótico ou arcaico adicionado ao ensino como um extra opcional. Para o ensino que continua por um período significativo, a formação é parte de como o ensino funciona.

Dada a importância dos padrões que se desdobram ao longo do tempo, em certo sentido, ainda não aconteceu muita coisa. Esses são apenas os primeiros nove minutos de um semestre e não estou afirmando que os alunos tenham sido transformados permanentemente por uma atividade de nove minutos. Debruçar-se sobre essa primeira atividade destina-se apenas a oferecer um vislumbre inicial de como a fé pode estar em ação na pedagogia. O próximo passo consiste em olhar para alguns padrões mais amplos, para ver como esse tipo de processo pode desenrolar-se ao longo de um semestre, de um ano, de uma carreira. Os próximos dois capítulos se voltam a isso.

---

[14] Jerome Bruner, *The culture of education* (Cambridge: Harvard University Press, 1996), p. 63 [edição em português: *A cultura da educação* (Porto Alegre: Artmed, 2003)].

Para reflexão e debate

- Ao se preparar para a aula, você tem metas relacionadas ao conteúdo e às habilidades a serem aprendidas. Quais outros objetivos você tem para o crescimento dos alunos?
- Quais objetivos você tem para o modo de os alunos interagirem em seus cursos e o tipo de contexto relacional que resultará? Como esses objetivos se tornam aparentes em suas abordagens de ensino?
- Se a fé cristã desempenha papel relevante em sua visão de ensino, até que ponto está associada a momentos intercalados entre os principais processos de ensino e aprendizagem, e de que forma está entrelaçada no todo?
- Se o ensino é um processo complexo de planejamento ajustado a um contexto, quais são as características de seu contexto particular que você deve levar em consideração ao planejar?

Anotações

Encontre uma hora e um lugar em que você possa refletir sem pressa. Escolha uma aula específica que você já ministra ou vai ministrar. Faça uma lista de seus objetivos para essa aula, todas as maneiras pelas quais você espera que os alunos cresçam. Faça também uma lista de seus parâmetros de planejamento, das principais características de sua disciplina e do contexto que precisa ser respeitado. Leve em conta que tudo isso pode variar, desde restrições de espaço físico até a missão institucional e os conceitos que precisam ser ensinados. Por fim, apresente uma atividade de ensino e aprendizagem que possa corresponder a vários itens de ambas as listas.

CAPÍTULO 4

O movimento da alma

Os dois últimos capítulos tiveram como objetivo olhar o ensino de um ângulo que nos permite ver como a fé é capaz de contribuir. Neste ponto, começamos a diminuir um pouco o *zoom*. As maneiras pelas quais ensinamos e aprendemos são, escreve Jerome Bruner, "uma grande concretização do modo de vida de uma cultura, e não apenas uma preparação para isso".[1] Não são apenas técnicas para entregar conteúdo curricular. São convites para habitar o mundo de maneira particular, para viver dentro de um espectro das visões de mundo e das visões morais particulares. Isso significa que, se nos importamos com o tipo de cultura em que vivemos, também nos importaremos com a forma de ministrar ensinamento. Este capítulo e o próximo levam essa ideia adiante, deixando mais do ano letivo se desenrolar e descrevendo minhas próprias tentativas de colocar o "ser cristão" e o "ser professor" juntos, de maneira coerente.[2] Espero que estes capítulos lancem um pouco mais de luz sobre o trabalho que a fé pode ter ao fomentar a insatisfação com os padrões existentes de ensino (este capítulo) e orientar as tentativas de projetar algo melhor para ocupar seu lugar (o próximo capítulo).

MORTE EM PARIS

Para começar, imagine uma sala de aula no canto superior de um prédio quadrado de vidro e concreto, em uma pequena escola de ensino médio

---

[1] Jerome Bruner, *The culture of education* (Cambridge: Harvard University Press, 1996), p. 13 [edição em português: *A cultura da educação* (Porto Alegre: Artmed, 2003)].
[2] Devo confessar que minhas reflexões aqui são generosamente revestidas de uma visão em retrospecto; tenho certeza de que nem sempre pensei no que estava acontecendo da maneira como faço agora, anos depois. Espero que isso signifique que me mantive aprendendo.

localizada na periferia. Sob o brilho sonolento do sol do início da tarde, aproximadamente trinta alunos de uns doze anos de idade estão envolvidos com graus muito variados de entusiasmo no lento processo de aprender francês. Eu sou o professor deles, algo em que ainda estou começando a acreditar enquanto embarco, de forma hesitante, na carreira do magistério. Estou empenhado na tarefa de transformar a preguiça e a digestão em aprendizado e prática de linguagem. O programa de ensino já está prescrito, e o tema que deve triunfar sobre o torpor nesta tarde é "No Restaurante". O cardápio atribuído em um primeiro flerte com o subjuntivo (formado com a expressão "eu gostaria") e a prática repetitiva de pedir uma sopa estão provando ter apelo limitado à medida que os minutos vão se passando.

A sala de aula que ocupo se abre para um pequeno corredor de onde três outras portas se abrem para outros três espaços quase idênticos. Ao final desta aula, meus alunos irão para a sala vizinha, na qual embarcarão em uma hora de educação religiosa ministrada por um colega impressionantemente criativo, enérgico e popular. Aprender a pagar por uma refeição em Paris dará lugar, talvez, a uma discussão sobre eutanásia e santidade da vida, ou sobre o céu ser ou não real, ou sobre como Jesus se preocupava com os pobres. Cada um desses temas tem seu momento na trama da vida, mas eu começo a me perguntar quem está ganhando. Será que meu colega está convencendo os alunos de que o que eles aprendem em minha aula é algo absolutamente trivial, ou estou implicitamente ensinando a eles que as grandes questões sobre vida, morte e ética não preocupam os falantes de outras línguas e são, em grande parte, o hobby privado de professores de religião que falam inglês?

Enquanto os alunos ensaiam os diálogos do restaurante em pares, uma mão se levanta do outro lado da sala. Eu me dirijo para lá com um frisson de antecipação nervosa. Novo nesse campo como eu sou, nunca acho que terei uma resposta pronta e confiável à pergunta de um aluno sobre o uso do francês. Quando chego à mesa da aluna, ela me pergunta:

— Professor, o senhor tem medo de morrer?

O que eu respondi é um vazio na minha memória. É certo que eu não tinha sido incentivado a prever esse tipo de pergunta em sala de aula durante minha formação de professor, e não contava com um repertório de respostas prontas na ponta da língua. Eu me lembro da aluna sentada ao lado dela completando:

— Nós temos. Falamos sobre isso o tempo todo.

Doze anos de idade. Na aula de francês. Pensando em morte.

A literatura acadêmica com a qual tive contato me encorajava a pensar no cérebro dos alunos como dispositivos de aquisição de linguagem envolvidos no processamento de *input* linguístico. Meu trabalho, então, era maximizar a exposição a bons modelos de linguagem e as chances de comunicação no idioma a ser apreendido, a fim de acelerar a fluência. Eu não conseguia me lembrar de nenhuma menção a alunos na aula de francês que estivessem pensando em sua mortalidade enquanto estivessem ensaiando diálogos em restaurantes. Os alunos na aula de francês deveriam comportar-se como sistemas cognitivos para processar morfemas. Quando eles não conseguiam concentrar-se bem, meu trabalho seria levá-los de volta à tarefa. Como eu seria capaz de ensinar seres humanos que se recusam a segmentar suas identidades e deixar suas preocupações existenciais do lado de fora da sala de aula? Acaso seria meu trabalho ensinar a eles a ter melhor higiene mental e limitar seu foco na tarefa em questão, ou encontrar um meio de ensinar francês que abordasse os "eus" que esses alunos traziam para a sala de aula? Essa não era uma questão linguística. Era uma questão sobre o que as pessoas são, o que é educação e para que serve a aprendizagem. Logo percebi que não conseguia pensar bem em como ensinar línguas sem pensar no que é ser humano.

SENSAÇÃO DE PERPLEXIDADE

Certa vez, David Bridges descreveu a filosofia da educação como um processo de tornar explícita uma perplexidade sentida para ser capaz de vê-la melhor.[3] Isso é verdadeiro em relação à minha experiência de tentar descobrir o que está acontecendo em meu próprio ensino. O processo às vezes tem início com algum novo insight de um colega, um artigo ou uma apresentação de conferência, mas geralmente o ponto de partida é um momento de estranheza ou desconforto. O próximo passo é prestar atenção e começar a entender o que acabou de acontecer, por que algo não funcionou ou por que funcionou da maneira como funcionou. É tentador acostumar-se

---

[3] David Bridges, "Philosophising about education: reflections on a reflective log", trabalho apresentado na Philosophy of Education Society of Great Britain Conference, em Oxford, 1998.

a deixar esses momentos de lado na busca diária por progresso eficiente e domínio confiante. Mas pode ser gratificante deixá-los amadurecer, tentar nomear o que está acontecendo e torná-los explícitos, para que possam ser pensados com mais clareza.[4] Quero me deter por um tempo nesse processo, uma vez que ele se desenrolou em minha própria sala de aula. Como passei grande parte da minha carreira ensinando idiomas, isso significa que vou me valer de exemplos de aulas de segunda língua. Contudo, vou usá-los para ilustrar questões mais amplas sobre o que pode significar referir-se a ensino e aprendizagem como "cristãos".

Comecei minha carreira ensinando francês, alemão e, vez ou outra, russo em uma escola de ensino médio católica romana, na periferia de uma cidade pós-industrial na Inglaterra. Assim como os futuros professores que encontro em meu trabalho atual, eu queria ajudar os alunos, e minha fé recém-descoberta ajudava a alimentar esse desejo. Eu me tornara cristão quando ainda cursava a graduação, alguns anos antes, e me apaixonei pela ideia de que a fé e o aprendizado deveriam ser "integrados", e não mantidos em compartimentos separados. A ideia de trazer uma perspectiva cristã para minha disciplina e uma presença cristã para as escolas nas quais eu trabalhava me encheu com todo o entusiasmo ardente de um recém-convertido. Meu zelo era sincero, mas acho que eu pensava em tudo isso em termos bastante dicotômicos. "Cristão" era uma palavra usada para denotar minhas ideias, crenças, compromissos e paixões, as coisas que eu trazia comigo, enquanto "educação" era o conjunto de práticas, políticas e ideologias existentes que outras pessoas haviam moldado, o mundo imperfeito no qual eu estava entrando e que ajudaria a mudar. Eu (cristão) ajudaria a melhorar a educação (caída) projetada por outras pessoas. Fé dentro, reforma fora. Não tardou para que essa divisão de trabalho organizada e limpinha começasse a erodir, embora tenha demorado um pouco até eu me dar conta dessa erosão explícita e nomear algumas das mudanças que vieram em seu rastro.

Fui sacudido no final do primeiro ou do segundo ano por um momento estranhamente vívido durante uma prova oral de rotina, no final de um ano letivo. Sentei-me na frente de um estudante de quinze anos que procurava frases em um francês imperfeito em resposta a uma série implacável de

---

[4] No estágio atual, muitas vezes parece estar implícito que o primeiro passo para melhorar o ensino consiste em obter evidências empíricas, para que o ensino seja "orientado por dados". Coletar dados é certamente um passo importante em algum momento, mas não é particularmente útil antes da clareza sobre o que deveríamos estar perguntando e por quê.

perguntas formuladas no teste. Houve algumas longas pausas, e enquanto eu estudava a complexa expressão facial daquele aluno — um tanto estressada e temerosa, com uma curiosa combinação de luta, determinação, concentração, confusão e resignação —, de repente ocorreu-me que eu nunca o tinha visto antes.

Em algum sentido, isso, obviamente, não era verdadeiro. Ele estivera na minha turma durante todo o ano letivo. Eu sabia identificá-lo e chamá-lo pelo nome. Mas pense naqueles momentos em que você é capaz de desacelerar e genuinamente deter-se em ver ou ouvir alguém, quando determinada pessoa deixa de ser uma característica do seu ambiente, um ponto de referência a ser navegado com sucesso, e se torna uma *pessoa* única, com uma história, com esperanças e necessidades, *vista* em sua vulnerável particularidade. Foi isso que aconteceu. Então, percebi, com algum desconforto, que ele estava na minha classe havia um ano e eu nunca o tinha visto como algo além de um participante dos processos de sala de aula que organizei. Isso talvez não tenha sido totalmente surpreendente — eu ministrava aulas para cerca de 160 alunos diferentes em seis ou sete turmas diferentes naquele semestre. No entanto, por mais tentador que fosse articular uma nota mental sarcástica sobre a carga de trabalho irracional daquela escola e seguir em frente, o momento permaneceu como um choque agudo para meus nobres sonhos de trazer a verdade e a luz de Cristo para minha sala de aula. Acabou sendo apenas um dos muitos momentos em que ficou claro que alguns dos desafios mais duradouros não se encontravam apenas em alguma ideologia secular lá fora, do outro lado das barricadas, mas em minhas próprias práticas.

O "EU" E O OUTRO

Alguns anos depois, uma passagem de um texto sobre a Reforma Protestante me ajudou a articular algumas das principais tensões que senti em meu trabalho como professor de idiomas:

> Para Zuínglio, assim como para Agostinho, o pecado não era mais do que amor autocentrado: o pecado consistia em valorizar a si mesmo sobre os outros e conceber os outros e Deus em relação a si mesmo. Era conceber Deus em relação à sua experiência como corporificada, física. Era medir os outros em relação a si mesmo, entrar em relações sociais por interesse próprio. Adoração era a oposição

do amor autocentrado. A adoração a Deus era o movimento da alma, saindo do amor autocentrado, da auto-orientação, em direção a Deus e, exteriormente, em direção aos outros: honrando-os, dando à humanidade valor igual ao que atribui a si mesmo, e dando a Deus maior valor do que a si mesmo.[5]

Considero esse parágrafo bastante amplo e incontroversamente cristão.[6] Ele reafirma o que Jesus disse quando ofereceu um resumo da Lei e dos profetas: que devemos amar a Deus com todo o nosso coração, alma, mente e força, e amar nosso próximo como a nós mesmos (Mateus 22:35-40; Marcos 12:28-31; Lucas 10:25-28). A ênfase está na prática, no correto *ser*, e não apenas no correto pensar. O "movimento da alma" não é apenas uma questão interior. Como o autor do texto continuou explicando, para os reformadores, "a Escritura deveria ser promulgada: deveria tornar-se visível na conduta dos fiéis, no próprio padrão de sua conduta diária, em suas relações uns com os outros, em suas maneiras, comportamentos, em seu vestir".[7] A vida cristã não é apenas uma questão de endireitar a cosmovisão, mas de pôr em prática a santificação na conduta diária, mostrando, assim, o fruto de nossos compromissos e pertencimentos centrais.

Esse pequeno resumo do pensamento da Reforma nos oferece uma distinção básica entre usar os outros de forma egoísta e honrá-los, independentemente de quão úteis eles pareçam ser para minha agenda. O pecado reina quando eu me considero o centro do que tem valor e o critério para julgar os outros como tendo valor.

Em vez de permitir que os outros sejam eles mesmos, eu os interpreto e os avalio de acordo com meus próprios preconceitos e prioridades. Eu os uso para confirmar meu próprio valor. Eu me relaciono com eles principalmente com base no que podem fazer por mim.

---

[5] Lee Palmer Wandel, "Zwingli and Reformed practice", in: John Van Engen, org., *Educating people of faith: exploring the history of Jewish and Christian communities* (Grand Rapids: Eerdmans, 2004), p. 270-93, 286.
[6] Embora, é claro, quando começamos a pensar com mais detalhes sobre como isso se relaciona com a educação, é importante o que exatamente queremos dizer com os termos *amor autocentrado* e *honra aos outros*. Veja Jeff Astley, "Christian teaching, learning and love: education as Christian ministry and spiritual discipline", in: Jeff Astley; Leslie Francis; John Sullivan; Andrew Walker, orgs., *The idea of a Christian university: essays on theology and higher education* (Milton Keynes: Paternoster Press, 2004), p. 132-46; Laurie R. Mathias, "Altruism and the flourishing teacher: exploring a Christian theology of love", *International Journal of Christianity and Education* 20, n. 2 (2016), p. 106-18 ; Chris Higgins, "The Hunger artist: pedagogy and the paradox of self-interest", *Journal of Philosophy of Education* 44, n. 2-3 (2010), p. 337-69.
[7] Wandel, "Zwingli and Reformed practice", p. 285.

A graça me liberta para adorar, e a adoração me empurra na direção oposta. Ela me puxa para um mundo além do vórtice do eu e permite que algo fora do meu próprio horizonte seja verdadeiramente real. Deus e os outros podem ser "eus" inteiros fora dos meus propósitos. Deus e os outros devem ser honrados com base em seu próprio valor. A adoração enfraquece minha reivindicação implícita de ser o centro, mas me devolve um eu que pode encontrar alegria no valor dos outros.

Há muito mais na teologia, com certeza, mas há substância suficiente aqui para este momento. E se tomássemos apenas essa breve passagem como uma moldura para observar a prática em sala de aula? E se focarmos não no caráter em geral, mas nas práticas pedagógicas? Afinal, é bem possível ser uma pessoa amorosa e, ao mesmo tempo, incompetente no ensino. (Alguns dias eu sou essa pessoa.) Acaso o amor a Deus e ao próximo são capazes de tocar os contornos da própria prática pedagógica?

IMAGENS

À medida que comecei a prestar atenção nas coisas que me deixavam perplexo em minha própria prática pedagógica, sentia-me cada vez mais desconfortável com a paisagem visual da minha sala de aula de idiomas. E me dei conta de dois tipos de problemas.

Um deles era que os livros didáticos disponíveis estavam repletos de imagens que pressupunham um nível de riqueza e consumo além do alcance de boa parte de meus alunos. Eu me mudara para uma escola urbana localizada em um bairro pobre, com elevadas taxas de desemprego. Boa parte das fotos e dos exercícios em meus livros sugeria a rotineira normalidade do turismo internacional, estadias em bons hotéis, refeições em bons restaurantes e participação em esportes e hobbies caros. Isso tudo representava um conjunto de aspirações de consumo que estavam fora do campo da experiência e, em muitos casos, das expectativas de meus alunos.[8] E também deixavam invisíveis partes da cultura-alvo que alegavam representar. Aparentemente, em meio às imagens de consumo feliz, ninguém na cultura-alvo era pobre, marginalizado ou sofredor. As imagens e palavras selecionadas para uso em livros didáticos sugeriam, de

---

[8] Nessa época, participei de um *workshop* sobre estratégias de ensino de línguas estrangeiras em uma conferência de educação cristã. Uma das atividades recomendadas foi um jogo que girava em torno de adivinhar o preço de um pacote de férias no Havaí.

forma implícita, que pessoas normais, tanto em casa como fora dela, compram muito, viajam de férias para o exterior e gostam de andar a cavalo.

Uma segunda preocupação estava relacionada à forma de representar graficamente as pessoas. As imagens das pessoas que povoavam meus livros tendiam a ser de dois tipos. Por um lado, havia imagens caricaturais com uma qualidade estética mediana. Algumas apresentavam figuras genéricas destinadas a ilustrar o vocabulário para ações ou aspectos da aparência física (ela é alta, ele está jogando futebol). Outras faziam parte de breves narrativas de desenhos animados que abordavam, em geral, algum tipo de envolvimento em atividades de consumo (Michael sai de férias para a Alemanha, faz um cruzeiro no rio, come em um restaurante, visita o museu, volta para casa). Essas imagens forneciam uma ajuda visual simples para o aluno entender o vocabulário-chave, mas faltava-lhes profundidade ou presença humana real.

Por outro lado, havia fotografias de membros da cultura-alvo — tipicamente, fotos de indivíduos ilustrando textos breves sobre carreiras, lugares para morar, hobbies, interesses básicos e afins. Essas fotos se aproximam mais de nos colocar em contato com falantes da língua-alvo, oferecendo imagens de rostos reais e, às vezes, até mesmo envolventes. No entanto, o que elas compartilhavam com as imagens dos desenhos era certa falta de profundidade. Raramente, se é que alguma vez, imagens de pessoas foram colocadas em um contexto narrativo suficientemente rico para que um senso forte ou complexo de personalidade surgisse ou para que a empatia fosse uma reação plausível. Teria sido necessário um esforço incomum para ver alguém se importando muito com qualquer um daqueles personagens, quanto mais honrá-los. Acabei achando que poucos recursos visuais em minha sala de aula conseguiam oferecer uma imagem dos alemães como vizinhos que mereciam ser amados. Isso me levou a uma pergunta mais genérica sobre fé e ensino: que visão de mundo e qual resposta a essa visão estão implícitas nas imagens que aparecem no curso de nosso ensino?

FALA

Havia muita coisa sobre as imagens; mas e as palavras que as acompanhavam? Os textos curtos para leitura e os diálogos que servem de modelo também tendiam a se concentrar em alguns tópicos como breves apresentações sociais, viagens, comida, hobbies, roupas e hábitos de férias. No mundo ali retratado, as pessoas não oravam, não sofriam, não morriam, não celebravam, não doavam sacrificialmente seu tempo e seus recursos, não enfrentavam escolhas morais difíceis, não lamentavam, não protestavam contra a injustiça, não contavam histórias significativas, não trabalhavam em relacionamentos ou agiam com compaixão, nem falavam sobre coisas assim. Seria fácil imaginar que isso decorria apenas da necessária simplicidade da linguagem. No entanto, frases como "eu orei" ou "ela está sofrendo" são linguisticamente tão simples quanto "eu comprei" ou "ela está correndo", e ambas eram pelo menos igualmente próximas da experiência de muitos de meus alunos — cerca de metade deles sikhs[9] ou muçulmanos. O critério para decidir quais palavras seriam ou não incluídas nos livros eram mais do que simplesmente o nível de dificuldade.[10] O desfile de diálogos sobre consumo combinava e compunha a sensação de irrealidade nas imagens visuais. Personagens de livros didáticos que raramente se desviavam dos limites das boas maneiras sociais e das transações de consumo não conseguiam transmitir um sentimento de humanidade em qualquer sentido geral.

As palavras e frases que preenchiam as páginas dos livros didáticos forneciam modelos linguísticos para os alunos e criavam papéis futuros para eles. Nossa prática consistia em tornar as pessoas capazes de falar de certa maneira sobre certo tipo de coisa na língua-alvo. Estávamos repetidamente insinuando uns para os outros que habitávamos uma espécie particular de mundo compartilhado. Em algum momento, ocorreu-me que, se todas as frases faladas em minha sala de aula por um ano fossem gravadas e listadas, a maioria delas seriam frases auto-orientadas:

Este é meu nome.
Esses são meus hobbies.
Isto é o que eu fiz ontem à noite.

---

[9] São chamados sikhs os adeptos do sikhismo, uma religião monoteísta surgida na região de Punjab (entre a Índia e o Paquistão) no século 15. Muitos adeptos migraram para os EUA, Canadá e Reino Unido e são facilmente reconhecidos por seus vistosos turbantes nas cabeças dos homens. (N. T.)

[10] Guy Cook observou como "o uso de dados atestados como fonte de exemplos 'reais' para livros didáticos de ensino de idiomas está sujeito à censura, e uma imagem distorcida do uso da linguagem é criada por meio da manipulação e da fabricação por seleção. A tendência é favorecer a linguagem orientada para o significado mais difundido [ou seja, a linguagem das transações cotidianas mundanas], e particularmente aquela associada ao trabalho. Há pouco uso de gêneros orientados a assuntos vitais e relacionamentos pessoalmente significativos, embora sejam tão reais quanto contratos de negócios ou reuniões". Guy Cook, *Language play, language learning* (Oxford: Oxford University Press, 2000), p. 169. Cook documenta como esse viés nos exemplos pedagógicos de linguagem foi impulsionado tanto pelo costume como pela censura explícita dos editores (p. 156-70).

Esses são meus planos.
Eu gostaria de um quarto para duas noites.
Eu gostaria de uma passagem para Hamburgo.
Eu gostaria de comer frango assado.
Preciso de toalhas novas.

Percebi que meus livros didáticos normalmente tinham uma seção que focava em aprender a reclamar (no restaurante ou no hotel), mas não nos instruía tão explicitamente assim sobre como encorajar, elogiar ou consolar. Um dia, ocorreu-me que habitualmente falávamos em aprender a falar uma língua estrangeira, mas nunca em aprender a ouvir uma língua estrangeira, como se o único propósito de aprender fosse dar a conhecer nossos próprios desejos e ideias a mais pessoas. Os diálogos que praticávamos apoiavam essa imagem de nosso propósito e pouco faziam para nos empurrar para além dela. Isso me levou a outra questão geral sobre fé e ensino: o que os padrões do que dizemos na sala de aula sugerem sobre o mundo imaginado no qual vivemos e sobre o futuro que imaginamos?

Acabei de comprimir vários anos de insatisfação semiarticulada em alguns parágrafos concisos. Nada disso era imediatamente óbvio para mim. Nem tudo foi ruim, e não estou afirmando que todas as salas de aula de idiomas compartilhem esse conjunto exato de características. Os atritos em sua sala de aula podem estar em pontos bem diferentes conforme você considera os significados comunicados por meio de suas práticas específicas. Estou simplesmente afirmando a percepção de que as imagens, as palavras, os textos e as atividades que compunham os padrões da prática em sala de aula sustentavam um tipo bem particular de imaginação compartilhada. O mundo evocado pelo chamado para amar a Deus e ao próximo, e honrar os outros, parecia desconfortavelmente em desacordo com os padrões de palavras e imagens segundo os quais eu trabalhava.

MUNDOS MORAIS IMPLÍCITOS

O que venho detalhando neste capítulo é um exemplo do que o sociólogo Christian Smith apresenta quando afirma que todas as instituições sociais são "empreendimentos moralmente animados", sempre "enraizados em narrativas históricas, tradições e visões de mundo que orientam os atores humanos ao bom, ao certo, ao verdadeiro".[11] Isso não significa que todas as instituições sociais sejam necessariamente morais no sentido de ter bom senso moral. O ponto é que nossas instituições e práticas sociais (incluindo ensino/aprendizagem) fazem sentido e são feitas para parecer justificadas no contexto de alguma ordem maior que tem suas raízes em convicções sobre o que é ser bom. Os restaurantes *drive-thru* fazem sentido em uma ordem moral que valoriza a velocidade, a mobilidade, a autonomia individual e a eficiência. Dispositivos eletroeletrônicos comercializados em múltiplas cores fazem sentido em uma ordem moral que valoriza a livre expressão da preferência individual e sua manipulação voltada ao lucro. Evitar contato visual com estranhos faz sentido em uma cultura cuja ordem moral valoriza sobremaneira o espaço pessoal privado. Vestir-se com roupas caras faz sentido em uma ordem moral em que riqueza, aquisição e exibição são admiráveis. Um ouvinte que se esforça para absorver música abstrata e dissonante faz sentido em uma ordem moral na qual se pensa que engajar-se com o novo e o difícil mostra uma sofisticação superior e ausência de acomodação.[12] Nossas práticas sociais não são acontecimentos acidentais ou apenas a expressão de nossos caprichos pessoais. São maneiras pelas quais expressamos, em conjunto, uma narrativa implícita maior de como as coisas deveriam ser. Como diz Smith,

> a ordem moral incorpora a história sagrada da sociedade, por mais profana que pareça, e os atores sociais são adeptos na congregação social. Juntos, eles lembram, recitam, representam e reafirmam a estrutura normativa de sua ordem moral. Todas as rotinas, hábitos e convenções da microinteração ritualizam o que eles sabem sobre o bom, o certo, o verdadeiro, o justo.[13]

As práticas que encontrei e aprendi a replicar quando comecei a ensinar línguas, os padrões de comportamento e as "convenções de microinteração" na minha escola não foram aleatórios. Eles emergiram de uma história maior. Essa história inclui a integração econômica da Europa, com sua história relativamente recente de conflitos armados catastróficos, em um mercado único e no foco educacional que acompanha as habilidades linguísticas necessárias

---

[11] Christian Smith, *Moral, believing animals: human personhood and culture* (Oxford: Oxford University Press), p. 22-3.
[12] Alex Ross, em seu *The rest is noise: listening to the twentieth century* (New York: Picador, 2007), assinala como na música moderna "uma moralidade musical é introduzida: o encanto fácil do familiar por um lado, a dura verdade do novo por outro lado" (p. 59).
[13] Smith, *Moral, believing animal*, p. 16.

para apoiar a mobilidade laboral e o aumento do turismo na Europa. Tudo isso incluía o crescimento de uma cultura secular de consumo, o declínio da religião como narrativa cultural unificadora e a preocupação cada vez mais estridente de evitar doutrinação e promoção de interesses sectários no currículo escolar. A história incluía uma noção de justiça na educação que passou a ser associada à neutralidade em relação à religião (e à ideia de que neutralidade significava não abordar religião na maioria dos ambientes). Incluía a ênfase crescente na utilidade prática em detrimento do aprendizado liberal e uma visão do aspecto "prático" sob a perspectiva das necessidades materiais e econômicas, da mobilidade pessoal e da busca do sucesso individual. Incluiu foco na competição econômica e nas habilidades linguísticas comercializáveis como ferramentas para competir. Meu currículo e minha pedagogia habitavam na coleção de narrativas que estavam moldando a sociedade, o senso compartilhado do que era bom, certo e verdadeiro, e de como poderíamos alcançar a terra prometida.[14]

Observar esse pano de fundo mais amplo nos ajuda a ver que as imagens, os temas, os diálogos e as escolhas de palavras em minha sala de aula de idiomas não eram apenas a maneira natural de ensinar idioma. Na verdade, os cursos de idiomas eram bem diferentes apenas uma ou duas décadas antes. As práticas da minha sala de aula surgiram da ordem moral de determinado tempo e de determinado lugar, assim como as práticas de outras salas de aula do currículo. Elas pareciam normais por causa de um conjunto de histórias maiores simplesmente dadas e não questionadas sobre quem éramos, quem deveríamos nos tornar e em que aspectos deveríamos ser bons.

Os alunos aprendem em meio a essas práticas e assimilam por meio delas (assim como por meio de sua participação mais ampla na sociedade) as ordens morais nas quais estão enraizados. Um estudo realizado nos anos aqui apresentados observou que os alunos britânicos nas salas de aula de língua estrangeira

> viam o aprendizado do francês muito mais como uma ferramenta para promover seus próprios objetivos do que como um meio de satisfazer um interesse genuíno pela comunidade da língua-alvo ou pela cultura da língua-alvo. Os alunos afirmavam a importância de aprender francês, de forma que fossem capazes de se

---

[14] Veja David I. Smith, "Spiritual development in the language classroom: interpreting the national curriculum", *Language Learning Journal* 26 (2002), p. 36-42.

comunicar se fossem à França de férias. Os comentários dos pesquisados sugerem que a razão disso é para que eles pudessem comprar coisas e encontrar acomodação, em vez de interagir socialmente com outras pessoas.[15]

As práticas de uma aula de idiomas oferecem aos alunos um mundo implícito dentro do qual o ato de aprender uma língua deve fazer sentido. Os alunos aprendem flexões verbais e vocabulário e, ao mesmo tempo, aprendem que as linguagens dos outros são ferramentas de mobilidade social e utilidade econômica. Após algum tempo nessa casa pedagógica específica, e com o reforço do resto da sua experiência cultural, os alunos começam a interiorizar suas histórias e seus valores implícitos.

O ato de ensinar em todas as outras áreas disciplinares está igualmente embebido em uma narrativa moralmente orientada por quem somos, narrativa que tenta moldar nossa imaginação. Isso sugere que o desafio de ser um cristão que ensina não se resume a saber quando falar coisas cristãs, ou a ser uma pessoa gentil, mas consiste em descobrir qual é o "padrão deste mundo" ao qual estamos nos conformando e no qual devemos estar abertos à transformação (Romanos 12:1-3).

FÉ E PRÁTICA

De acordo com o parágrafo teológico do qual partimos, pecado é "medir os outros em referência a si mesmo, entrar em relações sociais por interesse próprio". À medida que minha sensação de desconforto com os padrões de prática em minha sala de aula ia crescendo, isso começou a parecer uma descrição justa do que eu ensinava meus alunos alunos a fazer, dia após dia. Ensinei-os a falar de si mesmos, a obter bens e serviços de franceses e alemães, e a reclamar quando não recebiam o padrão de serviço que consideravam merecido. Adoração é "a ação contrária ao amor autocentrado", um movimento para fora, em direção aos outros. Envolve "honrá-los, atribuindo à humanidade um valor igual ao que atribui a si mesmo". Isso parecia um resultado improvável de minhas práticas de ensino ou das práticas de meu departamento, embora às vezes conferíssemos um verniz poético aos documentos do departamento e às apresentações para os pais sobre como aprender idiomas

---

[15] Ernesto Macaro, *Target language, collaborative learning and autonomy* (Clevedon: Multilingual Matters, 1997), p. 49.

ajudava a quebrar barreiras culturais. Havia, aparentemente, pouca coisa em nossa pedagogia destinada a despertar empatia, honra ou crescimento espiritual. A redenção envolve um "movimento da alma", movimento que vai do amor autocentrado para a adoração, e que deve ser trabalhado em atividades vivenciadas. À medida que o movimento da minha própria alma ia se desenrolando, fui flagrado no atrito entre ordens morais conflitantes. Eu ensinava um currículo moldado pelos bens da concorrência econômica bem-sucedida, o florescimento do eu consumidor e a primazia do pragmático, mesmo quando meu próprio senso pessoal e minha vocação estavam atrelados aos temas cristãos de amor a Deus e ao próximo. Esse atrito não era uma questão do que eu pregava na frente da turma em interlúdios ocasionais. Ele residia nas próprias práticas pedagógicas. Fé, esperança e amor não são apenas tópicos potenciais de pregação; eles reivindicam espaço e fazem afirmações sobre nossas práticas.

Em breve, diminuiremos o zoom para focar em outras salas de aula, em outras facetas do ensino. Por enquanto, espero ter demonstrado que, mesmo em uma sala de aula na qual inexiste discussão direta sobre religião ou visões de mundo, é possível surgir algum atrito entre a identidade cristã e as práticas pedagógicas. Compromissos cristãos podem desafiar pedagogias particulares. Descobrir o que isso significa em cada disciplina, em cada tipo diferente de sala de aula, significa prestar muita atenção ao que suas práticas significam para os participantes e qual ordem moral projetam. O efeito dessa atenção não é mera insatisfação. No próximo capítulo, vou deslocar o foco do crítico para o construtivo: existe uma maneira de responder a tais atritos que também se baseia na fé?

Para reflexão e debate

- Você consegue pensar em um momento no qual se sentiu desconfortável com os valores comunicados pelos recursos didáticos ou pelos processos em sala de aula? O que exatamente parecia errado?
- Quais aspectos do ensino e da aprendizagem em seus cursos podem estimular um interesse autocentrado ou a honra aos outros?
- Quais imagens aparecem em seus recursos de ensino? Que imagem do mundo comunicam?
- Que tipo de mundo moral você acha que moldou os recursos de ensino que você utiliza?

- Como a fé, a esperança e o amor podem reivindicar espaço e fazer afirmações sobre suas práticas em sala de aula?

Anotações

Peça a um colega ou um aluno atencioso para observar uma ou duas de suas aulas e se concentrar especificamente no tipo de mundo moral implícito em sua pedagogia, nos valores comunicados por seus recursos e ações. Faça suas próprias anotações sobre o que você espera que eles vejam de antemão e debata as observações deles e as suas após a aula.

CAPÍTULO 5

Planejamento motivado

No capítulo anterior, relatei alguns dos atritos que experimentei ao iniciar a carreira como professor de idiomas. Minha maneira de ensinar parecia pouco adequada à fé que eu professava. A insatisfação pode ser um ponto de partida valioso, mas a questão que se segue é como responder a ela. A fé cristã apenas estimula nossa consciência quando nossos valores ficam desequilibrados, ou é capaz de moldar novas práticas?

Como vimos no capítulo 3, a resposta a essa pergunta requer alguns cuidados. Acredito que a fé cristã é capaz de desempenhar um papel gerador ao dar forma à pedagogia. Também acredito que a fé cristã não pode simplesmente nos dizer como ensinar ou nos fornecer estratégias de ensino cristãs exclusivas e protegidas por direitos autorais. Vou me basear um pouco mais em minhas próprias tentativas de enfrentar e lidar com meu trabalho como professor de idiomas, com o fim de explorar de que forma essas duas crenças se encaixam.

VIZINHOS E ESTRANHOS

Vamos começar revisitando o parágrafo que usei para enquadrar minha sensação de desconforto. Wandel escreveu:

> Para Zuínglio, assim como para Agostinho, o pecado não era mais do que amor autocentrado: o pecado consistia em valorizar a si mesmo sobre os outros e conceber os outros e Deus em relação a si mesmo. Era conceber Deus em relação à sua experiência como corporificada, física. Era medir os outros em relação a si mesmo, entrar em relações sociais por interesse próprio. Adoração era a oposição do amor autocentrado. A adoração a Deus era o movimento da alma, saindo do

amor autocentrado, da auto-orientação, em direção a Deus e, exteriormente, em direção aos outros: honrando-os, dando à humanidade valor igual ao que atribui a si mesmo, e dando a Deus maior valor do que a si mesmo.[1]

O que isso poderia significar no caso de aprender os idiomas de outras pessoas? O amor ao próximo assume uma forma mais específica na Escritura quando o próximo é um estrangeiro. Uma linha obstinadamente recorrente da ética bíblica afere a saúde de uma comunidade por sua resposta à viúva, ao órfão e ao estrangeiro (o estranho, o forasteiro, o imigrante). Levítico 19, por exemplo, nos exorta a "amar o seu próximo como a si mesmo" e, então, ecoa a seguinte ordem alguns versículos depois: "Amem [o estrangeiro] como a si mesmos" (v. 18,33,34). Quando Jesus discorre sobre os maiores mandamentos, conta uma história na qual o próximo acaba sendo um estrangeiro (Lucas 10:25-37). Quando ele fala do dia do juízo, uma das diferenças entre ovelhas e bodes é se recebem ou não estranhos (Mateus 25:35,43). O livro de Hebreus (13:2) nos lembra: "Não se esqueçam da hospitalidade". A essas referências específicas (e outras semelhantes), podem ser acrescentadas exortações mais genéricas para "que não difamem ninguém. Que sejam pacíficos, cordiais, dando provas de toda cortesia para com todos" (Tito 3:2, NAA), o que inclui os estrangeiros.

Então, que diferença concreta poderia fazer se, sem negar as razões particulares e locais pelas quais aprendemos outras línguas (para entrar na pós-graduação, conversar com uma avó francesa, ler Dom Quixote etc.), partirmos da ideia de que nossos encontros com os outros devem ser moldados pela hospitalidade em relação a estranhos?[2] E se o próximo, a quem devo amar, fala outra língua? E se a razão mais básica para aprender essa outra língua é que eles são o meu próximo?

Ao questionar minha prática pedagógica, eu queria encontrar maneiras de ensinar capazes de concretizar e promover a tendência de honrar os outros como tendo valores iguais aos meus. Isso ressoou com alguns objetivos comumente declarados de minha disciplina, compartilhados por colegas. No entanto, apesar das boas aspirações, nossa pedagogia parecia mais adequada

---

[1] Lee Palmer Wandel, "Zwingli and reformed practice", in: John Van Engen, org., *Educating people of faith: exploring the history of Jewish and Christian communities* (Grand Rapids: Eerdmans, 2004), p. 270-93, 286.

[2] Sobre a hospitalidade a estranhos como prática cristã, veja, p. ex., Christine D. Pohl, *Making room: recovering hospitality as a Christian tradition* (Grand Rapids: Eerdmans, 1999); Amy Oden, org., *And you welcomed me: a sourcebook on hospitality in early Christianity* (Nashville: Abingdon, 2001); Luke Bretherton, *Hospitality as holiness: Christian witness amid moral diversity* (Aldershot: Ashgate, 2006); Amos Young, *Hospitality and the other: Pentecost, Christian practices, and the neighbor* (Maryknoll: Orbis, 2008).

a produzir turistas com ferramentas básicas de comunicação. Nossas práticas não apoiavam nossa retórica. A questão que me preocupava era como minha fé cristã poderia ajudar a reformular minha prática pedagógica, e não como o resultado poderia ser único e exclusivo. O objetivo era a integridade mais do que a diferença, embora isso levasse, sim, à diferença.

IDENTIFICANDO MOVIMENTOS

Se pensarmos no ensino e na aprendizagem sob a perspectiva da hospitalidade a estranhos, duas tarefas vêm à tona. Temos de aprender a abrir um espaço hospitaleiro em nós mesmos em direção àqueles que são linguística e culturalmente diferentes, e precisamos perceber nossa própria condição de estranhos em relação aos outros e nossa necessidade de hospitalidade. Tornamo-nos anfitriões e hóspedes. O principal desafio é desenvolver um repertório de práticas que possam trabalhar isso sob o aspecto pedagógico.[3] O processo de refletir sobre isso demanda tempo, envolve tentativa e erro e as contribuições dos colegas, e ainda não chegou ao fim. Com o passar do tempo, comecei a elaborar uma série de palpites sobre a forma como minha pedagogia poderia estar arraigada na hospitalidade em relação aos estranhos.

Humanos

Primeiro, eu queria um foco mais intencional em enxergar as pessoas como feitas à imagem de Deus. Isso significava construir um aprendizado em torno de imagens, textos, filmes e coisas afins, de um tipo que pudesse oferecer alguma percepção de profundidade, algo que fosse além da superfície brilhante de pessoas como consumidoras. Eu precisava de um material que não apenas ilustrasse uma forma verbal ou um contexto de diálogo, mas que também mostrasse os falantes da língua-alvo como gente que acredita, escolhe, sofre, como gente que anseia, celebra e chora. Eu precisava de imagens e histórias de pessoas que nos convidassem a aprender *com* elas, e não apenas *sobre* elas. Se falar de hospitalidade fosse para ter substância, então as pessoas encontradas no currículo não deveriam ser como aquelas encontradas momentaneamente nas filas dos caixas de supermercados. Elas deveriam ser suficientemente reais, para que pudéssemos receber delas alguns insights plausíveis e ser gratos a

---

[3] Esta seção se baseia especialmente em David I. Smith, "Hospitality, language pedagogy, and communities of practice", *Journal of Christianity and Foreign Languages* 12 (2011), p. 29-44.

elas. Poucos personagens em meus livros já disseram ou fizeram algo que oferecesse insights ou desafios, então eu precisaria procurar um conteúdo novo.

Histórias

Em segundo lugar, isso tinha implicações para o tipo de linguagem que eu modelava e ensinava. A linguagem de muitas aulas de segunda língua tem sido descrita como "cortês e prática", mas carente de profundidade e intimidade, presa principalmente ao campo das transações cotidianas triviais, como comprar coisas, expressar preferências, fazer viagens.[4] Se devemos aprender com os outros, então os modelos de linguagem que encontramos devem ir além do transacional. Isso significava pensar na gama de gêneros textuais e discursivos explorados em sala de aula. As narrativas, com seu rico potencial de autorrevelação e inspiração, pareciam importantes.[5] Aprender a ouvir as histórias dos outros era tão importante quanto aprender a expressar nossos próprios pedidos.

Importância moral

Terceiro, se eu quisesse dar ênfase ao ato de aprender com os outros e vê-los como totalmente humanos, eu precisaria de estratégias de ensino com algum apelo afetivo e que representassem algum desafio moral e espiritual. Eu queria tocar os amores de meus alunos, não apenas seu vocabulário, razão pela qual precisaria, de alguma forma, envolvê-los afetivamente e engajá-los em uma séria reflexão sobre suas próprias vidas e identidades.[6] Nosso amor autocentrado e nosso amor pelos outros estavam interagindo, então eu queria que as questões enfrentadas em sala de aula fossem um pouco mais amplas do que a forma de chegar à estação ferroviária. Eu queria encontrar maneiras de fazer com que essas questões mais importantes aparecessem como uma parte normal da cultura-alvo. Os alemães também fazem a si próprios essas mesmas perguntas. Eu queria que meus alunos experimentassem a sala de aula de idiomas como um lugar de valor moral.[7]

---

[4] Guy Cook, *Language play, language learning* (Oxford: Oxford University Press, 2000), p. 157.
[5] Christian Smith, em seu *Moral, believing animals: human personhood and culture* (Oxford: Oxford University Press), p. 151, observa que "a narrativa é nosso gênero humano mais fundamental de comunicação e construção de significado, a forma essencial de enquadrar a ordem e o propósito da realidade. A maioria das outras formas de discurso abstrato, racional e analítico está sempre enraizada, contextualizada e significada por causa das histórias subjacentes e implícitas que narram nossas vidas".
[6] Cf. James K. A. Smith, *Desiring the kingdom: worship, worldview, and cultural formation* (Grand Rapids: Baker Academic, 2009) [edição em português: *Desejando o reino: culto, cosmovisão e formação cultural*, trad. A. G. Mendes (São Paulo: Vida Nova, 2019).].
[7] É perfeitamente possível afirmar que a pedagogia da linguagem deve contribuir, à sua maneira, para promover o crescimento moral sem assumir que possa fazer todo o trabalho e trazer a transformação moral por si só.

Atenção

Em quarto lugar, eu queria ensinar algumas das práticas formativas que me pareciam necessárias para dar suporte a esse tipo de engajamento, sobretudo a atenção e a disposição para ouvir. Um dos desafios ao depararmos com outras línguas e culturas é a tendência humana comum de usar nossos próprios quadros de referência instintivos para nos orientar e julgar o entorno. Isso é parte do que sustenta os estereótipos e mal-entendidos culturais. O amor ao próximo exige, entre outras coisas, aprender a desacelerar e estar genuinamente atento, em vez de saltar para julgamentos rápidos que se baseiam em impressões superficiais. Eu queria que meus alunos aprendessem a ter a paciência necessária para encontrar riqueza nas palavras e na vida dos outros. Eu queria que eles se envolvessem em práticas específicas de desacelerar e julgar menos as outras pessoas.

Esses quatro temas ainda são bastante amplos, mas nós estamos apenas começando a passar das crenças sobre o amor a Deus e ao próximo para alguns objetivos pedagógicos e até mesmo para alguns tipos específicos de movimentos e recursos pedagógicos que podem encaixar-se. O próximo passo é tentar projetar atividades de aprendizagem eficazes dentro desse quadro. Essa interação frágil, mas real, entre fé e prática pode ser trabalhada de formas distintas em várias áreas curriculares. Aqui vou ilustrar o passo final rumo a um projeto real usando um exemplo já abordado por mim em outros lugares; existem outros, mas esse me permite ilustrar de forma compacta uma série de conexões dentro de uma única atividade.[8] Aqui, então, está uma sequência pedagógica de uma aula que projetei.

O GRUPO ROSA BRANCA

Quando os alunos entram na sala de aula, já há uma fotografia em preto e branco projetada na tela (ainda que apenas alguns prestem atenção, esses primeiros momentos são a chance de começar a cativar a atenção e a imaginação dos alunos). A fotografia mostra um pequeno grupo de jovens em primeiro plano.[9] Ao fundo, vê-se uma área externa, indistinta, na qual exis-

---

[8] Para uma análise mais detalhada desse exemplo, consulte David I. Smith, "Teaching (and learning from) the white rose", in: David M. Moss; Terry A. Osborn *Critical essays on resistance in education* (New York: Peter Lang, 2010), p. 67-82; "Moral agency, spirituality and the language classroom", in: David I. Smith; Terry A. Osborn, orgs., *Spirituality, social justice and language learning* (Greenwich: Information Age Publishing, 2007), p. 33-50.
[9] A foto está disponível em: http://www.jewishvirtuallibrary.org/jsource/images/scholl.jpg, acesso em: 2 fev. 2017.

tem árvores, talvez uma cerca e sinais de outras pessoas parcialmente ocultas nas proximidades. As pessoas cujos rostos estão na imagem parecem tensas, sombrias; elas não estabelecem contato visual entre si nem com a pessoa que está fotografando. Algumas estão trajando uniforme militar. Escolhi começar não com uma caricatura ou uma fotografia de um banco de imagens, mas com uma fotografia de pessoas reais em uma situação que traz uma história relacionada. Ao contrário da maioria das fotos de um banco de imagens, que, em geral, são projetadas para ilustrar, de forma inequívoca, um único conceito, essa foto carrega alguma ambiguidade e nos convida a imaginar o que está acontecendo.

Começo a aula simplesmente perguntando aos alunos o que eles veem. (Tudo o que se segue se passa em alemão; os alunos estão aprendendo alemão há cerca de três semestres na faculdade, então o nível do idioma ainda é básico, o vocabulário é limitado e os enunciados são curtos e sintaticamente simples.) Eles dizem "pessoas" ou "meninos e uma menina".

"Quantas pessoas", pergunto. Alguém sempre diz: "três". Eu levanto uma sobrancelha.

"Três pessoas?" Os alunos redefinem visivelmente suas suposições, estreitando seus olhares e examinando com mais cuidado a imagem. Vários dizem "quatro", outro diz "cinco, não, seis".

"Bem, quantas pessoas" Contamos juntos e encontramos seis pessoas na foto. A combinação de uma fotografia pouco clara com uma pergunta aberta desencadeia uma revisão sucessiva das percepções iniciais. Isso abre uma oportunidade para o que considero um momento de desaceleração, um momento no qual posso convidar os alunos a questionar seu primeiro julgamento e olhar novamente. Fazer isso uma vez é insignificante no panorama geral das coisas, mas, se esses momentos se tornarem rotina em nosso engajamento na aula, os alunos começam a aprender que eu quero que eles sejam mais profundos do que as primeiras impressões. Estou lançando as bases para o aprendizado da atenção e sugerindo que ela é necessária para aprender sobre as pessoas.

Continuo a perguntar:

"Qual a idade das pessoas?"
"Quantos anos tem a fotografia?"

"O que eles estão vestindo?" (Os alunos respondem "uniformes". Eu digo: "É mesmo? Todos eles?". Não, só alguns. Outro momento de desaceleração.)

"Vocês veem algum objeto?"

"O que eles estão segurando?"

"Onde estão parados?" ("Num lugar externo." "Como você sabe?" Outro momento de desaceleração.)

"O que eles estão fazendo?" ("Ele está escrevendo." "O que ele pode estar escrevendo?" Os alunos arriscam suposições, permitindo-nos articular mais suposições que talvez tenhamos de revisar mais tarde, à medida que a história vai se desenrolando.)

"Como eles estão se sentindo?"

"Mais alguma palavra para expressar seus sentimentos?"

"Como você sabe?" (Discutimos as expressões faciais em mais detalhes.)

"Por que eles estão se sentindo assim?" ("A guerra?")

Essa sequência de perguntas não é acidental e fortuita, mas se move em três fases diferentes. O primeiro conjunto de perguntas é sobre objetos, quantidades e aparência externa (número de pessoas, roupas, idades, artefatos). O segundo conjunto foca no contexto e nos desloca do mundo das coisas para o mundo da ação humana (localização, o que as pessoas estão fazendo). O terceiro grupo nos leva para dentro das preocupações subjetivas das pessoas na foto (sentimentos, rostos). As questões vão gradualmente do exterior para o interior e dos objetos para as intenções e experiências. Essa sequência começa a atrair os alunos para a história por trás da imagem, e leva os alunos a olharem para as pessoas na imagem e se identificarem com elas, o que abre a porta para a empatia. Não trocamos o aprendizado de línguas por empatia, pois estamos engajados em praticar o vocabulário e a descrição verbal de uma imagem. Mas, à medida que vamos progredindo, os alunos começam a se importar um pouco mais do que no início sobre o motivo pelo qual essas pessoas parecem estressadas. Eles ficam curiosos a respeito do que essa história pode tratar.

Aos poucos, vou acrescentando mais informações, mais fotos. Aprendemos que as pessoas na foto morreram no mesmo ano, quando tinham vinte e poucos anos, que eram estudantes da Universidade de Munique no início dos anos 1940, que uma era casada e tinha filhos pequenos, que formavam um grupo de resistência conhecido como Rosa Branca, e que perderam a vida resistindo ao regime nazista por causa de panfletos contrários à guerra.[10] Aprendemos sobre suas expressões de fé cristã. A história deles foi contada várias vezes em filmes, e fazemos mais trabalho de linguagem e cultura com cenas do mais recente (e melhor) tratamento cinematográfico de sua história.[11] Outras atividades de leitura e compreensão preenchem a história com mais detalhes e me permitem enfatizar tipos particulares de prática linguística.

Como em todo ensino, há poucas garantias aqui. A primeira vez que ensinei essa sequência foi a uma pequena turma de alunos de quatorze anos de uma escola secular urbana na Grã-Bretanha. Fiz essa abordagem com alguma apreensão, temendo que a mudança do tema "no restaurante" para "resistência consciente no Terceiro Reich" pudesse gerar algum trauma e falhar como aprendizado de idiomas em nível iniciante. No meio da sequência inicial de perguntas, uma estudante levantou a mão e perguntou: "Isso é verdade?". Assegurei-lhe que sim. "Por que você não nos ensinou isso antes? Isso é *importante*!", essa foi a resposta dela. Alguns alunos anotaram em suas avaliações no final da unidade: "Aprendi que devo me levantar e defender minhas crenças", o que não era o tipo de coisa que eu estava acostumado a ver nesses formulários nas aulas de alemão. Mais tarde, ao retrabalhar a sequência de ensino em um contexto de faculdade cristã, tive alunos que pediram emprestado o filme para exibir em seu dormitório, e outros alunos que me perguntaram se aprenderiam mais coisas dessa natureza se continuassem no curso de alemão. Também apliquei aos alunos um questionário no final da sequência de disciplinas de linguagem exigida pelo currículo de seus cursos, indagando quais tópicos e atividades haviam sido pessoalmente valiosos e quais eu deveria remover do meu plano de estudos na próxima vez, porque seriam perda de tempo. Essa unidade de ensino apareceu em ambas as listas — assim como todas as outras unidades que eu ensino. Para alguns alunos, essa história em particular não faz muita diferença. É apenas mais um pedaço de história em outra aula obrigatória de idiomas. Para outros alunos, cada vez que ensino essa unidade, surgem sinais de que a sequência atinge boa parte das minhas expectativas, atraindo-os para um envolvimento moral com a vida dos outros. Os movimentos pedagógicos

---

[10] Veja, p. ex., Annette Dumbach; Jud Newborn, *Sophie scholl and the white rose* (Oxford: Oneworld, 2006).

[11] *Sophie Scholl: Die letzten Tage* (Zeitgeist Films, 2006); Fred Breinersdorfer, org., *Sophie Scholl: Die letzten Tage* (Frankfurt am Main: Fischer, 2006). [No Brasil, o filme foi lançado com o título *Uma mulher contra Hitler*. (N. T.)]

não são uma tecnologia que garante transformação. No final das contas, o que eles fazem é apenas um convite.

O objetivo de projetar essa sequência de ensino nunca foi criar uma ferramenta que garantisse a transformação moral e espiritual dos alunos. Acho que há boas razões teológicas para eu não querer algo desse tipo. Nossas pedagogias não devem posicionar implicitamente os alunos como objetos materiais cujas próprias crenças e desejos não desempenham papel algum em seu crescimento.[12] Como escreve Dietrich Bonhoeffer:

> Deus não fez os outros como eu os teria feito. Deus não os deu a mim para que eu pudesse dominá-los e controlá-los, mas para que eu fosse capaz de encontrar o Criador por meio deles. Agora, outras pessoas, na liberdade com que foram criadas, surgem como uma oportunidade para eu me alegrar, enquanto antes eram apenas um incômodo e um problema para mim. Deus não quer que eu molde os outros à imagem que me parece boa, ou seja, à minha própria imagem. Em vez disso, em sua liberdade, Deus fez outras pessoas à sua própria imagem.[13]

Como Bonhoeffer bem entendeu, isso não nega o projeto de convidar pedagogicamente os alunos para práticas que possam ajudar a formar, a si próprios e seus desejos, para o bem. Como Craig Dykstra diz, as práticas cristãs são tentativas de construir "lugares nos contornos de nossa vida pessoal e comunitárias em que uma habitação do Espírito possa ocorrer".[14] Isso significa não se conformar com um comportamento-padrão e esperar que o Espírito apareça de forma independente, nem pensar que podemos fazer mais do que cooperar com a obra de Deus em nós. Reconhecer nossos limites é bastante compatível com esperar resultados específicos e projetar o aprendizado de maneiras que os tornem mais concebíveis. Não temos o mesmo tipo de controle sobre os resultados espirituais e morais humanos que a manipulação tecnológica do mundo material parece oferecer, mas somos chamados ao trabalho de cultivo. A pedagogia é mais uma casa do que uma técnica.

---

[12] Um número incrível das metáforas mais influentes que moldaram a história da pedagogia — a folha em branco, a tábula rasa, o funil, a "mente como músculo", o "cérebro como computador" — falha de maneira fundamental em conseguir imaginar os alunos como pessoas.

[13] Dietrich Bonhoeffer, *Life together and prayerbook of the Bible*, Dietrich Bonhoeffer Works, vol. 5, trad. para o inglês D. W. Bloesch; J. H. Burtness (Minneapolis: Fortress Press, 1996), p. 95 [edição em português: *Vida em comunhão*, trad. Vilson Scholz (São Paulo: Mundo Cristão, 2022)].

[14] Craig Dykstra, *Growing in the life of faith: education and Christian practices*, 2. ed. (Louisville: Westminster John Knox, 2005), p. 64.

PRÁTICAS MOTIVADAS

Os movimentos de ensino que acabei de apresentar não são exclusivamente cristãos. Seria bastante provável que alguém com crenças diferentes tivesse pensado neles. Nem são cristãos por uma necessidade lógica. Não há uma linha reta de dedução segundo a qual qualquer pessoa que compartilhasse as crenças basilares sobre o amor a Deus e ao próximo acabaria inevitavelmente com esses exatos movimentos de ensino se apenas refletisse a esse respeito com bastante cuidado. Além disso, esses movimentos não são cristãos em termos de contarem com um selo divino de aprovação. Eles são um projeto falível que pode não funcionar e que pode ser alterado ou aperfeiçoado, e não o verdadeiro método de Deus. No entanto, há uma linha de influência e de intenção mais ou menos coerente que vai desde as convicções de onde parti até os movimentos pedagógicos realizados. Os movimentos são uma tentativa de prática fiel, prática que se encaixa com a fé. São uma tentativa de buscar integridade pedagógica. Como devemos entender essa relação frouxa, porém real, entre fé e movimentos concretos de ensino?

Como George Lakoff aponta em sua pesquisa sobre como funciona a categorização humana, quando imaginamos que as ideias podem ser unidas apenas por conexões lógicas necessárias, isso, aparentemente, nos deixa apenas com duas escolhas.[15] A primeira opção é que as etapas lógicas necessárias devem conectar qualquer novo movimento ao ponto de partida. Devemos ser capazes de prever o próximo movimento com base no ponto de partida se pensarmos de maneira cuidadosa. A segunda opção é que a relação seja arbitrária e não haja conexão real, mas, sim, uma justaposição aleatória. Suponho que esse dilema inconsciente muitas vezes molda a sensação que alguns têm de que não pode haver uma maneira cristã de ensinar. Algumas vezes, os educadores cristãos parecem estar em busca de algum conjunto único, biblicamente ordenado, de comportamentos em sala de aula ou, então, admitem que a conexão com a fé parece arbitrária.[16]

Lakoff aponta para uma terceira possibilidade, que parece encaixar-se bem no que estamos explorando. Sua preocupação é com a forma como a mente

---

[15] George Lakoff, *Women, fire, and dangerous things: what categories reveal about the mind* (Chicago: University of Chicago Press, 1987), p. 104-9.
[16] Para uma análise detalhada e útil desse tipo de dinâmica na pesquisa acadêmica cristã, bem como outro relato do tipo de fidelidade flexível que apresento aqui, veja Robert Sweetman, *Tracing the lines: spiritual exercise and the gesture of Christian scholarship* (Eugene: Wipf and Stock, 2016).

categoriza as coisas, incluindo o modo como ampliamos as categorias existentes para novos objetos, comportamentos ou experiências. Ele sugere que essa extensão de nosso pensamento muitas vezes não é logicamente previsível nem arbitrária, mas *motivada*. Mas ele não está usando esse termo em seu sentido usual. Na verdade, não somos impelidos, inspirados ou empurrados de dentro para fora, para fazer a conexão, nem somos tendenciosos de alguma forma imprópria. Em vez disso, a extensão de uma categoria é "motivada" se fizer sentido, mesmo que fique aquém da necessidade lógica previsível.

Essa ideia de pensamento motivado é mais fácil de explicar por meio de um exemplo. Lakoff aborda o uso do classificador *hon* na língua japonesa por algumas boas páginas. Um classificador é um elemento em algumas línguas que acompanha um substantivo e indica que ele pertence a determinado tipo ou categoria.[17] O grupo de substantivos que são classificados em japonês usando *hon* inclui (entre muitos outros) cobras mortas, árvores, velas, cabelo, chamadas telefônicas, competições de artes marciais e rebatidas bem-sucedidas no beisebol (rebatidas de base, mas não bolas fora ou eliminações). Alguns falantes estendem o uso para lançamentos no beisebol, que são *strikes*. À primeira vista, esse parece um grupo de itens bastante arbitrário; a tarefa de descobrir o caminho da necessidade lógica que nos levaria previsivelmente de cobras mortas a rebatidas de beisebol é assustadora. Esses itens não se agrupam como membros de uma categoria clássica, com todos compartilhando propriedades comuns que os tornam membros necessários de um conjunto. No entanto, a conexão não é arbitrária.

Os melhores exemplos de coisas classificadas como *hon* são objetos longos, finos e muitas vezes rígidos. Árvores, cobras mortas, velas e cabelos (à exceção da rigidez) se encaixam com base nisso. Os telefonemas costumavam vir por fios longos, finos e parecidos com fios de cabelo. As competições de artes marciais usam varas longas e finas. Os jogadores de beisebol usam um objeto longo, fino e rígido para acertar a bola. Parece também que, em várias dessas áreas, o uso foi estendido para falar de instâncias de sucesso relacionado a essas coisas. Uma vitória em uma competição de artes marciais (ou seja, sucesso com uma vara longa e fina) pode ser classificada como *hon*.

---

[17] O uso de tais classificadores não é normalmente uma característica do português [ou do inglês], embora um exemplo comumente dado de uma estrutura similar seja a frase "cinco cabeças de gado", em que a adição de "cabeças de" ao número é usada apenas se o substantivo pertence à categoria "pecuária". Não diríamos "cinco cabeças de crianças", mas é possível imaginar, digamos, uma criação de antas [mamífero de grande porte, chamado também de "tapir"] se popularizando de repente e o uso sendo estendido para produzir a nova expressão "cinco cabeças de anta".

A forma longa e fina feita sugerida pela trajetória de uma rebatida ou por um arremesso de beisebol bem-sucedido (mais ou menos como a forma de um fio de telefone) também pode ser classificada como *hon*. Isso é o que Lakoff chama de conexões "motivadas". Não são uma questão de dedução lógica; ninguém poderia ter começado cem anos atrás com a palavra usada para designar "cobra morta" ou "vela", prevendo que palavras relacionadas a rebatidas e arremessos de beisebol pertenceriam a essa mesma categoria. No entanto, essas extensões não são arbitrárias; ninguém pode simplesmente fazer uma nova conexão ao acaso. Não podemos de repente fazer com que abóboras, cerveja ou espirros pertençam ao *hon*. Qualquer nova extensão da categoria deve ter uma relação discernível com os casos existentes. Deve parecer uma extensão sensata e ter algum senso de ajuste que possa ser reconhecido pela comunidade linguística. As conexões são menos como deduções lógicas e mais como relações familiares.[18]

As práticas de ensino (e outros tipos de práticas) são mais ou menos assim em sua relação com as crenças que as motivam. As práticas nos envolvem com o mundo e com os outros, e muitas vezes exigem improvisação, ajuste, revisão e novas tentativas. As práticas se baseiam em nossos hábitos, competências, desejos, contextos e recursos, e não apenas em nossas crenças explícitas. No entanto, não se segue que a relação entre nossas práticas e nossas crenças tenha de ser arbitrária. É razoável procurar o melhor senso de ajuste.

Para usar o termo de Lakoff, busco mostrar neste capítulo que nossas práticas de ensino e aprendizagem podem ser significativamente "motivadas" pela fé cristã, e não apenas no sentido comum de que podem ser inspiradas ou obter sua energia da fé cristã. As práticas de ensino podem ser motivadas pela fé cristã no sentido de que podemos procurar quão bem elas se encaixam, se são extensões sensatas do ser cristão. Mais de um tipo de extensão é possível, mas também haverá limites, práticas que parecem mais em desacordo com uma postura cristã. Algumas escolhas pedagógicas serão mais plausíveis como candidatas à prática cristã do que outras. Buscar o ensino e o aprendizado cristão implica buscá-las e praticá-las.

O relato de Lakoff vem da interseção da linguística e da ciência cognitiva, porém imagens semelhantes podem ser encontradas em outros lugares. O

---

[18] Há conexões explícitas aqui com a famosa abordagem de Wittgenstein sobre semelhanças familiares. Veja Lakoff, *Women, fire*, p. 16-7; Ludwig Wittgenstein, *Philosophical investigations*, 2. ed. (Oxford: Blackwell, 1958), v. 1, p. 66-71, 31-4 [edição em português: *Investigações filosóficas*, 9. ed. (São Paulo: Vozes, 2014)].

teólogo N. T. Wright nos pede para imaginar a descoberta de uma peça perdida de Shakespeare que é notavelmente rica e clama por ser encenada, ainda que esteja faltando seu quinto ato:

> Na verdade, parece inadequado escrever um quinto ato de uma vez por todas: isso congelaria a peça em uma forma e comprometeria Shakespeare como se fosse o possível responsável por um trabalho que não é de fato seu. Uma melhor opção, talvez, fosse entregar as partes-chave a atores shakespearianos altamente treinados, sensíveis e experientes, que mergulhariam nos primeiros quatro atos e na linguagem e na cultura de Shakespeare e de seu tempo, *e que então seriam requisitados a elaborar um quinto ato para si mesmos*.[19]

Isso, sugere Wright, é semelhante à nossa situação quando buscamos interpretar a Bíblia e viver sob sua autoridade em um contexto histórico e cultural diferente daquele no qual foi escrita. Temos de descobrir maneiras de viver e agir que pareçam condizentes com o que aconteceu no passado, mas não podemos simplesmente repetir falas e versos de atos anteriores. Até certo ponto, devemos improvisar, mas o processo não é arbitrário. Algumas ações serão exigidas de nós por causa dos primeiros quatro atos, enquanto outras estarão restritas a um estreito leque de opções. As exigências do texto existente têm muito peso e só agiremos bem se lhe dispensarmos atenção cuidadosa e sustentada. Está aberto a qualquer espectador ou crítico apontar maneiras pelas quais o quinto ato não consegue levar adiante satisfatoriamente os temas dos quatro primeiros, ou que traz assuntos muito estranhos a Shakespeare, ou simplesmente que falha como drama. O foco na improvisação também não enfraquece as demandas que nos são propostas. Fazer isso de forma convincente exigirá investimento incondicional, reflexão cuidadosa, ampla discussão, habilidade e entusiasmo.

Assim também é com a tentativa de ensinar de maneira cristã. Isso não pode significar que a educação cristã deva ocorrer sempre com grupos de doze estudantes do sexo masculino usando sandálias e não incluir as ciências naturais. No entanto, a alternativa a isso não é apenas tomar qualquer técnica que pareça atual e professar crença ao seu lado. Há improvisação, mas isso

---

[19] N. T. Wright, *The New Testament and the people of God* (Minneapolis: Fortress Press, 1992), p. 140 [edição em português: *O Novo Testamento e o povo de Deus* (São Paulo: Thomas Nelson Brasil, 2022). Cf. tb. Samuel Wells, *Improvisation: the drama of Christian ethics* (Grand Rapids: Brazos, 2004).

não diminui a necessidade de haver engajamento fiel. Isso nos situa, de modo responsável, no meio do desafio de elaborar práticas que se ajustem às nossas convicções a respeito da verdade sobre Deus, humanidade e mundo.

FAZENDO UM INVENTÁRIO

Concentrei-me em minha própria jornada como professor nos últimos dois capítulos. Essa jornada se situa em uma história maior na qual a discussão da relação do cristianismo com a educação linguística se deslocou, nas últimas duas décadas, do silêncio para um crescente debate acadêmico.[20] Para meu desgosto, ao longo do tempo, isso tendeu a mudar a reação de meus colegas céticos, quando compartilho meu trabalho, de algo como "Isso é loucura, como pode haver uma abordagem cristã para o ensino de idiomas?" para "Bem, é claro que pode haver uma abordagem cristã para o ensino de idiomas, isso é fácil, mas não funcionaria nas minhas aulas de [inserir a disciplina de quem fala]". Nesse ponto, posso apenas apontar para as décadas investidas no esclarecimento das questões envolvidas no ensino de línguas e sugerir investimentos semelhantes em outras áreas.

Não era minha intenção oferecer meu próprio ensino como um modelo, mas simplesmente como um testemunho fundamentado dos processos pelos quais os compromissos de fé podem levar tanto a desconforto como a revisões específicas das práticas de ensino. Essas mudanças têm de enfrentar o teste empírico para que se saiba se, de fato, atingem o objetivo almejado, mas, de alguma forma, não divergem em sua totalidade dos resultados obtidos. Foi necessário um passo de imaginação. Além disso, saber se o ensino "funciona" só faz sentido se tivermos como pano de fundo uma ideia clara de nossos objetivos. Nos dois capítulos anteriores, ancorei esse senso de propósito em um parágrafo conciso da teologia cristã. Já o citei duas vezes, mas sei que ainda não integrei totalmente suas implicações. Aqui está mais uma vez (o objetivo é nos envolvermos reiteradas vezes, até que a fé molde nossa imaginação prática):

---

[20] Veja recentemente, p. ex., David I. Smith; Terry A. Osborn, orgs., *Spirituality, social justice and language learning* (Greenwich: Information Age Publishing, 2007); Mary Shepard Wong; Suresh Canagarajah, *Christian and critical language educators in dialogue: pedagogical and ethical dilemmas* (Nova York: Routledge, 2009); Mary Shepard Wong; Carolyn Kristjánson; Zoltán Dörnyei, *Christian faith and English language teaching and learning: research on the inter-relationship of religion and ELT* (New York: Routledge, 2013); Mary Shepard Wong; Ahmar Mahboob, *Spirituality & English language teaching: religious explorations of teacher identity, pedagogy, and context* (Clevedon, Reino Unido: Multilingual Matters, 2018).

> Para Zuínglio, assim como para Agostinho, o pecado não era mais do que amor autocentrado: o pecado consistia em valorizar a si mesmo sobre os outros e conceber os outros e Deus em relação a si. Era conceber Deus em relação à sua experiência como corporificada, física. Era medir os outros em relação a si mesmo, entrar em relações sociais por interesse próprio. Adoração era a oposição do amor autocentrado. A adoração a Deus era o movimento da alma, saindo do amor autocentrado, da auto-orientação, em direção a Deus e, exteriormente, em direção aos outros: honrando-os, atribuindo à humanidade valor igual àquele que atribui a si mesmo, e dando a Deus maior valor do que a si mesmo.[21]

Eu procurava um conjunto de práticas pedagógicas que parecessem à vontade no mundo retratado nessas palavras, uma casa pedagógica que pudesse ter esse parágrafo pendurado sobre a lareira. Eu queria encontrar coerência entre crenças, objetivos e repertório real de sala de aula. Esse é o projeto que estou recomendando. Acho que isso é parte indissociável do compromisso cristão de viver uma vida plena: "Tudo o que fizerem, façam de todo o coração, como para o Senhor".[22]

Até aqui, concentrei-me na possibilidade de haver uma abordagem cristã ao ensino, diferente de uma perspectiva cristã sobre as ideias a serem ensinadas ou da pessoa cristã que ensina. A esta altura, acho que já falei o que tinha para falar. No restante do livro, mudarei de marcha, dando menos ênfase ao argumento de que a fé pode moldar a pedagogia e explorando em mais detalhes a forma pela qual podemos abordar a tarefa do planejamento. Sua sala de aula, a matéria e os objetivos de aprendizagem provavelmente serão diferentes e terão suas próprias distorções e possibilidades específicas. Os próximos capítulos oferecem um modelo para você pensar esse processo em outras salas de aula, em outros contextos.

Para reflexão e debate

- Este capítulo se concentrou em um exemplo de uma aula de idioma. Se você ensina uma disciplina diferente, vislumbra algum paralelo em potencial? Quais questões diferentes você enfrenta?

---

[21] Wandel, "Zwingli and Reformed practice", p. 286.
[22] Colossenses 3:23.

- Que oportunidades existem em seu próprio ambiente de ensino para implementar práticas que promovam honrar os outros e que não enfatizem o egoísmo e a autossatisfação?
- Que outros tipos de práticas cristãs podem ser particularmente relevantes para as disciplinas que você leciona e para seus alunos?
- Os dois últimos capítulos o encorajaram a refletir três vezes sobre uma mesma citação. Isso foi útil? O que pode ser importante o suficiente para ser um foco de reflexão reiterado em sua sala de aula?
- Quais de suas práticas de ensino podem levar os alunos a desacelerar e resistir a julgamentos rápidos? O que pode, em vez disso, encorajar a formação de opiniões rápidas e a leitura descuidada e rápida do material?

Anotações

Encontre uma hora e um lugar em que você possa refletir sem pressa. Como seu ensino pode estar relacionado ao amor a Deus e ao amor ao próximo? Liste o maior número possível de conexões e, em seguida, considere quais delas são mais ou menos prováveis em suas práticas de ensino. Como você poderia planejar o ensino de um modo que mudasse esse padrão?

Capítulo 6

Ver, engajar, remodelar

Na primeira metade deste livro, busquei mostrar que relacionar a fé com a educação deve incluir atenção à textura específica dos processos pedagógicos. Investi tempo para desenvolver a ideia de pedagogia moldada pela fé porque essa parece ser uma ideia desconhecida ou implausível para muitos. Um estudo recente sugere que cerca de 60% do corpo docente em faculdades e universidades cristãs negam isso ou não sabem se sua tradição teológica influencia a abordagem de ensino, embora a maioria dos mesmos docentes relate a influência da fé em sua cosmovisão e ética.[1] (Discutirei isso mais adiante, no capítulo 11.) Argumentei que essa visão cética é falsa. A fé pode falar sobre *como* ensinar e aprender, e não apenas sobre o *quê* e o *por quê*.. A fé cristã pode motivar o planejamento intencional de padrões de prática em contextos particulares, com o objetivo de contar a mesma história que professamos com nossos lábios por meio de nossas práticas. Como Craig Hovey afirma: "O testemunho não é uma estratégia para transmitir conhecimento e verdade. Pelo contrário, é a forma de viver e falar que Deus torna possível entre um povo que abraça Jesus Cristo como a verdade de Deus".[2] Ser verdadeiro diz respeito a mais do que palavras.

Daqui em diante, quero voltar-me mais diretamente para a questão de como nos orientarmos de forma prática para a tarefa de ensinar *de forma cristã*. Como podemos organizar o mapa complexo de ensino e aprendizagem com alguns marcadores-chave para orientar nosso planejamento? Podemos fazer isso retroceder a um enfoque sobre dicas e truques mecânicos?

---

[1] Nathan F. Alleman; Perry L. Glazer; David S. Guthrie, "The integration of Christian theological traditions into the classroom: a survey of CCCU faculty", *Christian Scholars Review* 45, n. 2 (2016), p. 103-24.

[2] Craig Hovey, *Bearing true witness: truthfulness in Christian practice* (Grand Rapids: Eerdmans, 2011), p. 12.

Essas questões preocupavam uma pequena equipe de planejadores de currículo dos EUA, Reino Unido e Austrália que se reuniu alguns anos atrás para desenvolver um novo recurso on-line voltado a professores cristãos.[3] Queríamos provocar os professores cristãos a reexaminar sua pedagogia à luz da fé, mas não queríamos insinuar que eles deveriam, antes, tornar-se filósofos profissionais ou teólogos sistemáticos, ou impor instruções detalhadas sem levar em conta seu próprio contexto e seus dons. O resultado foi uma estrutura simples, mas flexível, baseada em três aspectos-chave do planejamento para a sala de aula. Essa estrutura visa capturar uma boa medida do que está acontecendo em uma ampla literatura sobre as práticas relacionadas à teologia e à educação.[4] Em sua forma mais breve, o modelo pede aos professores que considerem de que modo podem *ver de maneira nova, escolher o engajamento* e *remodelar a prática*. A abordagem integral é chamada *What if learning* [Aprendizado "e se...?"],[5] nome que deriva da estratégia de abordar tarefas pedagógicas concretas com uma mentalidade questionadora: e se elas pudessem parecer diferentes à luz da fé? Desde então, a abordagem tem sido usada para desenvolver vários recursos de formação de professores e tem sido objeto de estudos empíricos substanciais.[6] Exploraremos a estrutura de *What if learning* nos próximos capítulos. Cada faceta do modelo será explorada com mais profundidade em seu próprio capítulo, mas, antes, vou apresentá-las em uma breve visão geral, com o fim de oferecer um vislumbre da floresta toda antes de olharmos para as árvores individualmente.

VER DE MANEIRA NOVA

Ver de maneira nova é um convite ao trabalho da imaginação.[7] "Imaginação", nesse caso, não significa ficção, poesia, criatividade ou inventar coisas que

---

[3] A equipe inicial incluía Trevor Cooling, Margaret Cooling, Elizabeth Green, Alison Farnell, Alison Wheldon e este autor. Veja mais em Trevor Cooling; Margaret Cooling, *Distinctively Christian learning* (Cambridge: Grove Books, 2013).

[4] A literatura que fundamenta a iniciativa é bastante ampla, incluindo importantes obras de Pierre Bourdieu, Dorothy Bass, Craig Dykstra, Alasdair MacIntyre e Etienne Wenger, entre muitos outros; algumas das seções dessa literatura que foram mais influentes para esse projeto são analisadas em David I. Smith; James K. A. Smith, "Introduction: practices, faith, and pedagogy", in: David I. Smith; James K. A. Smith, orgs., *Teaching and Christian practices: reshaping faith and learning* (Grand Rapids: Eerdmans, 2011), p. 1-23.

[5] A abordagem "*What if learning*" nunca foi traduzida ou adaptada para a língua portuguesa. Os três aspectos-chave mencionados são traduções livres e podem sofrer alterações caso o modelo venha a ser estudado ou implantado no Brasil. Os três aspectos-chave são: *seeing anew, choose engagement* e *reshape practice*. (N. T.)

[6] Os principais recursos desenvolvidos até agora usando esse modelo são o projeto *What if learning*, disponível em http://www.whatiflearning.com/; http://www.whatiflearning.co.uk/, e o projeto FAST, disponível em http://www.teachfastly.com/. Vou me referir a pesquisas relacionadas a seguir.

[7] Explorei o papel da imaginação cristã na educação de forma bem extensa com colegas em David I. Smith; Susan M. Felch; Barbara M. Carvill; Kurt C. Schafer; Timothy H. Steele; John D. Witvliet, *Teaching and Christian imagination* (Grand Rapids: Eerdmans, 2016).

não sejam verdadeiras. Refere-se às histórias, verdadeiras ou falsas, válidas ou improváveis, que contamos a nós mesmos e a nossos alunos sobre o que exatamente estamos fazendo e por quê. Essas histórias são transportadas em nossas palavras, nossas metáforas, nossas ações, nossos objetivos, nossas exortações e nossas proibições. A imaginação está agindo quando me pergunto se minha atividade de abertura poderia servir ao propósito de comunicar respeito pelos alunos ao mesmo tempo que fornece um pouco de prática de fala, ou quando me pergunto se um currículo de idiomas deveria ser mais colorido pelos objetivos de turismo e viagens, emprego futuro, aprendizado intercultural, amor ao próximo ou qualquer outra coisa. A imaginação está em ação quando nos perguntamos se uma tarefa do dever de casa que até agora foi projetada para ser trabalhada individualmente pelo aluno, debruçando-se sobre uma planilha ou uma tela, poderia ser retrabalhada para promover uma interação significativa com outros membros de sua família ou comunidade.[8] A imaginação está em ação quando ponderamos se uma tarefa escrita pode promover um aprendizado diferente se for reformulada como uma carta ou se for endereçada a um público diferente, ou quando percebemos que um projeto de *design* prático pode ser estruturado para ensinar sobre colaboração ou justiça, bem como sobre tecnologia.[9] A imaginação está em curso quando nos perguntamos se nossa sala de aula é segura, justa ou hospitaleira e nos perguntamos que tipo de valores ela promove. Toda vez que um colega insiste que os alunos precisam estar preparados para o "mundo real", ou que esta geração perdeu alguma virtude-chave que era comum no passado, ou que seus alunos simplesmente não entendem, está nos pedindo para compartilhar sua imaginação. Toda vez que um colega insiste que uma tecnologia é ótima porque aumenta o número de palavras que os alunos escrevem, ou que os dados empíricos devem direcionar nossos esforços, ou que eles simplesmente sabem, por seus anos de ensino, que palestras são boas para a alma, estão pedindo para acreditarmos em uma história sobre como é o mundo. Essas histórias podem ser verdadeiras ou falsas, defensáveis ou ridículas. Por mais forte ou tênue que seja sua ligação com a realidade, usamos nossa capacidade de imaginar, de formar uma imagem do que é a vida, quando as construímos

---

[8] Para exemplos, veja http://teachfastly.com/activity-map/homework.
[9] Nesse sentido, compare, p. ex., Mark R. Schwehn, "Liberal learning and Christian practical wisdom", in: T. Laine Scales; Jennifer L. Howell, orgs., *Christian faith and university life: stewards of the academy* (Cham: Palgrave Macmillan, 2018), p. 73-89; Steven H. VanderLeest, "Teaching justice by emphasizing the non-neutrality of technology", *Journal of Education and Christian Belief* 10, n. 2 (2006), p. 111-28.

e compartilhamos. Nossa imaginação está envolvida sempre que assumimos uma história sobre o que devemos fazer, do que algo se trata e por que tal coisa é importante. Nesse sentido, até mesmo os relatos de aprendizagem mais "orientados por dados" são fruto de mundos imaginados e de propostas para moldar a forma como imaginamos o futuro.

As imaginação, na maioria das vezes, não é uma questão de esquematização consciente e súbita. Na maioria das vezes, carregamos nossa imaginação em nossos hábitos, palpites, sensibilidades e anseios, em nossas metáforas favoritas, em nosso senso do que é a coisa certa a fazer e do que sentimos ser errado.[10] Tendemos a perpetuar padrões de prática por razões que têm pouca relação com o comprometimento lúcido com as convicções que as moldaram ou evidências infalíveis de que são valiosas. Muitas vezes, a barreira para mudar nossa pedagogia não é o conhecimento objetivo e empírico de que determinado caminho talvez não funcione. É mais porque nós (e nossos alunos) desenvolvemos um senso inarticulado de como as coisas acontecem e como nos encaixamos no fluxo, e é difícil imaginar as coisas de maneira diferente. Quando nosso senso do que funciona é interrompido, nossa capacidade de navegar é ameaçada.[11] Quando se trata de encontrar melhores caminhos pedagógicos, devemos ser capazes de reimaginar quem somos como professores, quem e o que são nossos alunos, quais são suas necessidades e o que pode acontecer na sala de aula. Esse é o "e se" [what if] do *What if learning*. E se olharmos novamente para cada uma de nossas práticas de ensino e nos perguntarmos se elas realmente se identificam com o reino de Deus?[12]

Fazemos isso não como observadores distantes, mas a partir de hábitos e padrões de prática que nos mantêm fazendo o que mais ou menos funcionou da última vez, ou o que parecia ser considerado normal por nossos próprios professores. Estar atento ao papel da fé no mundo pedagógico envolve ser capaz de imaginar e ver de novo, e para isso não precisamos pensar mais, mas, sim, nos engajar nas práticas que alimentam a imaginação cristã. Precisamos

---

[10] Veja James K. A. Smith, *Imagining the kingdom: how worship works* (Grand Rapids: Baker Academic, 2013) [edição em português: *Imaginando o reino: a dinâmica do culto*, trad. A. G. Mendes (São Paulo: Vida Nova, 2019)].

[11] Veja David I. Smith, "Recruiting students' imaginations: prospects and pitfalls of practices", in: David I. Smith; James K. A. Smith, orgs., *Teaching and Christian practices: reshaping faith and learning* (Grand Rapids: Eerdmans, 2011), p. 211-23.

[12] Miroslav Volf sugere que "práticas [...] são cristãs na medida em que são 'ressonâncias' do envolvimento de Deus com o mundo". Miroslav Volf, "Theology for a way of life", in: Miroslav Volf; Dorothy C. Bass, orgs., *Practicing theology: beliefs and practices in Christian life* (Grand Rapids: Eerdmans, 2002), p. 245-63, 260.

investir em nos tornar pessoas capazes de imaginar de maneira cristã, de ver nossas salas de aula pelas lentes da graça, justiça, beleza, deleite, virtude, fé, esperança e amor.[13]

Essa é uma tarefa grandiosa, e não rápida, mas existem algumas maneiras práticas de nos apoiarmos nela. Até agora, meu objetivo foi modelar neste livro o que considero ser uma delas: compartilhar histórias com pessoas que prestam atenção às práticas em sala de aula e perguntam que tipo de mundo está implicado nelas e por que têm a aparência que têm. Acredito que compartilhar e refletir sobre essas histórias é uma maneira importante de promover a capacidade de revisitar a pedagogia, e fazer isso intencionalmente dentro das comunidades de fé é uma maneira de enraizar o ensino em uma imaginação cristã. Explorarei isso mais a fundo no capítulo 7.

ESCOLHER O ENGAJAMENTO

Ver de maneira nova destaca a importância da imaginação; *escolher o engajamento* se concentra na forma como os alunos estão envolvidos na aprendizagem. O que pensamos que estamos fazendo, como imaginamos os propósitos e processos em sala de aula, ajuda a moldar as experiências de aprendizagem que surgem. No entanto, a visão por si só pode ser mera conversa fiada se a maneira pela qual os alunos estão engajados não a apoia e ressoa com ela. Imagine uma aula de religião em que a professora fala de forma eloquente sobre a visão bíblica de comunidade interdependente enquanto seus alunos sempre se encontram sentados em fileiras, respondendo individualmente às perguntas feitas lá da frente. Ou imagine uma aula de língua estrangeira em que o professor tem uma passagem eloquente no programa de ensino sobre como aprender línguas é aprender a amar o próximo, mas, com frequência, os alunos estão envolvidos em diálogos associados ao consumo e à prática gramatical. Ou considere a aluna que recentemente compartilhou comigo ter ouvido vários de seus professores anunciarem, no início do semestre, que assistir às aulas era importante porque a contribuição de cada um importava

---

[13] David Purpel argumentou que, diante de crises na educação, a escola moderna carece de "uma linguagem moral e espiritual bem desenvolvida para responder a isso. A linguagem primária é a linguagem técnica e burocrática de controle, tarefa e engenharia". As ferramentas necessárias para lidar com questões básicas de visão e significado, argumenta Purpel, pertencem "à família moral e religiosa da linguagem, pois é função da linguagem moral e religiosa fornecer a dimensão essencial da educação — uma linguagem de significado". David E. Purpel e William M. McLaurin, Jr., *Reflections on the moral & spiritual crisis in education* (Berna: Peter Lang, 2004), p. 39, 41.

e que todo o grupo perderia se alguém faltasse à aula. Ela relatou sua rápida percepção de que essas mesmas aulas eram ministradas de uma maneira que fazia o apelo à importância da comunidade soar vazio, pois o envolvimento se dava principalmente por anotações no caderno, oferecendo poucas chances de contribuição. A visão é comunicada e validada por meio de padrões de engajamento tanto quanto por meio de sermões e declarações de missão.

O foco no engajamento nos ajuda a entender o significado das tarefas rotineiras e triviais. Vejamos um ato simples, como recomendar a leitura para o dever de casa. Será que costumamos apenas atribuir um intervalo de páginas e dizer aos alunos para lê-lo, sem considerar como ler? É melhor ler esse material lenta, repetida e cuidadosamente, ou é adequado que o aluno dê uma rápida olhada, em busca das respostas? Os alunos devem ler esse texto sozinhos ou juntos; em silêncio ou em voz alta? Existe alguém com experiências diferentes que os alunos possam consultar sobre o que *eles pensam* do texto? Os alunos devem ler apenas uma vez ou algo é suficientemente importante para que eles leiam duas ou mais vezes? Eles devem ler o texto de uma só vez, ou existem alguns trechos nos quais devem parar e refletir antes de prosseguir? O objetivo que eles devem ter em mente ao ler o texto é reunir as informações em suas cabeças, responder afetiva ou esteticamente, ou agir de determinada maneira em resposta ao texto? Os alunos devem esforçar-se para adquirir conhecimento prévio antes de ler ou entrar logo de cara no texto? Devem ler em uma poltrona, com os pés para cima e música nos ouvidos, ou esse texto exige atenção total e absoluta? Que tipo de engajamento estamos procurando? E qual tipo é mais provável que realmente ocorra, dada a tarefa que usamos, os sinais que deixamos e os resultados que recompensamos?

Mesmo admitindo que os professores não influenciam plenamente o comportamento de aprendizagem de seus alunos fora da sala de aula, a maneira como a tarefa é projetada e comunicada e a maneira como a responsabilidade pela aprendizagem é gerenciada vão influenciar o tipo de leitura desenvolvida. Isso, por sua vez, influenciará, até certo ponto, a probabilidade de os alunos aprenderem a ler com eficiência, caridade, paciência, justiça ou humildade.[14] Se dissermos apenas "leia isso até amanhã", perderemos a oportunidade de

---

[14] Veja, p. ex., Paul Griffiths, *Religious reading: the place of reading in the practice of religion* (New York: Oxford University Press, 1999); Alan Jacobs, *A theology of reading: the hermeneutics of love* (Boulder: Westview Press, 2001); David I. Smith, "Reading practices and Christian pedagogy: enacting charity with texts", in: David I. Smith; James K. A. Smith, orgs., *Teaching and Christian practices: reshaping faith and learning* (Grand Rapids: Eerdmans, 2011), p. 43-60.

moldar significativamente o processo de aprendizagem. Também arriscamos cair na situação bastante comum de professores cuja visão é de uma aprendizagem profunda e engajada, atribuindo uma quantidade de texto e um prazo que tornam a leitura superficial e incompleta praticamente algo inevitável.

A leitura é apenas uma arena de engajamento. Escolher o engajamento não é apenas escolher engajar-se, mas escolher *como* se engajar. As maneiras pelas quais projetamos e planejamos as tarefas de aprendizagem afetam o tipo de envolvimento que surgirá entre professor e alunos, entre os próprios alunos, entre os alunos e o tópico, entre os alunos e o texto, e entre os alunos e o mundo em geral. Que tipos de engajamento e envolvimento queremos e por quê? Explorarei isso mais a fundo no capítulo 8.

REMODELAR A PRÁTICA

A conexão entre visão e engajamento é sustentada por *remodelar a prática*. Essa faceta se concentra em moldar nossos recursos materiais e estratégias. Ensinar e aprender são questões personificadas. Os significados são transmitidos não apenas em palavras (que são suscetíveis a variações de tom e ênfase), mas também por meio de gestos, posturas, imagens, recursos, ritmos, silêncios, pausas, repetições, omissões, disposições das salas e muito mais. A visão e o engajamento são sustentados no tempo e no espaço em meio a palavras, imagens e mobiliário. Remodelar a prática diz respeito a projeto, à forma como moldamos e organizamos essa faceta material de ensino e aprendizagem.

Alguns anos atrás, vários estudantes universitários cristãos com quem eu tive a chance de debater isso se lembraram de fazer parte de uma aula de religião específica. Segundo eles, o professor palestrava do início ao fim da aula, não deixando tempo para perguntas ou debates. Ele se posicionava atrás de uma grande mesa e lia anotações em um púlpito elevado, estabelecendo pouco ou nenhum contato visual com os alunos; raramente sorria. Eles descreveram a atmosfera como "meio intimidadora". Eles também relataram que, nas primeiras semanas do semestre, concluíam as leituras, debatiam entre si fora da aula e vinham para a sala de aula com suas próprias perguntas, mas, depois de algumas semanas, "nós meio que desistimos e apenas tomávamos notas para o exame". Os alunos perceberam uma relação entre o uso do tempo, do espaço e da linguagem corporal do professor e suas próprias formas de engajamento com o material. Suponho também que as ideias que esses alunos levavam sobre religião como uma disciplina acadêmica iam além dos tópicos teológicos abordados. Talvez as informações do curso tenham sido transferidas com sucesso para os alunos e os resultados relacionados ao conteúdo tenham sido alcançados com sucesso, mas esse não era o produto das mensagens enviadas.

Outro grupo de alunos me falou sobre uma aula em que parecia claro para eles que o professor estava repetidamente tentando e falhando em iniciar as discussões. Elas tendiam a morrer rapidamente. Ao olharem para trás, acharam provável que um fator-chave para isso ter acontecido era o número de cadeiras na sala. Havia duas vezes mais cadeiras do que alunos e, muitas vezes, eles acabavam sentados com duas ou mais cadeiras vazias entre eles. Discussão em meio a cadeiras vazias é algo esquisito. Eu me pergunto se esse professor terminou o semestre lamentando ter de lidar com alunos não cooperativos ou reconhecendo sua própria incapacidade de conduzir uma discussão de forma eficaz. Eu me pergunto se ele chegou a cogitar o papel desempenhado pelo mobiliário nesse resultado.

Dar ao ambiente o material de ensino que lhe é devido significa que, além de estabelecer o que é necessário para ensinar e por que, e como queremos ver os alunos engajados, existe um terceiro conjunto de questões a serem respondidas. Como será organizado o espaço de aprendizagem? Como o tempo será gerenciado? Que tipos de suporte visual serão utilizados? Que palavras, frases, metáforas serão empregadas? Esses não são apenas detalhes práticos. Fazem parte da história contada pela forma de ensinarmos e do lar pedagógico no qual convidamos os alunos a crescer e aprender.

O *PUSH-PASS*

Ver de maneira nova, escolher o engajamento e *remodelar a prática.* O que acontece quando professores adotam essa estrutura para pensar sobre como sua fé afeta seu ensino? No relatório que apresenta as pesquisas empíricas feitas sobre a abordagem *What if learning*, Trevor Cooling, Elizabeth Green e seus colegas trazem o caso de James, professor de educação física em uma escola britânica anglicana de nível secundário.[15] James estava conscientemente comprometido em ensinar de uma maneira que expressasse o *ethos* cristão de sua escola. Instigado pelo treinamento na abordagem *What if learning*, James

---

[15] No Brasil, seriam escolas que têm apenas as séries finais do ensino fundamental (do sexto ao nono anos) e o ensino médio. (N. T.)

começou a repensar uma aula que planejava dar a um grupo de meninos de 12 anos, cujo tema era o *push-pass* no hóquei sobre a grama.[16] Esse exemplo é particularmente interessante, porque, se abordarmos a educação cristã apenas ou principalmente sob a perspectiva das ideias comunicadas, parece haver pouco a dizer aqui. O *push-pass* é uma habilidade física e um movimento padronizado dentro do jogo de hóquei. Não há um movimento de passe tipicamente cristão ou uma teoria cristã especial de estratégia de passe, e aprender a executar esse passe é, em grande parte, uma questão de prática, coordenação e treinamento muscular. É provável que estudos empíricos sejam capazes de nos dizer os exercícios mais eficientes para aumentar a capacidade de executar o *push-pass*. Se pensarmos em ações como assuntos diferentes e independentes, que carregam qualquer significado que possam ter em si mesmos, e pensarmos em fé e aprendizado no sentido de "falar de assuntos de fé" e ter perspectivas cristãs, teríamos muito pouco a fazer aqui quanto à pedagogia cristã.

Enquanto James se dedicava à tarefa de reimaginar sua lição, vendo-a de maneira nova, refletia sobre o que via como o crescimento de uma mentalidade de "ganhar a todo custo" na cultura esportiva britânica.[17] Ele estava preocupado com o impacto da cultura da celebridade nos esportes sobre os meninos, com o foco em performance de elite e também com o sucesso do indivíduo como prevalecente sobre valores. Ele via isso se manifestando em comportamentos agressivos em relação aos árbitros quando as marcações do apito não saíam do jeito que o time, ou o jogador, gostaria, ou quando jogadores de futebol simulam faltas, mergulhando para tentar uma marcação de pênalti. Se praticarmos esportes com foco apenas no sucesso individual (ganhar, marcar gols ou pontos, ficar em forma), podemos acabar nos comportando de maneiras que prejudicam a experiência dos outros participantes. James queria que seus alunos se aproximassem do esporte pelas lentes do "amor dentro de uma estrutura de equipe".[18] Isso conectava a participação nos esportes ao amor ao próximo, buscando jogar com energia e compromisso e, ao mesmo tempo, mantendo o foco no bem dos outros. Essa mudança de foco fazia parte de um *ethos* intencional maior em seu departamento e em sua escola. Valores como respeito e amizade passaram a ser enfatizados e

---

[16] Esse esporte olímpico, pouco conhecido no Brasil, é uma versão do hóquei que se joga sem patins, sobre um gramado sintético, com tacos que devem conduzir uma bola até o gol. (N. T.)
[17] Trevor Cooling; Beth Green; Andrew Morris; Lynn Revell, *Christian faith in English church schools: research conversations with classroom teachers* (Bern: Peter Lang, 2016), p. 56.
[18] Ibidem, p. 58.

vinculados a textos bíblicos no momento de culto com toda a escola, e tais valores moldaram uma decisão dentro do departamento de educação física de se concentrar em treinamento e em minimizar o status de celebridade associado ao sucesso nos esportes de alto rendimento.

James era cauteloso com a possibilidade de "comprometer o currículo", transformando a lição em uma aula bíblica e prejudicando o alcance dos objetivos da educação física.[19] No entanto, quando ele olhou novamente suas maneiras de engajar os estudantes e suas práticas rotineiras, deu-se conta de que normalmente ensinaria o *push-pass* aos alunos com foco no desempenho individual. Ele decidiu fazer uma série de mudanças na forma como ensinava a lição:

> A aula começou com James demonstrando o *push-pass* para os alunos, apontando detalhes técnicos como, por exemplo, o local em que a mão, os pés e o corpo deveriam ser posicionados. Em seguida, os alunos trabalharam em duplas, praticando o *push-pass* entre si, alternando entre as posições de jogador e treinador. O treinador era obrigado a fazer anotações sobre o desempenho do jogador e atribuir um nível a cada componente da habilidade de fazer um *push-pass*. Em seguida, as duplas foram convidadas a debater as estratégias utilizadas pelos treinadores [para] encorajar uns aos outros. Isso foi seguido por uma discussão plenária, com toda a turma, quando, então, as diferentes abordagens de encorajamento adotadas pelos pares foram observadas.[20]

As estratégias empregadas aqui não se afastam do foco em aprender o *push-pass* de forma eficaz, nem interrompem a prática do hóquei para um estudo bíblico sobre por que devemos amar nosso próximo. Em vez disso, enquadram a atividade de forma condizente com os valores professados. Os alunos trabalham de forma cooperativa, e são solicitados a focar explicitamente em sua contribuição para o aperfeiçoamento do outro jogador e a refletir, também de forma explícita, sobre os dois contextos diferentes, se suas tentativas de encorajar o outro jogador foram eficazes. As mudanças incluem a visão implícita na retórica do professor, as formas concretas como os alunos se envolvem (treinando o colega e praticando) e as práticas específicas empregadas (as tarefas específicas, as perguntas e as ferramentas de avaliação). Ver de

---

[19] Ibidem, p. 58.
[20] Ibidem, p. 57.

maneira nova, escolher o engajamento e remodelar a prática, tudo isso está inter-relacionado.

A sessão de treinamento e discussão entre os pares levou, por fim, a um jogo de hóquei durante o qual os pesquisadores observaram os comportamentos dos alunos que pareciam condizentes com o que já havia acontecido:

> A breve partida de hóquei no final da aula ilustrou poderosamente como a atenção à prática afirmou essa nova maneira de ver o adversário. Os pesquisadores observaram que os alunos declaravam, de forma automática, se a bola atingia seus pés e outras faltas, independentemente de o árbitro tê-las observado ou não.[21]

Quando os pesquisadores perguntaram a esses alunos de 12 anos o que haviam aprendido naquela aula, eles relataram que "aprenderam como encorajar outras pessoas".[22] Em um pequeno grupo focal entrevistado após a aula, eles disseram o seguinte sobre como a aula havia moldado seu comportamento:

> 1: É que... na Educação Física parte do *ethos* cristão é ser... é tipo como um guia de como você deve ser, como você deve ter um bom espírito esportivo e isso, tipo, se liga com a sua religião cristã, no sentido de amar seu oponente, de ser, ou de não ser... é meio difícil explicar, mas tipo, não brigar com eles...
>
> 4: Não ser um mau perdedor.
>
> 2: É, não ser um mau perdedor, mas respeitar o seu oponente.
>
> P: Ok, certo. Alguém mais quer dizer algo? Não? Ok, muito bem...
>
> 5: Tipo, pra amar seu oponente, você tem que, tipo, digamos... porque a gente tá jogando hóquei agora, tem algumas regras, e aí, digamos que a bola bate no teu pé, e não pode, aí você diz honestamente pro seu oponente, sim, bateu no meu pé, então você vai ser bem cuidadoso.[23]

O desafio de buscar práticas intencionais não se concentrou apenas nos alunos. Em conversas posteriores com os outros professores do departamento de

---

[21] Trevor Cooling; Elizabeth H. Green, "Competing imaginations for teaching and learning: the findings of research into a Christian approach to teaching and learning called 'what if learning'", *International Journal of Christianity and Education* 19, n. 2 (2015), p. 96-107,103.
[22] Cooling et al., *Christian faith*, p. 57.
[23] Cooling; Green, "Competing imaginations", p. 103.

educação física, observou-se que eles buscavam ativamente prestar contas uns aos outros sobre trabalhar seguindo o mesmo padrão quando praticavam esportes coletivos. Essa aula de hóquei estava inserida em um *ethos* comum no departamento e em um compromisso com práticas que correspondiam a esse *ethos*.

Tal episódio ilustra vários elementos importantes do que a educação cristã pode ser, elementos relevantes para ensinar alunos de outras idades e outras disciplinas além do hóquei sobre a grama. Vemos professores trabalhando juntos para *ver de maneira nova*, para ver seu trabalho pedagógico à luz dos compromissos e das virtudes cristãs. Essas virtudes são trabalhadas em toda a comunidade escolar, dentro do departamento, em atividades específicas de ensino e aprendizagem e no compromisso com uma prática sistemática por parte dos professores, mesmo fora da escola. Escolhas conscientes definem o significado da aula e ajudam os alunos a se *envolverem* de uma maneira que se identifique com a visão adotada. Mudanças específicas nas *práticas* de ensino sustentam a forma de engajamento desejada e a visão adotada. Dentro dessa rede de compromissos, mensagens, interações e práticas comunitárias, vemos resultados tanto no comportamento como na imaginação dos alunos que são coerentes com os objetivos defendidos. Isso, acredito, é ensino e aprendizado cristão, não no sentido mais estrito de ensino e aprendizado que se concentra em inculcar teologia, mas na forma de um complexo de práticas moldadas e articuladas de acordo com a identidade cristã.[24]

SENDO ESQUISITO

Antes de nos aprofundarmos um pouco mais em cada um desses aspectos do planejamento pedagógico, talvez seja útil considerar um exemplo menos direto. Outra professora envolvida no mesmo projeto de pesquisa foi Dawn, docente de matemática.[25] Em uma atividade aplicada para revisar o coeficiente de correlação de Spearman, ela pediu aos alunos que classificassem as celebridades com base em sucessivos conjuntos de dados e, em seguida, calculassem o coeficiente de correlação de seus dois rankings. Depois de refletir sobre como ela poderia ver seu ensino de matemática de maneiras novas, Dawn fez

---

[24] Conforme observado no cap. 5, o fato de que os valores específicos adotados e os comportamentos observados poderiam, em tese, ter sido alcançados através de outros sistemas de crenças não anula o fato de que representam uma instância da pedagogia que é informada pela crença cristã, ou do fato de que isso aqui resulta em uma revisão das práticas mais comuns.
[25] Cooling; Green, "Competing imaginations", p. 104.

duas mudanças. Ela acrescentou alguns nomes diferentes (Malala Yousufzai e Madre Teresa) à lista de celebridades e parou a atividade bem no meio para falar sobre como Deus ama todas as pessoas, e não apenas as celebridades. Além dessas duas mudanças, a atividade prosseguiu como antes. Nesse caso, os alunos do grupo focal não consideraram a intervenção útil, achando que se desviava do objetivo da aula. Tanto eles como o professor relataram que a sequência parecia esquisita ou estranha. Green e Cooling observam:

> Neste caso, o passo *ver de maneira nova* foi o único em evidência nos dados, as estratégias de engajamento não foram reformuladas, e as práticas do restante da aula voltaram à norma, enfatizando a estranheza.[26]

Podemos concluir muito rapidamente aqui que a sensação de estranheza vem da teologia sendo mencionada em uma aula de matemática, mas a sensação de que isso é estranho advém, em grande parte, de uma convenção social arbitrária, e Cooling e Green chegam a uma conclusão diferente com base no estudo de uma série de professores que têm dificuldades com a abordagem *What if learning*. Eles sugerem que um fator importante na sensação de estranhamento que surgiu para alguns professores foi a tentativa de combinar uma visão de ensino como um conjunto neutro de técnicas com um acréscimo esporádico de linguagem religiosa, abraçando, até certo ponto, o momento de ver de maneira nova, mas não dando continuidade no que se refere a escolher o engajamento e remodelar a prática. Quando isso acontece, a linguagem de fé adotada tem pouca influência real sobre o que está acontecendo e parece mesmo uma interrupção arbitrária. Essa situação se agrava quando o professor entende o papel da fé no ensino principalmente como assegurar a aceitação da verdadeira doutrina, e não como algo que pode ocupar um processo de investigação. Cooling e Green concluem:

> Em um modo de transmissão, "ver de maneira nova" torna-se um gancho para pendurar novos conteúdos cristãos em uma lição que permanece praticamente inalterada em relação às estratégias de engajamento e práticas de aprendizagem. Isso está em consonância com um modelo pedagógico que assume o ensino e a aprendizagem como um processo puramente cognitivo no qual são transmitidos

---

[26] Ibidem, p. 104.

fatos básicos e neutros [...] Concluímos que é principalmente o modo da pedagogia, e não a disciplina em si, que interage com o *What if learning* para fazê-lo parecer estranho.[27]

O destaque aqui é que devemos ver de maneira nova, escolher o engajamento e remodelar a prática não como etapas independentes, mas como facetas simultâneas do ensino, cada uma dependente da outra. Mesmo em um ambiente escolar cristão, a linguagem da fé começa a soar estranha, desvinculada do contexto relevante, se as formas de engajamento e a forma das práticas materiais não estiverem em consonância com a visão verbalmente articulada. O resultado pode ser como ligar uma televisão e assistir a uma partida de tênis, mas com o canal de áudio sintonizado em um jogo de futebol — palavras de futebol e movimentos de tênis. O resultado soará estranho, ou talvez possamos nos acostumar a encontrar conexões tênues entre os termos de futebol e as ações de uma partida de tênis, o que nos transformaria em pessoas que falam de maneira estranha sobre tênis. Em um contexto cultural secularizado, sempre haverá cenários em que a introdução da linguagem da fé vai soar estranha, mas uma maneira de aumentar sua plausibilidade e diminuir essa suposta estranheza é atentando para a eventual lacuna entre palavras e práticas. Isso pode nos permitir avançar para uma situação em que a linguagem de fé que usamos corresponde ao que fazemos, e o que fazemos confere um peso plausível à linguagem que usamos.

Esse senso de congruência entre a fé professada e a prática em sala de aula é o que o modelo *What if learning* visa facilitar. Em um mundo complexo e caído, lacunas de um tipo ou de outro sempre permanecerão, mas isso não significa que não possamos trabalhar em prol de um engajamento mais criativo e de maior integridade em nossas práticas. Após resumirmos o modelo e apresentarmos algumas indicações de como funciona, vamos desacelerar e descompactar cada faceta correspondente.

Para reflexão e debate

- Você consegue pensar em um exemplo de valor-chave que articula para seus alunos e que apoia por meio de práticas específicas de

---

[27] Ibidem, p. 105.

aprendizagem, prestando contas desse valor a si mesmo, ainda que fora do contexto de ensino?
- Há alguma exortação que você faz aos alunos, mas que vem com uma ressalva implícita de "faça o que eu digo, e não o que eu faço"? Existe alguma parte de sua prática de ensino que possa fazer com que suas declarações de visão pareçam vazias?
- Como a análise da aula de hóquei de James ressoa ou desafia a maneira como você costuma pensar sobre a educação cristã?
- Qual dos três aspectos mencionados, ver de maneira nova, escolher o engajamento e remodelar a prática, naturalmente chama sua atenção? Qual seria o menos provável de receber atenção suficiente em sua prática?
- De que maneira concreta você poderia trabalhar com outras pessoas para nutrir uma imaginação cristã e desenvolver práticas que se identifiquem com ela?

Anotações

Encontre uma hora e um lugar em que você possa refletir sem pressa. Pegue uma atividade que você ensina e considere-a de cada um dos três ângulos apresentados neste capítulo. Como a imaginação cristã pode vislumbrar o objetivo dessa atividade? Que maneiras de envolvimento recíproco e com o assunto podem encaixar-se nessa visão? Como isso poderia ser apoiado por meio de suas práticas materiais e de seu ambiente de ensino? Esse processo pode mudar em alguma medida a forma como você ensina a atividade?

Capítulo 7

O trabalho da imaginação

À medida que vamos mergulhando mais fundo no modelo *What if learning*, olharemos primeiro para o "ver de maneira nova". O foco aqui é a imaginação. Isso inclui os momentos em que estamos sendo muito prosaicos e pouco criativos e, ainda assim, estamos dando testemunho, por meio de nossas palavras e ações, de uma história subjacente sobre como as coisas deveriam ser. Nutrir a imaginação cristã desempenha papel importante no processo pelo qual a fé molda a pedagogia. Mas vamos começar a construir esse entendimento do zero e considerar a forma como a imaginação habita as salas de aula e se estamos ou não sendo criativos.

MÃOS LEVANTADAS

Imagine-se como um observador no fundo de uma sala de aula. Enquanto você observa, um estudante na frente da sala levanta o braço. O professor percebe e se aproxima. Quando ele está junto à mesa do aluno, este fala (em tom interrogativo) e o professor responde (em tom declarativo). A troca de frases continua por dois turnos cada e, então, termina; o professor sai dali.

Descrevi, de forma intencional, esse pequeno evento em uma linguagem bem neutra. O que acabou de acontecer? Como você recontaria o evento de uma maneira que nos proporcionasse uma imagem mais clara do que cada uma das pessoas envolvidas pensava estar fazendo? Em que tipo de ações estavam envolvidas? Faça uma pausa para anotar algumas ideias antes de continuar lendo.

•••

Observe uma sala de aula qualquer e você verá pessoas em pé, sentadas, levantando braços, bocejando, manipulando objetos e dispositivos, apontando, debatendo, olhando para telas e assim por diante. No entanto, listar todos esses comportamentos nos conduz a um entendimento apenas limitado sobre o que está acontecendo. O que importa é o que os participantes imaginam que está acontecendo.[1]

Considere algumas histórias prováveis que podem explicar o ato de levantar o braço. Talvez o aluno tenha chegado a um ponto difícil ou ambíguo na tarefa que lhe foi dada e queira saber mais sobre o que fazer em seguida por medo de errar, e por isso pede esclarecimentos, os quais o professor fornece. Talvez o aluno esteja impaciente com a tarefa excessivamente simples, mas é intelectualmente curioso, e fez uma pergunta que nunca havia ocorrido ao professor abordar. Talvez o aluno tenha notado que o colega ao lado apresenta alguma necessidade e está procurando ajuda em nome dele. Talvez o aluno tenha descoberto que, quando você faz perguntas interessantes a esse professor em particular nos últimos cinco minutos de um período de aula, isso aumenta, de forma significativa, a probabilidade de o professor esquecer de passar o dever de casa. Talvez (esse é um exemplo real) os alunos tenham descoberto antes da chegada do professor que um membro da classe não completou o dever de casa, mesmo depois de advertências terríveis decorrentes de falhas anteriores. Ele está preocupado com as consequências, mas faltar à aula seria arriscado; ele pode ser pego fora da sala de aula. Então, a turma decide escondê-lo atrás de um armário, no canto de trás da sala. Sempre que o professor se aproxima perigosamente dessa parte da sala, os alunos nas primeiras fileiras fazem perguntas em momentos estratégicos, com o fim de atraí-lo de volta para a frente e, assim, reduzir o risco de que o aluno escondido seja descoberto. Cada uma dessas histórias muda a relevância do braço levantado para o aprendizado. Não sabemos o que significa algo tão simples quanto uma mão levantada até sabermos algo sobre a imaginação dos alunos. O que os participantes do aprendizado imaginam que está acontecendo é parte do que está acontecendo.

Se isso ocorre em relação a algo tão simples quanto levantar a mão, é ainda mais verdadeiro no caso de ações mais complexas como "aprender uma língua" ou "aprender ciência" ou "preparar-se para o mundo real". É possível

---

[1] Veja o artigo seminal de Michael Breen, "The social context for language learning: a neglected situation?", *Studies in Second Language Acquisition* 7 (1985), p. 135-58.

nos encontrarmos no mesmo espaço, estarmos aparentemente engajados nos mesmos comportamentos, mas cada um contando a si mesmo histórias bem diferentes sobre o que está acontecendo. Quando essas histórias divergem muito entre si, isso pode conduzir a falhas no aprendizado, na comunicação e no respeito. O fascinante estudo de Sheila Tobias sobre alunos que abandonam aulas de ciências em favor de outras disciplinas na faculdade oferece vários exemplos de descompasso entre o mundo imaginado oferecido pela pedagogia do professor e a própria imagem dos alunos em relação à forma como o curso deveria ser. Um aluno refletiu:

> O que eu deveria estar aprendendo em química? Uma maneira de olhar para a matéria? Resolver os problemas corretamente? Tornar-me uma pessoa analítica? E quais eram os objetivos do professor? Ele queria que tivéssemos sucesso? Que eu fosse herdeiro de uma vasta e multifacetada ciência? Ou apenas um técnico? [...] Nas ciências humanas e sociais, somos ensinados a fazer perguntas do tipo "por quê". Na química, eu me dei conta de que estávamos apenas sendo ensinados a perguntar "como". Como certos produtos químicos se comportavam quando misturados, como encontramos o reagente limitante em uma reação, como derivamos a massa molecular de *u.m.a.* Se não soubéssemos "como", certamente não passaríamos nos exames. [Eu me dei conta de que] aqueles de nós que preferem perguntas do tipo "por que" não sobrevivem nesse curso. Não servimos para ele, não há paciência conosco e acabamos sendo afastados.[2]

Outro aluno, em uma aula de física, escreveu sobre "a ausência de um 'roteiro' e a sensação de que 'curiosidades em geral' não têm lugar nas discussões em sala de aula".[3] Para esses estudantes em particular, havia uma lacuna entre a maneira como eles imaginavam o processo e o propósito da aprendizagem e o mundo oferecido pelas práticas do curso. Eles chegaram à aula de ciências esperando por grandes ideias e por um estímulo à curiosidade, e encontraram um enfoque na solução individual de problemas e na obtenção de respostas corretas. Essa falta de imaginação compartilhada entre professor e alunos impediu seu envolvimento com o material do curso, afastando-os do aprendizado de ciências.

---

[2] Sheila Tobias, *They're not dumb, they're different: stalking the second tier* (Tucson: Research Corporation, 1990), p. 58.
[3] Ibidem, p. 41.

A imaginação, no sentido que importa aqui, não é algo que simplesmente brota do mundo interno de professores e alunos. A imaginação é fomentada e sustentada por um pano de fundo contínuo de práticas sociais.[4] As perguntas feitas e não feitas, os exemplos oferecidos, as imagens usadas, as atribuições, a disposição das salas e os critérios de classificação, tudo isso fornece o que Etienne Wenger chama de "infraestrutura da imaginação". Uma infraestrutura de imaginação é uma espécie de andaime simbólico fornecido por nossas práticas que fornece suporte ou não a maneiras particulares de imaginar a natureza e o propósito do que estamos fazendo, e dentro do qual desenvolvemos uma "identidade de participação", um senso de quem devemos ser nesse cenário.[5]

A HISTÓRIA DE DOIS PROFESSORES

Qualquer professor chega à tarefa de construir a imaginação com uma imaginação já voltada a determinadas direções. Quando meus filhos estavam no ensino médio, participei de uma reunião de pais e professores que deixou uma impressão duradoura.[6] Dois dos professores de ciências dividiam um canto do ginásio da escola, e minha esposa e eu conversamos com eles em uma rápida sucessão. O primeiro — acho que era professor de química — apertou nossas mãos, se apresentou, viu quem era nosso filho e pegou seu livro de notas. Ele o abriu, passou o dedo pela lista de nomes até encontrar o correto, então leu em voz alta, uma por uma, cada nota atribuída a cada tarefa ao longo do semestre. Então, ele comentou brevemente que tinha sido um trabalho de semestre bem-sucedido e esperou por quaisquer perguntas que pudéssemos ter.

Em seguida, andamos cerca de três metros para a direita, para o encontro com o professor de física. Ele apertou nossas mãos, se apresentou, viu quem era nosso filho e, então, parou. Após alguns momentos de reflexão, ele comentou que havia outro aluno, sentado na fileira atrás do nosso filho na sala, que apresentava algumas dificuldades de aprendizado e muitas vezes achava difícil, durante as longas aulas de ciências, acompanhar o que estava acontecendo.

---

[4] Observe que o primeiro aluno citado aprendeu a valorizar as perguntas do tipo "por quê?" nas aulas de ciências humanas e sociais.
[5] Etienne Wenger, *Communities of practice: learning, meaning, and identity* (Cambridge: Cambridge University Press, 1999), p. 56, 238.
[6] Já descrevi esse exemplo antes, em David I. Smith; Susan M. Felch; Barbara M. Carvill; Kurt C. Schafer; Timothy H. Steele; John D. Witvliet, *Teaching and Christian imagination* (Grand Rapids: Eerdmans, 2016), p. 126-7.

Ele havia notado nosso filho cuidadosamente, escolhendo momentos específicos para se virar e se certificar de que esse outro aluno sabia o que estava acontecendo. Ele nos disse que apreciava particularmente esse gesto porque havia enfatizado, ao longo do semestre, que a classe deveria funcionar como uma comunidade cristã de aprendizado, e isso envolvia o enfoque compartilhado em garantir que todos fossem incluídos e capacitados a aprender. Ele viu os momentos de se virar para ajudar outro aluno como uma importante contribuição para a aula, e deixou que outros soubessem que ele valorizava esse gesto. Ele concluiu com alguns comentários adicionais sobre a aula e nos convidou a fazer perguntas.

Essas duas conversas me levaram a refletir sobre quantos professores de física veem como parte de sua responsabilidade pedagógica ensinar os alunos a ser participativos em uma comunidade cristã. O que está incluído no papel imaginado do professor de ciências? Ambos os professores ensinavam ciências na mesma escola cristã. Ambos pareciam estar alcançando resultados academicamente admiráveis. Tanto quanto sei, eles podem ter sido igualmente competentes em termos científicos e igualmente eficazes em ajudar os alunos a compreender a natureza, os processos e as descobertas da ciência. No entanto, parecia que eles imaginavam seus respectivos papéis de forma diferente. Eles claramente imaginavam os pais e a tarefa de se comunicar com os pais de forma diferente — um usou a interação para reiterar as informações de notas que já estavam disponíveis em outros canais; o outro aproveitou a oportunidade para comunicar uma visão mais ampla de educação cristã. Também parecia que talvez eles imaginassem a tarefa de ensinar ciências de forma diferente. Nenhum deles negava que uma aula de ciências deve focar em aprender ciências, mas apenas um deles viu explicitamente o aprendizado de ciências como relacionado à prática de virtudes cristãs. Era como se um estivesse focado em cortar blocos de pedra em formas perfeitamente quadradas, enquanto o outro sabia que estava ajudando a construir uma catedral.[7]

EXPLICANDO A FOTOSSÍNTESE

Outra conversa com professores de ciências ocorreu quando eu estava liderando um dia de desenvolvimento profissional em uma escola cristã de ensino médio. Pediram-me para passar algum tempo com cada departamento

---

[7] Essa imagem é extraída de Etienne Wenger, *Communities of practice*, p. 176.

debatendo sua contribuição para a educação cristã. Quando me sentei para uma conversa com o departamento de ciências, um professor de biologia mais velho e experiente começou a falar. Ele, inicialmente, me assegurou que não precisava ser persuadido de que deveria ter uma cosmovisão cristã e aplicá-la ao seu trabalho. Ele havia participado de muitas palestras que o lembravam disso, e havia muito tempo concordava com essa visão. Ele estava procurando criar uma identidade como professor cristão e já estava comprometido em aplicar sua fé ao seu ensino com integridade. Ele não queria ser exortado a fazer isso mais uma vez. "O problema é que, na maioria das vezes, estou apenas explicando a fotossíntese", confessou ele.

Três coisas me incomodaram em seus comentários. Primeiro, parecia que sua expectativa era que, se alguém do ensino superior confessional fosse trazido para falar sobre aprendizado cristão, ele receberia uma exortação filosófica acompanhada de pouca orientação prática para a tarefa de ensinar. Ele tinha experimentado isso vezes suficientes para sentir a necessidade de tentar evitar que isso acontecesse desde o início da sessão e aprender algo melhor. Em segundo lugar, a visão de como a fé se relaciona com o ensino que ele parecia ter adquirido em seu tempo nas escolas cristãs concentrava-se principalmente nos conteúdos polêmicos do curso. Se ser um professor cristão equivale principalmente a ter coisas cristãs a dizer sobre questões debatidas pelos cristãos (origens, mudanças climáticas, engenharia genética etc.), então explicar como a fotossíntese funciona usando os mesmos fatos que qualquer outro professor de ciências não parece ter muita relação com ser um professor cristão. Se não há um conteúdo explicitamente cristão a ser abordado, parece que o que resta é apenas o ensino. Terceiro, consequentemente, ele parecia inseguro quanto ao fato de a fé ser, de fato, relevante para a maior parte de seu trabalho, porque, na maioria das vezes, o que estava acontecendo era apenas o ensino de ciências. Sua maneira de imaginar a relação entre fé e aprendizado o deixou com uma única e estreita passarela pela qual passaria todo o tráfego relacionado à fé, ao lado da sensação de que a maior parte das ações cotidianas tinha pouca relação com a fé.

Pela hora seguinte, abordamos uma série de outras maneiras pelas quais a fé, a ciência e o ensino podem interagir:[8] o que dizer das virtudes

---

[8] Muitas das ideias que se seguem são elaboradas pedagogicamente nos materiais de aprendizagem desenvolvidos pelo "Kuyers Institute for Christian Teaching and Learning", na Calvin College, e também pelo "The Colossian Forum", em http://www.teachfastly.com. Veja tb., p. ex., Ruth Bancewicz, *God*

necessárias para ser um bom cientista, seja quanto ao trabalho de laboratório, seja quanto à colaboração com os colegas? Alguma dessas virtudes se sobrepõe às virtudes cristãs? Que tipos de práticas de sala de aula podem ajudar a promovê-las? Os alunos imaginam alguma conexão entre a ciência e as virtudes? Eles imaginam fé e ciência como estando em um conflito necessário? Que práticas de sala de aula podem desafiar suas suposições? E quanto à estética da sala de aula de ciências — a disposição da sala de aula ou das atividades de aprendizagem conduz a um sentimento de maravilhamento ou gratidão, ou o enfoque recai apenas no domínio dos conceitos e na conquista de boas notas? O padrão das atividades de aprendizagem ajuda os alunos a se concentrarem nas necessidades de aprendizagem dos outros além de si mesmos, ou a refletirem sobre como seu próprio aprendizado pode levar ao serviço, ou a considerar como se comunicar de forma afável e bondosa com os outros sobre o que estão aprendendo? Os alunos depositam muita ou pouca confiança na autoridade da ciência e dos cientistas? O projeto das atividades de aprendizagem ajuda os alunos a traçarem as conexões necessárias entre ciência, tecnologia e sociedade, e a formularem perguntas sobre justiça e bem-estar social? E assim seguimos. No final, ele se recostou na cadeira e comentou: "Sabe, nunca pensei nisso dessa maneira antes". Algumas facetas de nossa imaginação, como nosso modo de imaginar o que significa ser cristão, o que é a fé e qual a forma de darmos testemunho, além de outras, limitam as possibilidades que vemos diante de nós quando refletimos sobre a tarefa de ensinar.

O TSUNAMI

A imaginação compartilhada é alimentada por coisas simples e concretas, como a escolha de perguntas, palavras, títulos de capítulos ou imagens, e é por isso que temos de pensar na imaginação em íntima conexão com o engajamento e a prática. Tentei o seguinte exercício simples com muitos professores em vários países nos últimos anos. Experimente fazê-lo agora antes de continuar lendo. Dê uma olhada mais de perto na imagem de um livro didático reproduzida na Figura 1 e identifique a disciplina para a qual foi projetada a ensinar. Faça isso antes de continuar.

---

in the lab: how science enhances faith (Grand Rapids: Monarch, 2015); Elaine Howard Ecklund, *Science vs. religion: what scientists really think* (Oxford: Oxford University Press, 2010).

O TRABALHO DA IMAGINAÇÃO

7 O tsunami do Oceano Índico: 26 de dezembro de 2004.

Domínio público: Foto por David Rydevik, 2004.

O que é um tsunami? Um tsunami é uma onda oceânica gerada por um repentino deslocamento do fundo oceânico. Esse deslocamento pode ocorrer em decorrência de terremotos. Tsunami é a palavra japonesa para "onda de porto". O tsunami do Oceano Índico de 26 de dezembro de 2004 foi um desastre natural que causou uma aflição inimaginável.

Figura 1. Tsunami

Em geral, recebo respostas uniformes a essa pergunta, mesmo em diferentes ambientes, sistemas escolares e até mesmo continentes. As pessoas normalmente tendem a achar que essa página é de um livro de geografia, história ou ciências naturais. Quase ninguém (a menos que a pessoa já conheça de onde tirei essa imagem) arrisca o palpite de que a página vem de um livro de matemática do ensino médio.

A próxima pergunta que faço aos professores não é por que eles sugeriram história, geografia ou ciências naturais; as pistas que podem sugerir essas conexões são bastante óbvias. Em vez disso, pergunto como eles sabiam que não era um texto de matemática. As respostas, novamente, são bastante uniformes em muitos grupos de professores. Em geral, incluem o seguinte:

- Os professores costumam comentar que não há números na página. Isso é interessante, porque não é verdade. Os números são bastante proeminentes no título na parte superior da página. Por que esses números não contam? À medida que vamos falando disso, verifica-se que esse é o tipo errado de números. Eles formam uma data, algo dentro da história, e não uma quantidade abstrata a ser manipulada, e não são submetidos a nenhuma operação matemática.
- Os professores também costumam comentar que há seres humanos na imagem. Aparentemente, muitas pessoas não esperam ver representações de seres humanos em um livro de matemática. Assim como ocorre com os números, acredito que isso seja um exagero — já vi fotos de pessoas em livros didáticos de matemática. Eu me pergunto se a dissonância é gerada não apenas pela presença de seres humanos, mas também pela presença de seres humanos com os quais a imagem nos convida a ter empatia. As pessoas mostradas não estão ilustrando carreiras ou usando tecnologias que requerem habilidades matemáticas; elas são mostradas em um cenário natural e em meio a um evento assustador. Isso produz associações que a maioria não estabelece instintivamente com a matemática. A matemática é assumida como livre de afetos e não associada a circunstâncias históricas particulares ou ao chamado que nos é feito pelas necessidades dos outros. A imagem, portanto, é o tipo errado de fotografia.
- Os professores costumam comentar que o título do capítulo e a retórica no qual ele é enquadrado estão errados. Espera-se que os títulos dos capítulos nos livros didáticos de matemática nomeiem operações matemáticas, e não acontecimentos e datas. Abaixo da foto, "tsunami" não é o tipo certo de conceito para um livro de matemática. As frases iniciais não introduzem nenhum conceito matemático nem nos conduzem à tarefa de realizar operações matemáticas. (Devo confessar aqui que mostrei deliberadamente apenas uma parte do texto, com o objetivo de fazer esse exercício; mais sobre isso a seguir.)

Aparentemente, se somos ou não professores de matemática, e independentemente do tipo de escola em que ensinamos, temos uma concepção compartilhada bastante estável de como um livro de matemática deve ser. Todos nós já vimos livros de matemática em algum momento e podemos reconhecê-los. Eles devem usar recursos visuais com interesse humano mínimo, ter capítulos nomeados que remetem a operações matemáticas, apresentar números extraídos do contexto social e oferecer exemplos práticos de uma gama limitada de experiências humanas. É improvável que a maioria de nós já tenha refletido de forma consciente sobre como um livro de matemática deveria ser, embora, em geral, compartilhemos uma concepção parecida. Essa concepção faz parte do que Charles Taylor chama de nosso imaginário social.[9]

IMAGINÁRIO SOCIAL

Em muitos contextos educacionais cristãos protestantes, é comum falar sobre o papel das pressuposições de fundo usando a linguagem da cosmovisão. Falar de imaginário social está relacionado a isso, mas existem algumas diferenças. Em muitos contextos da educação cristã, "cosmovisão" funciona como um termo para falar sobre um nível bem amplo de crença, envolvendo especialmente crenças de um tipo básico, formador de filosofia. Por que estamos aqui? O mundo é inerentemente bom, completamente caído ou apenas matéria em movimento? Qual é a fonte da salvação ou do progresso? Para onde estamos indo e como as coisas vão terminar? Essas crenças básicas sobre o tipo de realidade à nossa volta fornecem uma orientação para o mundo. Uma cosmovisão cristã é, então, pensada como aquela que dá respostas cristãs a essas perguntas básicas: Deus criou o mundo e viu que era bom. A desobediência introduziu o pecado e agora nós habitamos uma realidade caída. A redenção de todas as coisas está focada na vida e na morte de Cristo, que retornará para completar o reino de Deus, de paz, amor e justiça.[10] Existem outras maneiras de usar o termo "cosmovisão" (e diversas maneiras de narrar a cosmovisão cristã), mas o termo normalmente se refere à questão de manter nossas crenças básicas e norteadoras sobre o mundo em ordem. Essas crenças podem certamente ser um componente do nosso imaginário social, mas observe que não é muito provável que uma pergunta como "Que tipo de fotografia deveria aparecer nas páginas de um livro de matemática?" surja em discussões sobre cosmovisão cristã. Observe também que não é uma questão que parece ter uma resposta bíblica. Ela faz parte de nossa cosmovisão apenas em um sentido muito mais amplo de "visão de mundo", um sentido que

---

[9] Charles Taylor, *Modern social imaginaries* (Durham: Duke University Press, 2004).
[10] Veja, p. ex., Albert M. Wolters, *Creation regained: biblical basics for a Reformational worldview*, 2. ed. (Grand Rapids: Eerdmans, 1985).

inclui a miríade de pressentimentos e hábitos que absorvemos de nosso contexto social. A maioria de nós não tem nenhuma crença consciente sobre o assunto, muito menos uma crença teologicamente influenciada, até sermos forçados a articular uma, momento em que descobrimos que, na verdade, já participamos inconscientemente de uma forma compartilhada de imaginar como é a educação matemática na época atual. Falar sobre isso da perspectiva da imaginação ajuda-nos a manter o assunto separado da crença confessional.

Taylor descreve o imaginário social da seguinte forma:

> Por imaginário social, quero dizer algo muito mais amplo e profundo do que os esquemas intelectuais que as pessoas podem considerar quando refletem sobre a realidade social de um modo desengajado. Estou pensando, antes, nas maneiras pelas quais as pessoas imaginam sua existência social, como se encaixam com os outros, como as coisas acontecem entre elas e seus semelhantes, as expectativas que normalmente são atendidas e as noções e imagens normativas mais profundas que fundamentam essas expectativas. [...] Meu foco está na forma como as pessoas comuns "imaginam" seu entorno social, e isso não é frequentemente expresso em termos teóricos, mas é carregado de imagens, histórias e lendas. [...] O imaginário social é aquele entendimento comum que possibilita práticas comuns e um senso de legitimidade amplamente compartilhado.[11]

O imaginário social não é uma teoria, uma teologia ou uma coleção de crenças articuladas, mas um senso não articulado de como as coisas devem funcionar. Está centrado na forma como imaginamos o mundo em decorrência de nossa participação nas histórias e práticas de determinado contexto social. Inclui, por exemplo, meu instinto britânico de que, se eu lhe oferecer uma xícara de chá no ambiente social certo, você deve aceitar (um instinto que fica muitas vezes frustrado no meio-oeste americano), ou o fato de que, quando me sento à beira-mar, não penso nas aves marinhas como um potencial alimento (isso também não é culturalmente universal). Essa imaginação básica nos permite navegar em nosso mundo — para julgar, digamos, se as ações de outra pessoa indicam que ela está tentando nos vender algo, provar um ponto de vista ou propor casamento. Isso nos ajuda a decidir (sem nunca pensarmos conscientemente nisso) se, quando estamos

---

[11] Taylor, *Modern social imaginaries*, p. 23.

numa fila de supermercado, devemos ficar de pé esperando pacientemente, cantar em voz alta ou correr em círculos. O imaginário social nos diz como devemos nos comportar na escola e que tipo de livro tirar da mochila na aula de matemática, e mais ou menos a forma como o livro será e o que nos pedirá para fazer quando o abrirmos. O imaginário social é um relato implícito de como as coisas funcionam, nascido das histórias, das imagens e das práticas de que participamos como membros de uma sociedade. Como Taylor assinala:

> A relação entre as práticas e a compreensão de fundo por trás delas não é, portanto, unilateral. Se o entendimento torna a prática possível, também é verdade que é a prática que, em grande parte, carrega o entendimento. A qualquer momento, podemos falar do "repertório" de ações coletivas à disposição de determinado grupo da sociedade.[12]

Nossas práticas (como os hábitos de consumo de chá dos meus pais) moldam e transmitem nosso imaginário social. Nosso imaginário social compartilhado torna possíveis nossas práticas e as mantém em movimento, pois nos oferece os roteiros implícitos a seguir. Nosso amplamente compartilhado senso do que devemos ver ou falar em uma aula de matemática não é, de alguma forma, reflexo direto da natureza inerente da educação matemática. Ele é extraído de nosso imaginário social, de nossas práticas compartilhadas e herdadas, bem como das histórias sobre quem somos que elas encarnam.

TSUNAMIS DE NOVO

Nada disso significa que os livros didáticos de matemática serão automaticamente melhores, ou mais cristãos, se incluírem imagens de tsunamis ou se as omitirem. Mas o que pode estar acontecendo se essa imagem *for* incluída? A resposta variará de acordo com o contexto e o propósito. Então, o que estava acontecendo no recurso matemático específico representado na Figura 1?[13]

Depois de introduzir o conceito "tsunami" e focar a atenção nos acontecimentos de 2004, o texto logo abaixo da foto continua da seguinte forma:

---

[12] Ibidem, p. 25.
[13] Esse material está disponível em: https://calvin.edu/centers-institutes/kuyers-institute/files/lesson7.pdf, acesso em: 22 fev. 2017.

A matemática das escalas logarítmicas nos ajudará a entender como os terremotos são medidos. Ao representar graficamente funções trigonométricas, estudaremos os parâmetros que definem as ondas; e o estudo das funções quadráticas nos permitirá entender como os suprimentos podem ser entregues a pessoas que se encontram isoladas.

Isso começa a soar mais como um livro de matemática, embora com uma escolha um tanto incomum de exemplos. À medida que a unidade de ensino vai avançando, o material nos mostra como as funções trigonométricas nos permitem modelar a forma e o movimento de uma onda. Isso nos leva a considerar como uma escala logarítmica da magnitude de um terremoto é usada para aferir a energia liberada em um grande acontecimento desse tipo, como o que desencadeou o tsunami de 2004, e como outra escala logarítmica pode ser usada para medir o som produzido. Levanta-se a questão de como essas operações matemáticas nos permitem lidar com sistemas de alerta antecipado que predizem a chegada de um tsunami após um terremoto. Há um espaço para reflexão sobre por que tais sistemas não evitaram desastres no Oceano Índico em 2004, e sobre questões de justiça (as nações em desenvolvimento estão menos protegidas do que as nações desenvolvidas?) e de serviço (como o trabalho da matemática poderia ajudar no aumento da segurança?). A atenção, então, se volta para os desafios práticos das operações de ajuda humanitária que se seguiram ao tsunami. Quais cálculos matemáticos estão envolvidos em atirar caixotes de comida e cobertores para pessoas espalhadas por um litoral irregular? O material trabalha com funções quadráticas e cálculos de aceleração e velocidade de impacto de objetos em queda. Intercaladas entre essas tarefas, estão várias menções explícitas de que se trata de um material de ensino cristão. Ao lado da prática matemática, os alunos são convidados a refletir sobre uma resposta cristã ao sofrimento, aos desastres naturais e à desigualdade global.

Meu objetivo aqui não é endossar o exposto como um modelo único de ensino de matemática. Quando o debati com professores, eles encontraram coisas que os intrigaram e também coisas que gostariam de melhorar, omitir ou fazer diferente. Tampouco quero sugerir que os módulos de matemática devam concentrar-se na necessidade, no serviço ou no sofrimento para que sejam cristãos. O recurso didático do qual essa unidade é extraída emprega várias outras abordagens, nem todas focadas em maneiras de aplicar a matemática a necessidades extramatemáticas.[14] Estou simplesmente ilustrando como até mesmo algo aparentemente corriqueiro e distante do debate ideológico, como um módulo de ensino de matemática no ensino médio, é sustentado e, por sua vez, ajuda a sustentar maneiras específicas de imaginar o mundo. Ver de maneira nova pode nos levar a projetar esse módulo de uma forma diferente.

O fato de a maioria dos textos de matemática não abordar o sofrimento, o auxílio, o serviço ou as questões de fé conduz à tentação de pensar nesses temas como tendo sido adicionados à maneira natural de ensinar matemática, introduzindo um componente ideológico onde antes não existia. No entanto, a maneira aparentemente natural é aquela à qual estamos acostumados, aquela sustentada por nosso imaginário social, e não como a educação matemática inevitavelmente tinha de ser.[15] Em um módulo de ensino de matemática não existem pausas para refletir sobre como a matemática pode ser conectada com o mundo mais amplo ou com o mapa variado das preocupações humanas. Em outro módulo, a conexão com o resto da vida é feita, mas principalmente em relação às atividades econômicas e de consumo. Em um terceiro, os alunos são convidados a fazer conexões com serviço e compaixão. Uma quarta unidade enfatiza a beleza da ordem matemática independentemente da utilidade. Essas quatro unidades podem, em tese, ser igualmente eficazes em fornecer boas oportunidades para o domínio das operações matemáticas. Ao mesmo tempo, todas as quatro contam histórias sobre o que é ser um aprendiz e eventual usuário da matemática e, mais amplamente, sobre o que significa ser educado e participar plenamente da comunidade para a qual se está sendo educado. Cada uma das quatro oferece um mundo imaginado, um lar pedagógico "historificado", extraído do imaginário social da sociedade mais ampla ou de um subgrupo dentro da sociedade. Não há apenas uma maneira de contar essas histórias que seja cristã. Uma abordagem cristã ponderada da pedagogia incluirá a reflexão intencional sobre os mundos imaginados e as formas de viver neles que são projetadas por nossos materiais e por nossas práticas.

---

[14] Veja https://calvin.edu/centers-institutes/kuyers-institute/education-resources/kuyers-math-curriculum/, acesso em: 22 fev. 2017.
[15] É altamente instrutivo a esse respeito examinar exemplos de livros didáticos de diferentes matérias de diferentes épocas. Quando dou aulas de pós-graduação em teoria do currículo, peço aos alunos que examinem o sumário de quatro livros didáticos para aprender uma segunda língua publicados em intervalos de aproximadamente cem anos, a partir de meados do século 17. O mais antigo inclui capítulos sobre criação de animais, alma, filosofia moral, estratégia de luta em cerco e o dia do juízo (entre muitos outros tópicos). O mais recente se concentra em temas como "bens e prazeres" e "dinheiro e trabalho". O que é considerado conteúdo "normal" para um livro didático varia de acordo com o imaginário social.

PÃO, JARDINS E LARES

Nosso imaginário social compartilhado alimenta-nos com um senso em grande parte não questionado do que é normal, de como as coisas devem ser. O cultivo de uma imaginação cristã, enraizada tanto na Escritura como na comunhão dos santos, que se estende para além dos limites do nosso próprio contexto social e histórico, pode ajudar-nos a ver de um modo novo nossas tarefas e contextos. Ao longo da história cristã, houve pensadores que permitiram que sua visão da pedagogia fosse enquadrada e moldada pelo imaginário da Escritura e pelas práticas da igreja, o que pode nos ajudar a imaginar de forma diferente. Descreverei aqui apenas um exemplo, embora haja outros a serem explorados.[16]

Bernardo de Claraval, abade e reformador da Ordem Cisterciense do século 12, foi autor de uma maratona de sermões sobre o Cântico dos Cânticos. No sermão de abertura, ele aponta para um par de contrastes paulinos para enquadrar sua abordagem ao ensino do livro bíblico de Cântico dos Cânticos. Ele ensinará, somos informados, "não da forma como a filosofia é ensinada, mas da forma como o Espírito nos ensina".[17] Ele não vai oferecer leite para beber, mas o alimento sólido apropriado aos espiritualmente maduros. Isso introduz uma imagem recorrente segundo a qual o ensino se torna um ato de partir o pão em uma irmandade de aprendizes. Quando ele brinca com essa imagética, várias facetas começam a se desdobrar. O pão é delicioso e nutritivo, e ele afirma que o que tem a ensinar será genuinamente nutritivo para aqueles que o receberem. O pão é partilhado em comunhão, e o banquete falha se alguns se empanturram enquanto outros saem com fome; os alunos têm uma responsabilidade uns para com os outros. Essa responsabilidade ultrapassa os limites da sala de aula. Os visitantes da comunidade, viajantes em busca de pão, devem ser bem-vindos e acolhidos. Todos aqueles que estão aprendendo devem poder confiar que o ensino vem "do armário de um amigo", que o professor está comprometido com seu bem.[18] O caráter de Cristo deve tornar-se evidente no ensino e na aprendizagem: "É o Senhor que se deve ver no partir do pão".[19] O pão partido aponta para alguém maior

---

[16] Exemplos voltados às metáforas centrais de jardins, edifícios e peregrinações são explorados de vários ângulos em Smith et al., *Teaching and Christian imagination*.
[17] Bernard of Clairvaux [Bernardo de Claraval], *On the Song of Songs* 1, trad. para o inglês Kilian Walsh (Spencer: Cistercian Publications, 1971), p. 1 [edição em português: *Sermões sobre o Cântico dos Cânticos de São Bernardo de Claraval* (Rio de Janeiro: Permanência, 2020)]. Cf. 1Coríntios 2:13.
[18] Ibidem, p. 2-3.
[19] Ibidem, p. 3.

do que o sacerdote que o parte, e Bernardo posiciona-se humildemente como "aquele de quem nada se busca [...] um dos que buscam", mesmo quando oferece as próprias mãos como meio de ministrar aos outros.[20] As migalhas na alimentação dos cinco mil foram recolhidas em cestos, as migalhas de pão na missa eram preciosas demais para que as deixassem cair, e o professor exorta os alunos a estarem atentos a todos os detalhes, pois "nem sequer um iota pode ser omitido, uma vez que nos é ordenado que recolhamos os menores fragmentos, para que não se percam".[21] Essa mistura de teologia, imagética e pedagogia é nutrida por um enfoque monástico no envolvimento dos afetos, da vontade e do espírito; a pedagogia de Bernardo não tem em vista uma compreensão distanciada, mas "procura o discernimento: a informação do coração, a resposta voluntária no sentimento e na ação".[22] Para ele, as imagens bem manejadas envolvem os sentidos, despertam o amor e nos movem para uma ação sábia, orientada ao florescimento do eu e do próximo.

Em meio à riqueza das outras imagens empregadas nos sermões de Bernardo, essa imagem de ensinar como partir o pão em comunhão hospitaleira ajuda a forjar e transmitir a noção do que é ensinar e aprender.[23] Imaginar o ato de ensinar como partir o pão nos convida a fazer perguntas sobre nosso ensino que se concentram em saber se ele oferece nutrição genuína, se todos estão genuinamente incluídos, se há alguma fragrância ou delícia no que é preparado para os alunos, se governamos ou servimos, o grau em que somos cuidadosos com os detalhes e a natureza de nossa comunidade de aprendizagem. Depois de passar um tempo com seus textos, às vezes me pego entrando na sala de aula e me perguntando: "O que preparei para hoje é realmente pão? Isso *realmente* ajudará meus alunos?". Outras vezes me pergunto: "Quem corre o risco de passar fome nesta aula? Como posso mudar isso?". A imagem não nos diz exatamente o que fazer, mas oferece uma moldura para nossa imaginação pedagógica que pode ampliar os limites de nosso imaginário social.

Nos últimos anos, vários estudiosos cristãos exploraram uma versão mais ampla do quadro de Bernardo de partir o pão: e se pensássemos no ensino

---

[20] Ibidem, p. 3.
[21] Ibidem, p. 4.
[22] D. Robertson, "The experience of reading: Bernard of Clairvaux: sermons on the Song of Songs, I", *Religion and Literature* 19, n. 1 (1987), p. 1-20, 3. Veja tb. Jean Leclercq, *The love of learning and the desire for God: a study of monastic culture* (New York: Fordham University Press, 1982).
[23] Abordo isso com mais detalhes em David I. Smith, "Teaching is breaking bread: biblical metaphor, educational vision, and Bernard's evocation of learning", *Journal of Christian Education* 55, n. 1 (2012/2013), p. 29-36.

como um ato de hospitalidade e na sala de aula como um espaço hospitaleiro? Como isso pode influenciar nossa abordagem para aprender os nomes de nossos alunos? Existe um lugar para o compartilhamento literal de refeições como parte da construção de uma comunidade de aprendizes? Como essa imagem da sala de aula pode oferecer recursos para enfrentar alunos difíceis e comportamentos insensíveis? Como isso pode enquadrar a relação com o conhecimento que modelamos e a quantidade de tempo que dedicamos às vozes e contribuições dos alunos? Que tipos de aprendizado podem ajudar os alunos a se tornarem mais hospitaleiros?[24] Assim como no partir do pão, a imagem da hospitalidade pode ter fundamento na Escritura (como vimos no capítulo 5), contribuindo para moldar nossa criatividade educacional. Parte da pedagogia cristã consiste em promover uma imaginação cristã que seja suficientemente rica para sugerir maneiras de ver as práticas de ensino e aprendizagem de uma nova maneira, revisando-as sob uma nova ótica e sondando como podem encaixar-se de forma mais fiel e frutífera. Precisamos estar engajados em ouvir e repetir as palavras e imagens da Escritura, participando dos ritmos consagrados da comunidade cristã, ouvindo as histórias uns dos outros (incluindo as histórias dos alunos) de quando a graça tocou nossas salas de aula, ouvindo de praticantes do passado que, ao longo da história cristã, refletiram teologicamente sobre a prática pedagógica.

Nutrir a imaginação cristã não justifica a pedagogia resultante — os cristãos podem imaginar de uma forma desajustada, e é bem possível imaginar bem e ensinar mal. Também não é uma solução descobrir quais são os efeitos do nosso ensino pela observação empírica. Mas a imaginação cristã oferece meios de direcionar nossa atenção. Ela pode sugerir que tipos de coisas podemos tentar investigar empiricamente e a pessoa que queremos ser quando ensinamos. Isso, então, deve ser trabalhado no planejamento específico de

---

[24] Veja, p. ex., David W. Anderson, "Hospitable classrooms: biblical hospitality and inclusive education", *Journal of Education and Christian Belief* 15, n. 1 (2011), p. 13-27; Rebecca Burwell; Mackenzi Huyser, "Practicing hospitality in the classroom", *Journal of Education and Christian Belief* 17, n. 1 (2013), p. 9-24; Carolyne Call, "The rough trail to authentic pedagogy: incorporating hospitality, fellowship, and testimony into the classroom", in: David I. Smith e James K. A. Smith, orgs., *Teaching and Christian practices: reshaping faith and learning* (Grand Rapids: Eerdmans, 2011), p. 60-79; Carolyn M. Jones, "Hospes: the Wabash Center as a site of transformative hospitality", *Teaching Teology and Religion* 10, n. 3 (2007), p. 150-5; Elizabeth Newman, "Hospitality and Christian higher education", *Christian Scholar's Review* 33, n. 1 (2003), p. 75-94; David I. Smith; Barbara Carvill, *The gift of the stranger: faith, hospitality, and foreign language learning* (Grand Rapids: Eerdmans, 2000); Jake Stratman, "Toward a pedagogy of hospitality: empathy, literature, and community engagement", *Journal of Education and Christian Belief*, 17, n. 1 (2013), p. 25-59; Julie A. P. Walton; Matthew Walters, "Eat this class: breaking bread in the undergraduate classroom", in: David I. Smith e James K. A. Smith, orgs., *Teaching and Christian practices: reshaping faith and learning* (Grand Rapids: Eerdmans, 2011), p. 80-101.

nossas práticas. Assim, passamos do papel da imaginação para os tipos de envolvimento uns com os outros e com o material resultante a ser aprendido.

Para reflexão e debate

- Pense nos dois professores de ciências descritos na primeira seção deste capítulo. Se você tivesse cinco minutos para expor o que os alunos estão aprendendo em sua aula, o que enfatizaria? Por quê?
- Como você acha que os alunos imaginam o propósito e o processo de aprendizagem em sua matéria quando estudam? De que formas você gostaria que isso mudasse?
- De que maneira ensinar e aprender em sala de aula é como partir o pão? De que forma sua própria abordagem ao ensino é como partir o pão?
- Quais metáforas vêm à sua mente para apresentar sua abordagem de ensino? De alguma forma, essas metáforas se conectam com a imaginação cristã?
- Quais estratégias você poderia usar para construir uma imaginação compartilhada em seus cursos em relação aos objetivos de aprendizagem e às normas de interação?

Anotações

Encontre uma hora e um lugar em que você possa refletir sem pressa. Considere uma unidade ou um tópico específico que você ensina. Com quais facetas do mundo mais amplo ou da experiência humana isso por estar conectado? Que potenciais conexões deixam de ser exploradas nas formas mais comuns de abordar o tópico? Por que esse tópico é importante? Como começar pela concepção cristã poderia lançar uma nova luz sobre o assunto?

CAPÍTULO 8

Vida em comunhão

A segunda faceta da estrutura *What if learning* refere-se a "escolher o engajamento". Esta parte concentra-se no que os alunos fazem quando se envolvem no processo de aprendizagem. Isso, em parte, é uma questão de escolha do aluno. Com determinação suficiente, um aluno pode caminhar como um sonâmbulo pela sequência mais criativa de atividades de aprendizado ou transformar a mais monótona delas em uma experiência de aprendizado ativa e frutífera. No entanto, qualquer projeto de ensino carrega um conjunto implícito de expectativas sobre quem são os alunos e como participarão (ou não participarão) do aprendizado. Quando planejamos o ensino, estamos compondo um roteiro implícito de como os alunos serão envolvidos no aprendizado. O foco em "escolher o engajamento" convida à reflexão sobre o tipo de participação que desejamos ter.

Neste capítulo, vamos nos concentrar mais na tarefa de ler como um exemplo de engajamento. Uma das formas mais comuns de engajamento dos alunos solicitadas nas escolas é ler alguma coisa. Antes de prosseguir na leitura, faça uma pausa para responder à seguinte pergunta: quantos anos você tinha quando aprendeu a ler?

•••

A maioria de nós associa perguntas sobre o momento em que aprendemos a ler com a conquista de um domínio básico de decodificação. Nosso modo de falar a esse respeito faz parecer que se trata de uma conquista única, singular, ocorrida na primeira infância, como, por exemplo, aprender a abrir um pote. Aparentemente, produz um momento de desorientação para algumas pessoas quando pergunto nas oficinas se alguém ainda está aprendendo a ler.

Isso é curioso. Afinal, as universidades partem, em geral, do pressuposto de que escrever é algo que seus alunos, apesar de todos os anos de escolaridade, ainda precisam dominar. Mas, após certo estágio da escolarização, tendemos a atribuir várias tarefas de leitura aos alunos sem oferecer muita orientação explícita sobre como ler.

Há muito tempo, os pensadores cristãos exploram a relação entre virtudes como humildade, caridade, paciência e justiça e o ato de ler, e se perguntam de que forma a leitura pode promover e dar concretude a essas virtudes. Algumas distinções foram traçadas entre tipos de leitura em que tratamos os textos como objetos descartáveis dos quais podemos extrair recursos com eficiência e seguir em frente, e outros em que nos submetemos pacientemente ao texto em busca de sabedoria e transformação pessoal. Os leitores cristãos têm refletido não apenas sobre o que devemos (ou não) ler, mas também sobre *como* devemos ler, e o que nossa maneira de interagir com os textos revela sobre quem somos e quem queremos nos tornar.[1]

Decidi dar uma abordagem a este capítulo por meio de um exemplo extenso, que tem a duração de um curso inteiro.[2] Isso permitirá uma exploração do projeto do curso e de como o engajamento se desenvolve ao longo do tempo. O curso em questão era sobre Dietrich Bonhoeffer, o famoso teólogo luterano alemão, pastor e mártir.

Escolher o conteúdo para esse curso foi bastante fácil — desde o início, eu sabia quais textos queria ensinar. O que se mostrou muito mais intrigante foi a abordagem a ser dada a eles, especialmente porque eu queria enfatizar o próprio envolvimento de Bonhoeffer com as práticas cristãs como uma parte básica do aprendizado cristão em seu livro *Vida em comunhão*. De que forma eu deveria pedir aos alunos que lessem um livro como esse?

PANO DE FUNDO SOBRE BONHOEFFER

Primeiro, deixe-me traçar um pouco do contexto. Bonhoeffer tem sido amplamente estudado com um enfoque em sua vida, teologia, ética e

---

[1] Veja, p. ex., Alan Jacobs, *A theology of reading: the hermeneutics of love* (Boulder: Westview Press, 2001); C. S. Lewis, *An experiment in criticism* (Cambridge University Press, 1961); Paul Griffiths, *Religious reading: the place of reading in the practice of religion* (New York: Oxford University Press, 1999); Eugene H. Peterson, *Eat this book: a conversation in the art of spiritual reading* (Grand Rapids: Eerdmans, 2006).

[2] O material deste capítulo foi adaptado e reutilizado com a permissão de David I. Smith, "Teaching Bonhoeffer: pedagogy and peripheral practices", *International Journal of Christianity and Education* 21, n. 2 (2017), p. 146-59.

princípios e ações políticas, mas menos como educador, embora uma de suas atividades marcantes tenha sido moldar uma instituição educacional diferente.[3] Em 1935, ele se tornou o diretor de um pequeno seminário em Finkenwalde, na atual Polônia. O seminário pertencia à Igreja Confessante, uma corrente protestante alemã minoritária que resistiu aos esforços do governo para alinhar as igrejas com seu programa de coordenação de todas as instituições sociais com a ideologia nazista. Bonhoeffer havia comentado, alguns anos antes, em uma carta enviada a Erwin Sutz, que não acreditava mais na universidade, uma observação aparentemente dirigida ao seu potencial para uma educação teológica adequada.[4] Ele havia passado por experiências desanimadoras como professor na Universidade de Berlim, onde organizava cultos de oração e grupos de discussão que não manifestavam interesse algum e travaram uma batalha ininterrupta contra estudantes que removiam os anúncios de seus eventos do quadro.[5] Para o treinamento adequado de pastores, ele via a necessidade de contar com "escolas monásticas de igrejas",[6] e dada a oportunidade de se encarregar do ambiente de aprendizado de um pequeno grupo de futuros pastores da Igreja Confessante, Bonhoeffer deliberadamente ampliou os limites do que seus alunos podiam ver como práticas normais de aprendizado.

A preparação de Bonhoeffer incluía passar um tempo visitando mosteiros e seminários anglicanos para examinar seus modos de vida em comunidade,

---

[3] Recentemente, tem-se dado atenção à abordagem de Bonhoeffer ao ministério com jovens, p. ex., Andrew Root, *Bonhoeffer as youth worker: a theological vision for discipleship and life together* (Grand Rapids: Baker Academic, 2014); e à sua relação com a tradição dos mosteiros como instituições de formação, p. ex., Greg Peters, *Reforming the monastery: Protestant theologies of the religious life* (Eugene: Cascade, 2014), e James Lawson, "Theological formation in the church of 'the last men and women'", *Ecclesiology* 9 (2013), p. 335-46. Também se observam esforços esporádicos para relacionar Bonhoeffer ao ensino superior cristão: Dan Caldwell, "Bonhoeffer's *Life together* and the Christian university", *Faculty Dialog* 17 (1992), p. 27-38, Keith L. Johnson, "Bonhoeffer and the end of the Christian academy", in: Keith L. Johnson; Timothy Larson, orgs., *Bonhoeffer, Christ and culture* (Downers Grove: IVP Academic, 2013), p. 153-74, e Kevin D. Miller, "Reframing the faith-learning relationship: Bonhoeffer and an incarnational alternative to the integration model", *Christian Scholar's Review* 43, n. 2 (2014), p. 131-8. Houve esforço semelhante para relacionar Bonhoeffer ao ensino fundamental: Neil Holm, "Classroom formation & spiritual awareness pedagogy based on Bonhoeffer's *Life together*", *Journal of Education & Christian Belief*, 12, n. 2 (2008), p. 159-75. Há também alguma atenção à educação congregacional e ao cuidado pastoral: Lisa E. Dahill, "Readings from the underside of selfhood: Dietrich Bonhoeffer and spiritual formation", *Spiritus: a Journal of Christian Spirituality* 1, n.2 (2001), p. 186-203; Nigel W. Oakley, "A summary grammar for Christian prepolitical education", *Journal of Education and Christian Belief* 7, n. 2 (2003), p. 143-55. A talvez compreensível tendência (o ensaio de Neil Holm é uma exceção notável) tem sido focar na extração de princípios relevantes para a educação a partir da teologia de Bonhoeffer, em vez de explorar as implicações pedagógicas de suas práticas.

[4] Dietrich Bonhoeffer, *London, 1933-1935*, trad. para o inglês Isabel Best; David Higgins, Dietrich Bonhoeffer Works (Minneapolis: Fortress Press, 2007), vol. 13, p. 217.

[5] Dietrich Bonhoeffer, *Berlin: 1922-1933*, trad. para o inglês de Isabel Best, Dietrich Bonhoeffer Works (Minneapolis: Fortress Press, 2009).

[6] Bonhoeffer, *London, 1933-1935*, vol. 12, p. 217.

consultas com teóricos da liturgia e interação com as comunidades Bruderhof, fundadas por Eberhard Arnold.[7] Ele chegou a Finkenwalde com tais modelos de prática comunitária intencional em mente, visando ao que ele se referiu, em uma carta enviada ao seu irmão mais velho, como "uma espécie de novo monasticismo que tem em comum com o antigo apenas a atitude inalterável de uma vida vivida de acordo com o Sermão do Monte ao seguir a Cristo".[8] Ao afirmar a salvação pela graça por meio da fé, ele também enfatizava que a graça era cara e deveria tornar-se visível na obediência do discipulado, com tal obediência, por sua vez, tornando-se o caminho pelo qual Deus realiza nossa formação.[9] Disciplinas pessoais e comunitárias não eram técnicas para alcançar justiça, mas formas de obediência dentro das quais podemos ser "atraídos à forma de Jesus Cristo" na comunidade que é o corpo de Cristo.[10] A insistência de Bonhoeffer de que "a justiça de Cristo não deve apenas ser ensinada, mas também praticada", moldou tanto a teologia articulada a partir de Finkenwalde como as formas de aprendizado ali praticadas.[11] Isso levou a maneiras de engajar os alunos que iam além da comunicação de boas informações teológicas.

Havia palestras diárias em sala de aula sobre os tópicos previstos, mas Bonhoeffer também estabeleceu longas devoções comunitárias pela manhã e à noite, além de momentos reservados para oração e meditação individual e outras interações comunitárias, como, por exemplo, ler em voz alta durante a refeição do meio-dia.[12] Ele exigia que cada aluno fizesse uma longa caminhada pelo menos uma vez na companhia de outro aluno durante cada sessão de aulas, com o fim de promover relacionamentos mais fortes.[13] Havia jogos sociais e caminhadas comunitárias. Bonhoeffer instituiu uma regra (emprestada das comunidades Bruderhof) que preconizava que ninguém deveria falar sobre outro membro do grupo na ausência deste, e que qualquer pessoa que se desse conta de haver agido assim deveria contar ao outro o que fora

---

[7] Ibidem, p. 158-60; Gabriel Hebert, *Liturgy and society* (London: Faber and Faber, 1935); Julius Rieger, *Bonhoeffer in England* (Berlin: Lettner, 1966).
[8] Bonhoeffer, *London, 1933-1935*, p. 285.
[9] Dietrich Bonhoeffer, *Discipleship*, trad. para o inglês Barbara Green e Reinhard Krauss Dietrich Bonhoeffer Works (Minneapolis: Fortress Press, 2001), vol. 4 [edição em português: *Discipulado*, trad. Clélia Barqueto; Murilo Jardelino (São Paulo: Mundo Cristão, 2016)]; Joseph McGarry, "Formed while following: Dietrich Bonhoeffer's asymmetrical view of agency in Christian formation", *Theology Today* 71, n. 1 (2014), p. 106-20.
[10] Dietrich Bonhoeffer, *Ethics*, trad. para o inglês de Reinhard Krauss; Charles C. West; Douglas W. Stott, Dietrich Bonhoeffer Works (Minneapolis: Fortress Press, 2005), vol. 6, p. 93 [edição em português: *Ética*, trad. Eberhard Bethge (São Leopoldo: Sinodal, 2009)].
[11] Dietrich Bonhoeffer, *Discipleship*, p. 120.
[12] Peters, *Reforming the monastery*, p. 115.
[13] Bonhoeffer, *Theological education*, p. 26.

dito.¹⁴ Eberhard Bethge, amigo de Bonhoeffer, biógrafo e, na época, aluno, comentou mais tarde que os alunos "haviam aprendido quase tanto com seus fracassos em observar essa simples regra e com sua renovada resolução de mantê-la quanto com os sermões e as exegeses".¹⁵

O aprendizado em Finkenwalde veio não apenas das palestras, mas também de práticas intencionais destinadas a abrir espaço para o autoexame e a reconciliação comunal. Houve algumas queixas tanto de dentro como de fora do seminário, mas, para Bonhoeffer, essas práticas eram uma parte essencial do que deveria ser aprendido.¹⁶ As reflexões sobre o discipulado que preocupavam a imaginação de Bonhoeffer durante todos esses anos encontraram expressão em projetos voltados a formas particulares de engajamento dos alunos.

Bonhoeffer liderou o seminário por dois anos, até que, em agosto de 1937, Himmler declarou ilegal a educação dos pastores da Igreja Confessante. Um mês depois, as autoridades fecharam a instalação, prendendo 27 pastores e estudantes. Após, Bonhoeffer continuou com seu seminário, ensinando clandestinamente em vários locais por vários anos. Seu famoso livro, *Discipulado*, surgiu de seu tempo em Finkenwalde, assim como o volume mais breve *Vida em comunhão*, escrito em quatro semanas, no final de 1938, e publicado em 1939.¹⁷

ENSINANDO *VIDA EM COMUNHÃO*

Vida em comunhão descreve e fundamenta teologicamente muitas das práticas cotidianas do seminário. Decidi ensinar esse texto em uma disciplina eletiva de tópicos especiais de uma hora de crédito no programa de graduação em alemão da minha faculdade. Sob o aspecto linguístico, o livro é razoavelmente acessível para estudantes de alemão, não muito longo, e oferece um encontro com relevantes escritos teológicos alemães de um período duradouro e interessante da história alemã. O curso ofereceria prática de leitura acadêmica em alemão, construiria

---

[14] Bonhoeffer, *London, 1933-1935*, p. 166, n. 5.
[15] Ferdinand Schlingensiepen, *Dietrich Bonhoeffer 1906-1945: martyr, thinker, man of resistance* (London: T&T Clark, 2010), p. 181.
[16] Jennifer M. McBride, "Christ existing as concrete community today", *Theology Today* 71, n. 1 (2014): p. 92-105. Karl Barth ficou incomodado com o "cheiro [...] de *eros* e *pathos* monásticos" no projeto de Bonhoeffer. Dietrich Bonhoeffer, *Theological education at Finkenwalde: 1935-1937*, trad. para o inglês Douglas W. Stott, Dietrich Bonhoeffer Works (Minneapolis: Fortress Press, 2013), vol. 14, p. 268.
[17] Dietrich Bonhoeffer, *Discipleship* [edição em português: *Discipulado*, trad. de Clélia Barqueto; Murilo Jardelino (São Paulo: Mundo Cristão, 2016); idem, *Life together and prayerbook of the Bible*, trad. para o inglês de James H. Burtness; Daniel W. Bloesch, Dietrich Bonhoeffer Works (Minneapolis: Fortress Press, 1996), vol. 5 [edição em português: *Vida em comunhão*, trad. de Vilson Scholz (São Paulo: Mundo Cristão, 2022)].

vocabulário e compreensão histórica, e nos permitiria explorar mais profundamente questões de prática e formação cristã e a natureza de nossa vida em conjunto como aprendizes cristãos. Então, como devemos ler *Vida em comunhão*?

Enquanto eu me preparava, busquei outros exemplos de pessoas que haviam trabalhado com o livro. Em um ensaio sobre Finkenwalde, Jim Belcher relata que leu *Vida em comunhão* pela primeira vez quando foi enviado para ensinar inglês na China pela organização em que trabalhava.[18] A intenção era ajudar os professores a construírem uma comunidade. Quando, mais tarde, Belcher quis ensinar os temas de *Vida em comunhão* em um ambiente de igreja, aparentemente o associou aos modos mais familiares de engajamento na igreja, concentrando-se na pregação das ideias do livro de Bonhoeffer enquanto sua congregação ouvia. Ele escreve:

> Como plantador de igrejas e pastor que por anos lutou para facilitar a ideia de comunidade na igreja, tentei, repetidas vezes, inspirar a visão para uma vida em comunidade pela grande narrativa do evangelho. Este foi um primeiro passo fundamental. Mas muitas vezes caiu em ouvidos moucos. O que eu não entendia era que isso precisava ser reforçado com um novo ritual, uma contraliturgia que abrangesse toda a comunidade.[19]

Belcher confessa que, apesar da longa reflexão sobre o livro de Bonhoeffer, não ficou claro para ele que as práticas ali descritas eram em si mesmas o modo de engajamento dentro do qual o livro oferecia suas lições. Ele buscou a transformação de sua congregação por meio de exortação, mas não da instituição de novas práticas. "Foi um insight que eu perdi", escreve ele, "embora eu tenha lido *Vida em comunhão* dezenas de vezes".[20] As ideias de *Vida em comunhão* foram adaptadas para um conjunto de práticas educacionais, e essas formas de engajamento restringiram o conteúdo do aprendizado.

Um segundo exemplo é encontrado no livro *Reading Bonhoeffer: a guide to his spiritual classics and selected writings on peace*, de Geffrey Kelly, destinado a ser um guia de acompanhamento para o estudo de Bonhoeffer em contextos paroquiais e em salas de aula de seminários e universidades.[21]

---

[18] Jim Belcher, "The secret of Finkenwalde", in: Johnson; Larson, orgs., *Bonhoeffer, Christ and culture*, p. 191-210.
[19] Ibidem, p. 201.
[20] Ibidem, p. 201.
[21] Geffrey B. Kelly, *Reading Bonhoeffer: a guide to his spiritual classics and selected writings on peace* (Eugene: Cascade Books, 2009), p. xxv.

No prefácio, Kelly diz que o livro se desenvolveu a partir de suas próprias interações com alunos enquanto ele ensinava as obras de Bonhoeffer na universidade.[22] A seção sobre *Vida em comunhão* nos fornece um texto introdutório bastante útil à obra e daí se seguem seis questões discursivas que destacam por que Bonhoeffer afirmou certas coisas, o que ele quis dizer com tais afirmações e como elas permanecem relevantes. As formas de engajamento oferecidas limitam-se a leitura, resumo e discussão. Mais uma vez, *Vida em comunhão* é adaptado para um conjunto de práticas existentes, dessa vez aquelas bem características de muitas salas de aula universitárias.

Não é necessariamente evidente que há um problema aqui. Não é necessário ensinar um livro de um modo que reflita suas próprias prioridades; um texto violento, por exemplo, não precisa ser ensinado com violência. Tampouco há algo de errado em submeter textos sobre práticas à reflexão e à discussão crítica, ou à exortação do púlpito. No entanto, parece razoável perguntar se as lições que Bonhoeffer procurou destilar em *Vida em comunhão* podem ser aprendidas sem algum envolvimento com as práticas das quais surgiram. O livro de Bonhoeffer é mais sobre praticar a fé do que sobre analisá-la.[23] Então, como devemos ler *Vida em comunhão*?

PRÁTICAS NA PERIFERIA

Aqui surgem alguns desafios. A visão apresentada em *Vida em comunhão* não parece muito adequada a um curso universitário de um crédito (ou seja, uma hora por semana), ministrado em um semestre. Eu não estava ensinando em um seminário, não estava treinando pastores e não estava morando com meus alunos no interior. Bonhoeffer dava aulas em uma pequena instalação residencial em que os alunos viviam em estreita comunhão; eu lecionava em uma faculdade de artes liberais com cerca de quatro mil alunos que moravam em vários locais dentro e fora do *campus*. Os alunos de Bonhoeffer tinham 45 minutos de devocional pela manhã, 30 minutos de meditação individual após o café da manhã, um dia juntos em várias atividades acadêmicas e não acadêmicas e 45 minutos de liturgia compartilhada à noite. Os horários dos meus alunos se cruzavam apenas por uma única hora nas tardes de segunda-feira,

---

[22] Kelly, *Reading Bonhoeffer*, p. xxviii.
[23] Stanley Hauerwas, *Performing the faith: Bonhoeffer and the practice of non-violence* (Grand Rapids: Brazos Press, 2004).

o momento em que essa turma se reunia. Sugerir quatorze horas semanais de devocional como lição de casa poderia ser recebido com algum protesto. Os alunos de Bonhoeffer eram pastores em treinamento e suficientemente comprometidos para frequentar uma instituição incerta em um período perigoso. Todos os meus alunos se identificavam como cristãos, estavam inscritos em um curso de alemão de uma hora por semana e vinham de vários cursos de graduação, tinham diferentes planos de carreira e pertenciam a variados contextos cristãos. A formação cristã era um objetivo central do programa de Bonhoeffer, e eu também estava interessado nisso, mas eu tinha um enfoque central em aumentar a capacidade de leitura de meus alunos em alemão e apresentá-los a um importante pensador alemão e à sua época. Bonhoeffer estava edificando a igreja; eu estava trabalhando na academia. Então, como deveríamos ler *Vida em comunhão*?

Nesse ponto, o trabalho de Jean Lave e Etienne Wenger sobre o aprendizado de aprendizes mostrou-se sugestivo.[24] Lave e Wenger cunharam o termo "participação periférica legítima" no contexto de descrever como os aprendizes de um ofício ou de uma profissão se movem na direção de um envolvimento pleno. Sem *participação*, o recém-chegado continua sendo alguém de fora, um observador (imagine um aprendiz de tecelão de tapetes que lê livros sobre tecelagem, mas nunca tece). No entanto, a participação plena está disponível apenas aos participantes de pleno direito (o iniciante não pode assumir imediatamente a tecelagem). Para progredir, o de fora precisa de uma participação que seja *periférica*, oferecendo passos parciais rumo ao engajamento total, e não o engajamento total em si. Isso é mais construtivo do que ser jogado na fogueira e esperar um bom desempenho (os aprendizes não recebem simplesmente as ferramentas e são deixados sozinhos para tecer tapetes). No entanto, a participação também precisa ser legítima; deve envolver atividades genuinamente orientadas aos objetivos da profissão, e não fazer um trabalho sem sentido que perpetue uma posição à margem (imagine um aprendiz a quem só se dá a chance de varrer o chão). Nesse espaço de participação legítima e periférica, o engajamento ativo e a reflexão crítica têm seu lugar.

O paralelo com o curso que eu estava projetando não era perfeito; meus alunos não estavam treinando para a associação de aprendizes de Bonhoeffer. Na verdade, um pouco de cautela se justifica. Por exemplo, é bem possível que um

---

[24] Jean Lave e Etienne Wenger, *Situated learning: legitimate peripheral participation* (Cambridge: Cambridge University Press, 1991).

estudante esteja perifericamente engajado nas práticas devocionais ou comunitárias de Bonhoeffer e ainda totalmente engajado na obra formativa de Deus no corpo de Cristo a que essas práticas estão conectadas. Periférico aqui não significa perifericamente cristão. No entanto, minha questão central era reconhecer quais tipos de participação poderiam ajudar os alunos a aprender com as práticas de Bonhoeffer sem se mudar em tempo integral para o meio do mato. O relato de Lave e Wenger me apontou para o valor das práticas *parciais*, práticas que são legítimas e periféricas, menos do que a participação plena, porém mais do que a observação descompromissada. Percebi que esse era o tipo de engajamento que eu estava procurando. Eu queria abordar *Vida em comunhão* por meio de práticas compartilhadas que não equivalessem a um transplante completo da visão de Bonhoeffer de comunidade cristã para a sala de aula de uma faculdade, mas que nos oferecesse uma forma suficientemente legítima de participação para obtermos um senso real e consistente do projeto de Bonhoeffer.[25] Eu estava atrás de um envolvimento com a visão de discipulado de Bonhoeffer por meio de mais do que uma discussão animada e de um ensaio bem escrito.

PLANEJANDO O CURSO

Eu projetei o curso, portanto, com múltiplos objetivos em mente:

- Pretendia expandir as habilidades de leitura da língua-alvo dos alunos, e então eles foram solicitados a ler semanalmente *Vida em comunhão* em alemão e a biografia acessível de Bonhoeffer, de Renate Wind, com folhas de recursos para ajudá-los com o novo vocabulário.[26]
- Eu queria promover a compreensão do contexto histórico, social e cultural que ajudasse a moldar as ênfases de Bonhoeffer e, para isso, fiz com que os alunos assistissem, toda semana, a um breve trecho de um documentário.
- Eu queria contribuir para o desenvolvimento intelectual dos alunos como leitores cuidadosos de textos acadêmicos, e por isso nos engajamos na leitura atenta em sala de aula, com miniaulas e discussões críticas sobre ideias-chave e influências no pensamento de Bonhoeffer.

---

[25] Os alunos eram, claro, livres para aprofundar seu envolvimento em suas comunidades mais amplas, fora dos limites das exigências para o curso.
[26] Dietrich Bonhoeffer, *Gemeinsames Leben* (Gütersloh: Gütersloher Verlagshaus, 1987); Renate Wind, *Dem Rad in die Speichen fallen: Die Lebensgeschichte des Dietrich Bonhoeffer* (Weinheim: Beltz, 1990).

- Eu queria que os alunos se engajassem de forma prática e reflexiva com as práticas cristãs sobre as quais Bonhoeffer falava e se engajassem na questão de sua própria formação, de modo que nos envolvemos em práticas compartilhadas intencionais e na reflexão sobre elas.

Concentro-me apenas no último desses objetivos aqui. Desde o início, anunciei que as tarefas incluiriam práticas diárias sugeridas pelo texto de Bonhoeffer e que deveriam ser vistas como parte de nosso aprendizado, e não como um acompanhamento devocional. Para promover a reflexão, pedi aos alunos que anotassem, semanalmente, em um caderno sua resposta a um assunto provocativo. Eles escreveriam sobre o que estavam aprendendo tanto com a leitura como com a prática, e nós tratamos de ambas em sala de aula. Também procurei me engajar nas atividades que eu aplicava a eles e relatava minhas experiências na discussão em sala de aula. Os cadernos de anotações dos alunos foram avaliados apenas pelo critério da completude.

Enquanto alguns alunos inicialmente recaíam em hábitos acadêmicos arraigados e ofereciam em seus cadernos apenas resumos do que Bonhoeffer havia escrito, muitas respostas eram ponderadas e também incrivelmente honestas. (Um aluno escreveu depois de tentar implementar uma prática: "Achei o último ponto totalmente impossível. Uma pena".)[27] O que se segue é extraído, com permissão, desses diários. São as reflexões de alguns alunos, e não evidências generalizáveis de resultados de aprendizagem replicáveis. No entanto, oferecem uma janela sobre a forma de os alunos se engajarem e conceberem o processo.

COMUNIDADE

A primeira semana concentrou-se nas páginas iniciais de *Vida em comunhão*, nas quais Bonhoeffer insiste que a presença de um irmão em Cristo é um dom da graça e um sinal gracioso da presença de Deus. Devemos ver os outros através do que Deus falou sobre nós, como unidos a nós em Cristo para a eternidade. Deus não nos perguntou quem mais deveria nascer na comunidade cristã. Essa comunidade não pode basear-se no fato de gostarmos da companhia uns dos outros ou de compartilharmos etnias ou gostos pessoais; "pertencemos uns aos outros somente em Jesus Cristo e através dele".[28] Reclamar

---

[27] Todas as citações foram extraídas dos cadernos dos alunos matriculados em *Alemão 381* entre 2012 e 2014.
[28] Bonhoeffer, *Life together*, p. 31.

dos outros é uma negação disso. A resposta adequada à presença de outros cristãos é a gratidão.

Os alunos leram essas páginas e foram instados a escolher uma pessoa a quem veriam várias vezes durante a semana no *campus* da faculdade, se possível alguém de quem eles particularmente não gostassem. Cada vez que vissem aquela pessoa, deveriam refletir conscientemente que o outro foi chamado e aceito por Cristo, e expressar gratidão por sua vida. Depois de uma semana dessa prática, um aluno anotou em seu caderno:

> Há um aluno que não considero amigável. Não brigamos, mas, quando estamos juntos, às vezes é um pouco estranho. Ao longo dos últimos dias, orei por esse aluno. Quanto mais eu orava por ele, mais descobria que podia suportá-lo. Agora eu não acho um problema vê-lo pelo *campus*. Não somos melhores amigos, mas acredito que as coisas melhoraram entre nós.

Para alguns, esse investimento inicial mínimo (apenas alguns minutos por semana de prática intencional, e não quatorze horas) alimentou a percepção de que as reações relacionadas aos outros não são inevitáveis, mas, sim, suscetíveis a um remodelamento, por meio das práticas nas quais nos engajamos.

Lendo mais adiante, exploramos as afirmações duras de Bonhoeffer sobre os efeitos negativos de se buscar uma visão ideal de comunidade. Os ideais levam ao desapontamento e à acusação dos outros quando a realidade inevitavelmente fica aquém do idealizado. A comunidade cristã, insiste Bonhoeffer, não pode basear-se na busca de experiências gratificantes de comunhão íntima, ou vacilará quando outros se provarem pecadores; "Deus não é um Deus de emotividade, mas o Deus da verdade".[29] Essa foi uma ideia desafiadora para meus alunos aceitarem. Muitos pareciam mais à vontade pensando na comunidade como um ideal caloroso. Então, pedi aos alunos que escolhessem uma pessoa que eles viam com frequência, mas cujo nome não sabiam. Eles foram convidados a orar pelo bem-estar dessa pessoa sempre que a vissem. Um aluno extraordinário escreveu:

> Aprendi que é uma experiência de humildade orar por alguém que você não conhece. Eu tenho de ser totalmente altruísta, porque não ganho nada com a

---

[29] Ibidem, p. 35.

transação. Essa pessoa, esse outro sem nome, será mais importante do que eu. Mas eu me sinto melhor quando não sou tão egocêntrico. Isso direciona minha atenção mais para Deus e para seu vasto mundo, e não tanto para mim. Então, meus problemas e minha vida não são tão importantes, e isso me liberta. Se eu não sou tão importante, meus erros não são tão importantes. E, quando não sou o centro, não estou tão sozinho.

No debate seguinte em classe, outros alunos deram exemplos de como aparentemente orar pelos outros pode consistir em um interesse próprio disfarçado. Como eles disseram, se orarmos para que nossos pais sejam financeiramente abençoados, ou para que um namorado ou namorada tenha um bom dia, muitas vezes uma grande parte do que é importante para nós é que essas coisas ajudem nossos dias a serem melhores. Parece que estamos orando pelos outros, mas, na verdade, estamos orando por nós mesmos. A experiência de tentar orar por alguém sem nenhum interesse pessoal no resultado gerou uma boa discussão e estimulou a disposição de considerar que Bonhoeffer talvez tivesse razão.

O DIA JUNTOS

Com o passar das semanas, gradualmente acrescentamos um tempo de meditação matinal, incluindo a leitura sequencial do livro de Salmos. Aqui surgiram alguns atritos. A mera insistência em tentar essa nova forma de engajamento trouxe à tona uma compreensão oculta sobre a oração para exame crítico. Acostumados a modos individuais e expressivos de oração, alguns achavam que a leitura estritamente sequencial dos salmos seria prejudicial, em vez de trazer benefícios, ao seu relacionamento com Deus. E se o salmo de hoje não expressar o que está no meu coração?

Bonhoeffer reconhece que, se lermos os salmos e prestarmos bastante atenção, logo encontraremos passagens que não podemos orar como nossas próprias orações. Talvez as coisas estejam indo bem para nós e tenhamos chegado a um salmo de lamento. Talvez estejamos enfrentando muita dor para sentirmos vontade de bater palmas em um salmo de celebração. Talvez ninguém esteja querendo acabar com a nossa vida e não nos sintamos particularmente sedentos de que Deus venha dar retribuição a alguém. Bonhoeffer evita a tática individualista de escolher um salmo que se ajuste ao nosso humor, argumentando que nos salmos "o Corpo de Cristo está orando, e eu, como indivíduo, reconheço que minha oração é apenas uma pequena fração de toda a oração da igreja".[30] Em outras palavras, não é sobre mim. Alguém, em algum lugar, está sofrendo, alguém está se alegrando, alguém está sofrendo perseguição, e eu posso me alegrar com aqueles que se alegram e chorar com aqueles que choram. Ao orar os salmos, eu me uno às orações do corpo de Cristo, independentemente de corresponderem ou não aos meus sentimentos.

Nos cadernos dos alunos das semanas seguintes, encontram-se algumas expressões iniciais de desorientação:

> Também acho estranha esta ideia de orar com toda a comunidade. Orar a mesma oração com outras pessoas não é algo que eu faça com frequência. Talvez oremos uns pelos outros, ou tenhamos uma frase que todos repetimos juntos, mas é isso que Bonhoeffer recomenda? Isso é algo completamente novo e eu não sei o que pensar.

Existem também vislumbres sugestivos de prática repetitiva começando a abrir espaço para a apreciação do ponto de Bonhoeffer. Um aluno escreveu:

> Então, esta semana eu passei cinco minutos em silêncio com os salmos. Foi algo bastante desconfortável, porque não tenho o hábito de ficar tanto tempo em silêncio. Era difícil não pensar em outra coisa, mas achei bom esquecer todo o resto e pensar apenas no salmo.

Outro ainda escreveu:

> A leitura da Sagrada Escritura logo pela manhã me preparou para o dia inteiro. É fácil esquecer que o dia inteiro pertence a Deus. Muitas vezes começo com uma ideia do que tenho de fazer durante o dia. Infelizmente, minha mente nunca repousa em Deus e no que ele fez por mim e por todos os seus filhos. Também acho interessante e importante pensar nos outros além de mim. Bonhoeffer diz que os salmos são para toda a comunidade e que descrevem todos os seus cuidados, sofrimentos e louvores. Por meio dos salmos, posso recordar tudo o que a comunidade está vivenciando, mesmo quando eu próprio não esteja vivendo tudo isso.

---

[30] Ibidem, p. 57.

O que pareceu emergir de vários diários e das discussões em sala de aula foi a percepção de que desviar a atenção do eu no início do dia oferecia uma ressignificação benéfica. Havia uma compreensão conceitual direta das ideias de Bonhoeffer envolvida aqui; sem uma compreensão da importância da comunidade para o pensamento de Bonhoeffer, boa parte de sua ênfase prática pode parecer estranha e excessivamente exigente. No entanto, suponho que essa compreensão do que ele estava querendo dizer surgiu não apenas da leitura do texto, mas também da submissão provisória a ele e da experimentação de suas práticas recomendadas. Escritos como os que acabamos de citar também sugerem uma percepção que veio por meio da prática de que somos instintivamente autocentrados, o que possibilita uma nova abertura para uma reorientação fora do eu. Fomentar essa abertura por meio da prática intencional pode mudar os fundamentos sobre os quais nos relacionamos com o texto de Bonhoeffer, transformando-nos gradualmente em leitores diferentes, ajudando-nos a criar as condições experienciais para ver por que suas ideias talvez façam sentido. Isso não impede eventual distanciamento crítico; tais práticas simplesmente oferecem as condições para o tipo de engajamento que pode tornar a crítica eventual mais do que uma discordância superficial. Tudo isso conviveu com nossos outros objetivos enquanto os alunos registravam seus comentários no caderno em alemão, debatendo-os em alemão, liam Bonhoeffer em alemão e paravam para focar em e desembaraçar determinadas construções linguísticas.

Lectio continua
Progredimos dos salmos para examinar a afirmação de Bonhoeffer da *lectio continua* (a leitura contínua e sequencial da Escritura), e novamente eu estava pensando em como envolver os alunos com o conceito, para que eles não se limitassem a ouvir minhas explicações. Bonhoeffer observa que, embora breves leituras devocionais sejam "uma verdadeira bênção", "os versos breves não podem e não devem substituir a leitura da Escritura como um todo".[31] Ele recomenda *lectio continua* na proporção de um capítulo do Antigo Testamento e meio capítulo do Novo Testamento de manhã e à noite, embora reconhecendo que, no início, "mesmo essa medida modesta representa uma grande demanda para a maioria das pessoas e encontrará resistência".[32]

---

[31] Ibidem, p. 58-9.
[32] Ibidem, p. 60.

Quando chegamos a essa parte do livro de Bonhoeffer, comecei a atribuir a quantidade recomendada de leitura para cinco dias por semana, usando um dos livros de história do Antigo Testamento e uma epístola do Novo Testamento. Depois de pensar um pouco sobre como relacionar o ritmo dessa prática à tarefa de fomentar a imaginação compartilhada, decidi apresentá-la com a atividade a seguir descrita em sala de aula. Primeiro, os alunos debateram em pequenos grupos uma cópia impressa de Marcos 12:41-44:

> Jesus sentou-se em frente do lugar onde eram colocadas as contribuições e observava a multidão colocando o dinheiro nas caixas de ofertas. Muitos ricos lançavam ali grandes quantias. Então, uma viúva pobre chegou-se e colocou duas pequeninas moedas de cobre, de muito pouco valor. Chamando a si os seus discípulos, Jesus declarou: "Afirmo que esta viúva pobre colocou na caixa de ofertas mais do que todos os outros. Todos deram do que lhes sobrava; mas ela, da sua pobreza, deu tudo o que possuía para viver".

Instruí os grupos de leitores a imaginarem que haviam sido solicitados a fazer uma breve homilia sobre esse texto e a esboçar qual seria sua mensagem central. O resultado foi um enfoque quase unânime na viúva como modelo de doação sacrificial. Os alunos refletiram em voz alta sobre como tendemos a dar de nosso excedente, e não de nosso essencial, como muitas vezes damos muito pouco, por que Deus quer que venhamos a dar mais e como os pobres podem estar dando mais do que os ricos. Era uma passagem familiar, e os alunos pareciam confiantes de que sabiam o que fazer com ela. Eles não estavam em má companhia; Ben Witherington III, por exemplo, ecoando leituras patrísticas, declara que "evidentemente é [...] a atitude de doação autossacrificial que está sendo salientada, a fim de ser imitada".[33]

Depois que essas respostas foram compartilhadas, os alunos receberam uma segunda cópia do texto, estendida para incluir Marcos 12:38—13:2:

> Ao ensinar, Jesus dizia: "Cuidado com os mestres da lei. Eles fazem questão de andar com roupas especiais, de receber saudações nas praças e de ocupar os lugares mais importantes nas sinagogas e os lugares de honra nos banquetes. Eles

---

[33] Ben Witherington III, *The Gospel of Mark: a socio-rhetorical commentary* (Grand Rapids: Eerdmans, 2001), p. 335.

devoram as casas das viúvas, e, para disfarçar, fazem longas orações. Esses receberão condenação mais severa!".

Jesus sentou-se em frente do lugar onde eram colocadas as contribuições, e observava a multidão colocando o dinheiro nas caixas de ofertas. Muitos ricos lançavam ali grandes quantias. Então, uma viúva pobre chegou-se e colocou duas pequeninas moedas de cobre, de muito pouco valor.

Chamando a si os seus discípulos, Jesus declarou: "Afirmo-lhes que esta viúva pobre colocou na caixa de ofertas mais do que todos os outros. Todos deram do que lhes sobrava; mas ela, da sua pobreza, deu tudo o que possuía para viver".

Quando ele estava saindo do templo, um de seus discípulos lhe disse: "Olha, Mestre! Que pedras enormes! Que construções magníficas!"

"Você está vendo todas estas grandes construções?", perguntou Jesus. "Aqui não ficará pedra sobre pedra; serão todas derrubadas."

Perguntei, então, aos alunos se a passagem mais longa poderia levá-los a reconsiderar alguma coisa em suas homilias propostas. Traçamos a sequência desde um aviso sobre viúvas sendo exploradas financeiramente por líderes religiosos, passando por uma história sobre uma viúva colocando "tudo o que tinha para viver" no tesouro do templo, até o elogio do discípulo pelo belo templo construído com doações como a da viúva, e a repreensão e a profecia de Jesus sobre a destruição do templo. A viúva estava dando apenas um exemplo positivo de sua fé ou poderia ser (também? Em vez disso?) um exemplo de exploração religiosa dos pobres?[34] De repente, os alunos ficaram menos certos de que suas exortações inicialmente propostas eram o caminho certo a seguir. Notamos que uma divisão de capítulos fica bem no meio dessa sequência (entre "tudo o que possuía para viver" e "Quando"), e que, sem uma leitura contínua, as questões que acabamos de levantar ficariam escondidas de nós, pois teria sido improvável ler em conjunto a sequência inteira.

O objetivo não era resolver divergências interpretativas sobre Marcos 12—13, mas, sim, ir além de simplesmente contar aos alunos sobre a *lectio continua* e por que Bonhoeffer a teria defendido. Busquei proporcionar-lhes uma breve experiência de dois modos de leitura da mesma passagem, utilizando um sequenciamento dessas duas práticas para criar uma oportunidade de reflexão crítica sobre as implicações de cada tipo de prática de leitura. Eu esperava que

---

[34] Ched Myers, *Binding the strong man: A political reading of Mark's story of Jesus* (Maryknoll: Orbis Books, 1988).

isso contribuísse para uma imaginação compartilhada que pudesse sustentar e tornar significativas as tarefas diárias de leitura que eram prescritas aos alunos.

Parece que eles consideraram a atividade envolvente, mas uma aluna reagiu com uma paixão especial. Ela expressou sua indignação com bastante veemência e voltou ao assunto em aulas posteriores. "Por que ninguém nunca me ensinou que eu tenho de ler a Bíblia desse jeito, em grandes seções?", ela queria saber. Ela explicou que estava ativamente envolvida na igreja desde a infância, mas, sempre que ia à escola dominical ou a retiros de jovens, recebia versos únicos para memorizar, ou perguntavam qual era seu verso favorito, ou lhe davam alguns versos como assunto para refletir no fim de semana. Ela sentia que ninguém jamais havia realmente mostrado a ela que essas práticas talvez não a ajudassem a entender o todo.

A mesma aluna escreveu em seu diário: "Não leio a Bíblia com frequência porque ela me intimida. Evito especialmente o Antigo Testamento porque é especialmente intimidador". Uma semana depois, ela relatou: "Já disse que não gosto de ler o Antigo Testamento, porque não consigo interpretá-lo, mas ler grandes partes dele realmente me ajudou a ver o quadro geral". Ao final do semestre, ela refletiu:

> Ao ler a Bíblia, devo aceitá-la sem medo e confiar que ela não tem um significado ruim se não for imediatamente significativa para mim. [...] Devo continuar a ler partes inteiras da Bíblia na companhia de meus amigos. Isso é algo que posso praticar durante o verão e no próximo ano em minha casa.

Essa mesma aluna voltou a me contatar mais de um ano depois, ainda fazendo perguntas sobre como agir em sua nova visão sobre o valor da *lectio continua* e indagando se eu tinha outros planos de leitura que pudesse compartilhar com ela.

DANDO UM PASSO ATRÁS

Nem todos os alunos se engajaram de modo sistemático e profundo com as práticas exigidas pelo curso ou testemunharam uma transformação significativa. Nesse sentido, o curso foi como todos os outros. Escolhi respostas interessantes de alunos para compartilhar aqui e deixei outras sem citar. Não estou oferecendo aqui evidências empíricas de que as coisas funcionarão da mesma forma na próxima vez, ou para outros alunos, ou em um lugar diferente. Estou simplesmente levantando questões sobre como escolhemos o engajamento. Eu poderia ter ensinado o mesmo texto e exigir apenas uma leitura crítica e distanciada. Poderia ter focado principalmente na compreensão (afinal de contas, estávamos lendo em alemão) e fazer uso intensamente de questionários de conteúdo e tarefas de resumo. Poderíamos ter lido o mesmo texto muito mais rápido, como parte de uma pesquisa sobre Bonhoeffer, ou de todo o período pré-guerra, ou do tema da comunidade cristã. Eu poderia ter pedido que fizessem redações e recompensado com boas notas os ecos precisos de minhas anotações de aula ou a originalidade ao apresentar novas versões de Bonhoeffer. Poderia ter usado as leituras designadas para nos preparar para os debates em sala de aula, levando os alunos a tomar partido. Cada forma de envolvimento teria moldado a experiência de aprendizagem de um modo diferente, ainda que que estivéssemos lendo o mesmo texto e, em termos cognitivos, estivéssemos "compreendendo" muitos dos mesmos conceitos. Cada forma de engajamento ajudaria a carregar uma concepção diferente.

Escolhi experimentar uma forma de engajamento focada em participação intencional nas práticas descritas por Bonhoeffer. Isso envolvia investimento intencional na vida comunitária cristã. O resultado muitas vezes parecia não ser apenas um novo autoconhecimento, mas também uma nova base para debater e refletir sobre o que Bonhoeffer estava dizendo. Continuo intrigado com a forma pela qual todo o processo se opõe a algumas de nossas dicotomias instintivas: pensamento crítico *versus* discipulado; engajamento intelectual *versus* devoção; pesquisa *versus* formação; academia *versus* igreja.[35] O trabalho de Bonhoeffer em Finkenwalde pode ser lido como um desafio pedagógico a essas dicotomias.

Explorei a questão de como moldamos o envolvimento dos alunos por meio de um curso específico. Escolher o engajamento pressupõe não apenas o envolvimento com os textos, mas também o engajamento com tudo o que é aprendido, com os colegas, os alunos e o mundo mais amplo além da sala de aula. Inclui considerações sobre quais vozes e histórias são ouvidas, quais conexões são estabelecidas com a comunidade local e a sociedade em geral, como o serviço ou a busca por justiça podem ser incorporados ao aprendizado, como os grupos de estudantes são configurados e muito mais.

---

[35] Cf. Michael G. Cartwright, "Moving beyond muddled missions and misleading metaphors: the formation and vocation of dtudents within an ecclesially based university", in: Michael L. Budde; John Wesley Wright, orgs., *Conflicting allegiances: The church-based university in a liberal democratic Society* (Grand Rapids: Brazos, 2004), p. 185-216.

Questionar as maneiras pelas quais os alunos são instados a se engajar pode representar uma parte vital do ensino e do aprendizado cristão.

O ensino superior cristão tem lutado com grandes questões relativas às relações entre fé e pensamento, igreja e universidade, autonomia e tradição, pensamento e ação, teologia e as disciplinas. Se essas questões realmente importam, então importam não apenas para as posições intelectuais que articulamos, mas também para o que pedimos aos alunos para fazerem como dever de casa. Elas são importantes para o tipo de envolvimento que escolhemos quando pedimos aos alunos que aprendam, e esse envolvimento não apenas surge de uma concepção específica, como também ajuda a fomentá-la. O enfoque no engajamento, por sua vez, exige que prestemos atenção à reformulação da prática, projetando o ambiente de aprendizagem material de forma que sustente o engajamento almejado.

Para reflexão e debate

- Como suas próprias práticas e hábitos de leitura foram moldados por suas experiências de escolarização?
- Quais maneiras de se envolver com textos significativos mais condizem com as virtudes cristãs, como paciência, humildade, caridade e justiça? Como essas formas de envolvimento se assemelham ou diferem das formas incentivadas pelo planejamento usual das atividades de dever de casa?
- Como você reage à ideia de usar o dever de casa para desenvolver práticas formativas compartilhadas em vez de apenas processar informações?
- De que forma sua pedagogia pode promover o foco na realização individual ou na comunidade interdependente?

Anotações

Encontre uma hora e um lugar em que você possa refletir sem pressa. Pense em um texto ou em um tópico na(s) disciplina(s) que você ensina. Esboce um planejamento para uma atividade de dever de casa que promova as duas coisas: o engajamento com o conteúdo do curso e o envolvimento dos alunos em uma prática formativa mais ampla relacionada a comunidade, serviço, justiça ou alguma outra forma de engajamento pessoal como um todo.

CAPÍTULO 9

Planejando espaço e tempo

A concepção orienta nosso olhar e influencia nossas formas de engajamento. O desafio de *remodelar a prática* consiste em focar a atenção na forma como o ambiente material à nossa volta guia o aprendizado. As facetas do ambiente de aprendizagem que vêm à tona quando atentamos a essa relação entre imaginação e prática material são muitas e variadas. O ensino não é feito apenas de fala, mas também de gesto, volume, tom de voz, contato visual, posição, postura, iluminação, som, disposição dos assentos, proximidade entre as pessoas, imagens, símbolos, ritmo, silêncio, sequência e assim por diante. Como isso pode estar relacionado com a concepção cristã e o engajamento moldado pela fé? Neste capítulo, vou me concentrar em dois aspectos básicos e conectados do ambiente de ensino: espaço e tempo.

CORAÇÕES E MENTES

Certo dia, enquanto ministrava uma aula de educação para futuros professores de segunda língua, decidi introduzir o tópico da prática de vocabulário oral com uma breve simulação de duas partes. Comecei ensinando mal por vários minutos, sem comentários. Entrei na sala atrasado e caminhei até o pódio no canto sem estabelecer contato visual, mantendo meus ombros caídos e meus passos cansados. Embaralhei alguns papéis por alguns momentos, como se não tivesse certeza exatamente por onde queria começar. Então, fui para a frente da sala, encostei-me em uma mesa e anunciei, com uma voz monótona, que consideraríamos fazer um exercício oral. Os alunos estavam acostumados a iniciar a aula com simulações de atividades de aprendizagem. Um aluno comentou que eu parecia cansado naquele dia. Dei de ombros:

"Sim, semana difícil". Produzi alguns cartões mostrando fotos de animais e fiz com que a classe repetisse o nome de cada animal em alemão. Mantive minha voz monótona e minha postura estática, e estruturei cuidadosamente as repetições, para minimizar a chance de que os alunos realmente retivessem muitas palavras.[1] Em seguida, propus uma atividade em que cada aluno deveria perguntar em alemão ao seu parceiro quais animais eles tinham em casa. Isso não deu certo, pois eles não conseguiam se lembrar bem das palavras e porque havia necessidade de uma frase adicional — que eu não havia apresentado — para completar a tarefa. Enquanto eles lutavam com a tarefa, eu corria pela sala "ajudando", dizendo-lhes as palavras de que precisavam, mantendo a aparência de uma atividade professoral frenética, mas que, na verdade, apenas cobria a falta de aprendizado. Por fim, reuni a turma e comecei a perguntar aos alunos em alemão se eles tinham um cachorro ou um gato. Certifiquei-me de que, quando cada aluno respondesse, eu quebrasse o contato visual pouco antes de terminarem de falar e me virasse rapidamente para a próxima pessoa, esperando transmitir a mensagem de que eu estava menos interessado na resposta do que em manter a atividade em andamento. Então, saí desse papel de ator e disse aos alunos que eles tinham dois minutos para listar todas as razões pelas quais eu deveria ser demitido se ensinasse dessa maneira. Saí da sala.

Dois minutos depois, voltei (os alunos ainda estavam rabiscando) e repeti a sequência como um segundo professor, invertendo todos os comportamentos anteriores e ensinando as mesmas palavras em russo. Movimentei-me com mais energia, inclinei minha postura em direção aos alunos em vez de me afastar deles, fiz contato visual, variei meu tom de voz, estruturei as repetições de forma eficaz, observei o sucesso da atividade em duplas e demonstrei interesse por meio de questões de acompanhamento quando perguntava aos indivíduos sobre seus animais de estimação. Então perguntei: "Quais foram as diferenças significativas entre a primeira sequência de ensino e a segunda?". A ideia era que isso conduzisse a uma discussão dos vários fatores que levam ao gerenciamento eficaz de uma simples atividade de fala.

O primeiro aluno a responder à minha pergunta limitou-se a dizer: "Na primeira vez, você não se importou conosco".

---

[1] Consegui isso repetindo poucas vezes cada palavra e introduzindo novas palavras sem retornar às anteriores, para maximizar as chances de que as palavras que entram na memória de trabalho fossem apagadas por novas entradas antes de se comprometerem com a memória de longo prazo. Com cuidado, é possível praticar vocabulário por bastante tempo sem que ocorra muito aprendizado real.

Essa resposta (como muitos comentários perspicazes de alunos) interrompeu minha trajetória e ficou em minha mente. Eram estudantes de educação perto do final do curso, pessoas inteiramente capazes de oferecer comentários detalhados sobre o uso de tempo, ritmo, espaço, gestos, movimento, voz e assim por diante. Eles estavam acostumados a me oferecer uma crítica detalhada sobre como eu havia acabado de ensinar em sala de aula, pois faço disso uma característica frequente quando dou aulas de educação.[2] Eu estava pronto para uma discussão aberta dos movimentos detalhados em cada sequência, e, após, acabamos chegando a esse ponto. Mas essa primeira resposta caiu inesperadamente bem no meio de nossa conversa e deixou minha mente balançando nas ondas que produziu.

Visto de um ângulo, o comentário não é verdadeiro. Quando fiquei do lado de fora da sala esperando por dois minutos enquanto meus alunos anotavam as razões pelas quais eu deveria ser demitido, não sofri nenhuma transformação interior. Não houve nenhuma percepção repentina da necessidade de me importar com meus alunos. No que diz respeito ao estado do meu coração, eu fui a mesma pessoa em cada um dos dois segmentos de ensino. Na verdade, espero ter me preocupado com meus alunos durante toda a atividade. Relacionar a fé ao ensino, concentrando-se no coração do professor ou em sua gentileza pessoal, tem alguma validade. Quando os próprios professores cristãos são ríspidos, ressentidos, impacientes, dominadores ou envoltos em suas próprias ansiedades e ambições, é improvável que ofereçam o tipo de presença graciosamente engajada que deve caracterizar o ensino e o aprendizado cristãos. Os cristãos devem, na verdade, fomentar o amor por seus alunos e buscar os frutos do Espírito. No entanto, não era no coração que residia a diferença entre essas duas sequências; era mais uma questão dos movimentos realizados.

Visto de outro ângulo, o comentário era totalmente verdadeiro. Meu comportamento de ensino da primeira vez apontou tanto para a incompetência pedagógica como para formas de ensino que não representam cuidado com

---

[2] Tenho vários motivos para isso. Isso ajuda meu ensino a melhorar e espero que ajude a reduzir a hipocrisia que pode infiltrar-se rapidamente nas aulas em que o instrutor está ensinando outras pessoas a ensinar. Isso interrompe a tendência adquirida dos alunos de se concentrar principalmente no conteúdo da aula e tirar boas notas, obrigando-os a prestar atenção aos processos em sala de aula. Por meio da modelagem, constrói-se gradativamente um *ethos* na aula em que é normal criticar o próprio ensino, não importa há quanto tempo se esteja ensinando. Isso reduz minha preocupação de que eu possa acabar dizendo aos alunos que eles precisam pensar de forma crítica as práticas educacionais com que trabalharão quando iniciarem sua carreira e, ao mesmo tempo, ensinar-lhes, por meio de minhas próprias práticas educacionais, que eles não devem aceitar passivamente a forma como as coisas são feitas.

os alunos. Meu comportamento comunicava falta de interesse interpessoal básico em meus alunos como pessoas e uma absorção em meu próprio senso de desengajamento. Por meio de minhas ações, demonstrei maior empenho em terminar logo a aula do que em saber se os alunos estavam realmente aprendendo. Comuniquei pouca vontade de me doar em prol do crescimento dos alunos. Independentemente do estado do meu coração, o que aconteceu (pelo menos dentro dos limites da simulação) não havia sido um exemplo de cuidado.

É bem possível, e até mesmo provável, que, se eu estivesse ensinando verdadeiramente dessa maneira, meu comportamento estivesse enraizado em uma vida interior desordenada, em um coração que não está voltado ao bem-estar dos alunos.[3] Mas observe que o comportamento pedagógico ainda comunicou falta de cuidado mesmo quando eu estava apenas encenando. A pedagogia está, em certo sentido, atrelada ao coração, mas o amor deve ser concretizado para ser experimentado pelos outros e, no contexto do ensino e da aprendizagem, deve ser materializado em escolhas e comportamentos *pedagógicos* específicos. Ensinar da forma como fiz na primeira sequência e depois dar doces aos meus alunos para mostrar que eu me importava com eles não teria sido um avanço. Minha postura em relação aos alunos se mostrou na forma como usei o espaço da sala de aula (postura, movimento, gesto) e o tempo (ritmo, sequência, atenção seletiva). Tais ações levam o coração ao espaço da sala de aula, e deixar de atentar a elas nos faz correr o risco de talvez amar no campo da intenção, mas, na prática, permanecer ineficazes tanto em possibilitar o aprendizado como em comunicar cuidado. Essa relação entre intenção, atitude e os detalhes materiais dos processos de aprendizagem concretos está no cerne do *remodelar a prática*.

ESPAÇOS DE ENSINO

Vamos ampliar ainda mais a questão sobre o que a postura e o espaço físico podem comunicar. Em um relato detalhado de sua pesquisa etnográfica em uma escola católica urbana de ensino médio, Peter McLaren apresenta o momento no qual começou a especular que todo professor tem um "lugar de

---

[3] Como vimos no capítulo 3, a sequência maior de atividades de aprendizagem afeta o que elas significam. Assim que a primeira sequência foi seguida pela segunda e por um debate, tornou-se um momento de preocupação detalhada com o aprendizado dos alunos. Esse é outro exemplo de como os detalhes da prática pedagógica importam, mas o significado da pedagogia se torna aparente apenas em padrões mais amplos.

poder"[4] na sala de aula para o qual tende a se dirigir quando se sente ameaçado ou inseguro. Essa posição representa, de alguma forma, sua autoridade e reforça seu sentimento de estar no comando. A localização real varia de professor para professor — pode ser atrás de um púlpito, ou ao lado de uma mesa, ou na frente da classe —, mas, aparentemente, todos têm a sua. Além disso, seu lugar de poder parece tornar-se uma característica do espaço no qual ensinam; McLaren percebeu que, quando os professores trocam de turma, tendem a ir para o lugar de poder do professor cuja turma passaram a assumir.

Certo dia, um professor pediu a McLaren que assumisse brevemente sua turma enquanto ele estava ocupado preparando um projetor em outra sala. De repente, McLaren se viu no comando. Ele descreve o que se seguiu:

> Andei pela sala, observando as crianças, sentadas, fazerem seus deveres. Assim que me aproximei do lugar de poder [do professor], o barulho começou a diminuir. Mas, quando realmente entrei no lugar de poder, um dos garotos levantou a mão:
> — Você é o professor agora?
> — Bem, não exatamente — respondi.
> — Porque eu quero saber se posso tomar água.
> — Claro, vá em frente.[5]

Embora, provavelmente, nem o professor nem os alunos tivessem articulado o que estava acontecendo sem que alguém apontasse, parece que havia um local físico na sala que significava "eu sou o professor, estou no comando e estou prestes a exercer minha autoridade". A mera permanência naquele local afetava o nível de ruído, levava um aluno a interpretar McLaren como o professor e até mesmo o forçava a assumir o comportamento esperado do papel de professor (dar permissão), embora tenha negado que era ele o professor. Esse é um exemplo dos rituais corporais da sala de aula e de como afetam nossa experiência em relação ao seu espaço. O sentido do comportamento pedagógico é conduzido não apenas por palavras, mas também nas posições

---

[4] Peter McLaren, *Schooling as a ritual performance: toward a political economy of educational symbols and gestures*, 3. ed. (Latham: Rowman & Littlefield, 1999), p. 112 [edição em português: *Rituais na escola: em direção a uma economia política de símbolos e gestos na educação*, trad. de Juracy Marques e Ângela Biaggio (São Paulo: Vozes, 1992)].
[5] Ibidem, p. 112-3.

e posturas, em uma espécie de memória corporal e coreografia familiar — o suporte material da prática pedagógica.

Levar a sério esse aspecto do ensino/aprendizagem coloca questões diferentes daquelas mais comumente abordadas nas discussões sobre fé e aprendizado. Pense na oração. Discussões passadas sobre como a fé deve ser integrada ao aprendizado às vezes distinguiam entre uma falsa "pseudointegração", que se baseia em passar um verniz devocional em algumas práticas, e uma integração genuína, que aborda os pressupostos intelectuais subjacentes de uma disciplina.[6] Desde que me tornei parte do ensino superior cristão, presenciei uma série de discussões entre professores sobre o papel da oração e dos devocionais no início da aula. Seria uma maneira apropriada de enquadrar o aprendizado como cristão e convidar a presença de Deus, ou talvez uma jogada barata, uma demonstração de piedade visível que, na verdade, não muda nada que se segue nem cria qualquer perspectiva intelectual cristã sobre o conteúdo estudado? Em outros contextos, a oração nas escolas tem sido debatida, especialmente na América do Norte, como um símbolo poderoso para determinar se uma estrutura teísta ou humanista reina nesse espaço acadêmico.[7] As observações de McLaren sobre o lugar de poder sugerem um tipo diferente de pergunta: se decidirmos orar no início de uma aula, *onde* devemos orar? O que nossa posição e nossa postura podem transmitir?

A resposta depende, em parte, da cultura mais ampla de nossa sala de aula e de nossa instituição. McLaren traça como, na escola católica que estudou, "as interdições, provocações, pregações e *imprimaturs* dos professores ganhavam maior força quando os professores eram vistos dispensando tanto a sabedoria de Moisés como as tabelas de multiplicação".[8] Os símbolos e ritos religiosos encontravam seu significado dentro de uma cultura escolar mais ampla, uma cultura que enfatizava a obediência e a conformidade. Práticas devocionais como a oração reforçavam e, até certo ponto, sucumbiam nos mecanismos da escola para controlar o comportamento dos alunos. Os alunos sentavam em fileiras retas, de frente para as grandes mesas de metal dos professores, uma disposição projetada para inibir a interação social.[9] Um pro-

---

[6] Veja Harold Heie; David L. Wolfe, orgs., *The reality of Christian learning: strategies for faith-discipline integration* (Grand Rapids: Eerdmans, 1987), e espec. o ensaio de David L. Wolfe, "The line of demarcation between integration and pseudointegration", p. 3-11.
[7] P. ex., William H. Jeynes, *A call for character education and prayer in the schools* (Santa Barbara: ABC--CLIO, 2009).
[8] McLaren, *Schooling*, p. 190.
[9] Ibidem, p. 197.

fessor achava que, da forma praticada na escola, "a oração era realmente apenas uma técnica para fazer os alunos pararem quietos antes da lição".[10] Como McLaren enfatiza, o significado de gestos e rituais não é dado, garantido, mas emerge como parte de como são entretecidos nos padrões de prática da comunidade. Se orarmos de forma pública, em uma sala de aula, isso não significa, necessariamente, que tenhamos conduzido os alunos a convidar Deus para o nosso meio.[11]

Lembro-me de um vice-diretor de uma escola de ensino médio que, certa vez, vi orando no final de uma reunião de capela com a escola inteira. Ele se inclinou sobre um imponente púlpito bem no centro do palco e orou com os olhos abertos e um tom de voz um tanto intimidador, passando o olhar pelas fileiras de alunos sentados, com a testa franzida, dizendo: "Senhor, ajude-nos a obedecer às regras da escola hoje, e a ser respeitosos com nossos professores". O que estava sendo aprendido naquele momento? Como a imaginação estava sendo moldada? O que pode significar (e o que isso pode fazer com nossa própria oração) orarmos enquanto nos encontramos no lugar de poder?

Aqui, há uma questão mais ampla em jogo: conseguimos pensar no espaço físico como parte da linguagem de fé da sala de aula?[12] Pensamos na "integração de fé e aprendizado" como algo relacionado apenas a ideias e conteúdo do curso, ou também como algo atrelado à forma de usarmos o espaço físico?

HABITANDO O TEMPO

Se fé e espaço podem ser conectados, o que podemos dizer sobre fé e tempo? Como Dwayne Huebner observou em sua análise da temporalidade do currículo, o presente em que qualquer ato de ensino ocorre também evoca um passado e projeta um futuro.[13] Há uma visão implícita da proveniência dos próprios alunos e da sociedade que os cerca e do rumo que as coisas estão tomando. Herdamos um ambiente, um conjunto de capacidades atuais, uma

---

[10] Ibidem, p. 231.
[11] Cf. Ondrej Kascak e Slavomira Gajnakova, "'Ora et labora': The use of prayer in schooling", *Pedagogy, Culture and Society* 20, n. 3 (2012), p. 377-92.
[12] Cf. Debra Paxton-Buursma; Jo-Ann Van Reeuwyk, "Sacred space pedagogy", *Christian Educators Journal* 56, n. 1 (2016), p. 4-6, bem como outros ensaios nessa edição.
[13] Dwayne E. Huebner, "Curriculum as concern for man's temporality", in: Vikki Hillis, org., *The lure of the transcendent: collected essays by Dwayne E. Huebner* (Mahwah: Lawrence Erlbaum Associates, 1999), p. 131-42. Huebner escreve: "A educação é uma manifestação do processo histórico, mesclando o desdobramento da biografia do indivíduo com o desdobramento da história de sua sociedade" (p. 139). Cf. Clarence W. Joldersma, "The temporal transcendence of the teacher as other", *Educational Philosophy and Theory* 48, n. 4 (2016), p. 393-404.

história sobre o que já aconteceu, e os aspectos do passado que escolhemos lembrar e estudar ajudam a moldar o horizonte futuro. Estabelecemos metas e ensinamos maneiras que se desdobram nas atividades e competências futuras que os alunos vão desenvolver, e por isso nós os convidamos a viver no presente com alguns tipos específicos de futuro em mente. Nesse sentido, o próprio ato de ensinar é sempre contar uma história sobre como habitamos o tempo — sobre quem somos, onde estamos agora e para onde estamos indo.[14]

O ensino se dá dentro de uma concepção bem ampla de tempo, mas os pequenos movimentos também importam. Ao longo dos anos, eu tive a oportunidade de me sentar no fundo de várias salas de aula para observar candidatos a cargos de professor dando uma aula simulada. Muitas vezes acho esses episódios um tanto estranhos. O professor não conhece os alunos e está entrando abruptamente na história da turma bem no meio da trama. No entanto, a forma como tais desafios são tratados pode ser reveladora. Lembro-me de uma ocasião em particular, um semestre acadêmico com muito potencial, arrastado por um sentimento generalizado de luta, como uma orquestra de jazz ensaiando que não consegue encontrar o ritmo certo. Por quase uma hora, o bem-preparado professor visivelmente trabalhava para iniciar a discussão, formulando uma série criativa de perguntas sobre o texto em língua estrangeira designado. O resultado foi bastante tenso, com os alunos falando pouco, enquanto o professor insistia bravamente. Na entrevista posterior, o professor especulou que talvez os alunos estivessem cansados e sem vontade de analisar o texto, ou talvez não tivessem feito a leitura prévia. Depois de assistir à aula e conversar com alguns alunos frustrados, acreditei que ambas as versões eram falsas. Acho que a principal razão para a falta de engajamento estava em outro lugar.

O tipo de questionário foi um fator relevante. Um bom número de perguntas do professor era coerente, do tipo que convida apenas a uma resposta breve e invariável e dificilmente dá abertura para uma discussão ("Olhe para o primeiro parágrafo, você acha que o autor está sendo sarcástico?" "Sim."). No entanto, também havia muitas perguntas boas e divergentes que convidavam a mais reflexão e poderiam ter gerado mais sucesso. O maior problema parecia ser o tempo. A tolerância do professor com o silêncio chegava apenas

---

[14] Como Huebner assinala, "discussões sobre propósitos escolares não são simplesmente discussões acadêmicas, mas esforços para mudar os valores que definem o ambiente educacional e, portanto, influenciam a mudança/continuidade dos tempos ou ritmos dos indivíduos e da sociedade" ("Curriculum as concern", p. 140). Em outras palavras, as discussões sobre os objetivos da aprendizagem também dizem respeito ao tempo em que vivemos e para onde devemos ir.

a dois ou três segundos, de modo que um ciclo de repetição tornou-se aparente. Uma pergunta era feita e, após dois ou três segundos de silêncio, o professor a reformulava e perguntava novamente ou apresentava a resposta à classe e fazia uma nova pergunta. Se esse comportamento resultava de excesso de ansiedade ou insegurança, não tenho certeza, mas, naqueles dois ou três segundos, a tarefa dos alunos era compreender a pergunta (feita em segunda língua), captar o pensamento subjacente, relacioná-la com o texto lido, pensar em uma resposta inteligente, formular essa resposta (em seu segundo idioma) e tomar a decisão de ser o primeiro a tornar sua resposta pública. Na maioria dos casos, essa era simplesmente uma montanha íngreme demais para escalar, e tanto o professor como os alunos saíram frustrados. O que sabotou a atuação desse professor não foi falta de domínio do conteúdo, de carisma ou de presença e determinação. Era a maneira como o grupo se movia no tempo e como o tempo foi moldado para esses alunos.

O teólogo judeu Abraham Joshua Heschel observa, em seu livro *The Sabbath*, que tendemos a pensar no tempo como um simples dispositivo de medição, e não como algo que habitamos juntos e que assume contornos específicos na medida em que o habitamos. Ele argumenta que a fé bíblica aponta para uma maneira mais multicolorida de habitar o tempo:

> O judaísmo é uma religião do tempo que visa à sua santificação. Ao contrário do homem de mente espacial, para quem o tempo é invariável, repetitivo, homogêneo, para quem todas as horas são iguais, desprovidas de qualidades, como conchas vazias, a Bíblia detecta o caráter diversificado do tempo. Não existem duas horas iguais. Cada hora é única, e a única dada naquele momento, exclusiva e infinitamente preciosa. [...] O ritual judaico pode ser caracterizado como a arte de formas significativas no tempo, como a arquitetura do tempo.[15]

Acho sugestiva a imagem de uma arquitetura do tempo. Ela aponta para a forma como nossa vida em comunidade é moldada não apenas pela forma de organizarmos o espaço, mas também pelos ritmos e formas de focalização que caracterizam nosso movimento compartilhado ao longo do tempo. Isso talvez seja mais visível no ritmo dos dias de trabalho e sábados, do tempo normal e

---

[15] Abraham Joshua Heschel, *The Sabbath: its meaning for modern man* (New York: Farrar, Strauss & Company, 1951), p. 8 [edição em português: *O shabat: seu significado para o homem moderno*, trad. J. Guinsburg; Fany Kon, 2. ed. (São Paulo: Perspectiva, 2019)].

das festas (sacras e seculares), que estrutura o que fazemos como comunidade em momentos específicos, mas que também pode ser visto em nossos gestos menores. Quando ensinamos, "damos tempo" a alguns tópicos e questões, e não a outros, permitimos que algumas atividades se estendam e apressamos outras, tentamos estruturar a forma como os alunos usarão e vivenciarão o tempo dentro e fora da aula. Esses não são apenas movimentos pragmáticos.[16] Quando fazemos algo tão simples quanto formular uma pergunta, a quantidade de tempo que damos às respostas afetará quem poderá responder. Os alunos que estão começando a aprender uma segunda língua, ou que cresceram em culturas nas quais responder a uma pergunta sem primeiro observar uma pausa silenciosa é considerado um comportamento desrespeitoso, ou que simplesmente precisam de mais tempo para formular seus pensamentos, só ganharão a voz e a chance de participar plenamente se mais tempo lhes for permitido.[17] Uma alocação curta de tempo tenderá a recompensar os mais expressivos e rápidos, reforçando uma norma cultural americana que tende a atribuir mais inteligência àqueles que demonstram maior velocidade de resposta verbal.[18] Isso também pode reforçar hábitos de ler rapidamente, procurar respostas superficiais e falar irrefletidamente, hábitos que parecem estar em desacordo com o tipo de atenção que pode caracterizar uma abordagem baseada na caridade e na justiça.[19] Aumentar o tempo permitido para a resposta tenderá a resultar em mais alunos contribuindo — e em contribuições mais substanciais.[20] Esses contornos de tempo para perguntas e respostas são uma maneira sutil pela qual ritmos específicos são impostos aos alunos, resultando em uma comunidade de aprendizagem na qual é mais fácil para alguns do que para outros se envolverem e prosperarem. À medida que vamos assimilando determinado ritmo, tendemos a ficar surdos às alternativas.[21]

---

[16] Cf. Scott Bader-Saye, "Figuring time: providence and politics", in: Randi Rashkover; C. C. Pecknold, orgs., *Liturgy, time, and the politics of redemption* (Grand Rapids: Eerdmans, 2006), p. 90-111.

[17] Veja, p. ex., Muriel Saville-Troika, "Cultural maintenance and 'vanishing' languages", in: Claire Kramsch; Sally McConnell-Genet, orgs., *Text and context: cross-disciplinary perspectives on language study* (Lexington: D. C. Heath & Co., 1992), p. 148-55.

[18] Veja Ron Ritchhart, *Intellectual character: what it is, why it matters, and how to get it* (San Francisco: Jossey Bass, 2004).

[19] Cf. David I. Smith, "Reading practice and Christian pedagogy: enacting charity with texts", in: David I. Smith;James K. A. Smith, orgs., *Teaching and Christian practices: reshaping faith and learning* (Grand Rapids: Eerdmans, 2011), p. 43-60.

[20] Mary Budd Rowe, "Relation of wait-time and rewards to the development of language, logic, and fate control: part II: rewards", *Journal of Research in Science Teaching* 11, n. 4 (1974), p. 291-308; Mary Budd Rowe, "Wait time: slowing down may be a way of speeding up!", *Journal of Teacher Education* 37 (1986): 43-50. Sou grato ao meu colega Herbert Fynewever, por me indicar esses artigos.

[21] Erin E. Hannon e Sandra E. Trehub, "Tuning in to musical rhythms: infants learn more readily than adults", *Proceedings of the National Academy of Sciences* 102, n. 35 (2005), p. 12.639-43.

Uma decisão tão pequena como, por exemplo, quantos segundos esperar depois de fazer uma pergunta antes de receber uma resposta acaba por estar ligada a questões de inclusão, comunidade e justiça. Aqui encontramos um ponto de conexão com as preocupações da fé, pois esses temas também habitam as discussões teológicas do tempo. Robert Jenson comenta que "Deus pode, se quiser, acomodar outras pessoas em sua vida sem distorcê-la. Deus, dito da forma mais ousada possível, é espaçoso. [...] Deus abre espaço narrativo em sua vida trina para outros além de si mesmo; esse é o ato da criação, e essa acomodação é o tempo criado".[22] O que acontece se tomarmos esse espaço em Deus, a criação graciosa de espaço e tempo para os outros, e conectarmos com a forma de pensar o fluir do tempo em sala de aula, e quem é incluído ou excluído por ele? Se os cristãos são chamados a buscar justiça, amar a misericórdia e andar humildemente com Deus, isso pode estar ligado a algo tão pequeno e material quanto o tempo de espera ao fazer perguntas em sala de aula? Podemos imaginar o ensino cristão associado à forma de fazermos com que nossos alunos habitem nosso espaço e tempo?[23]

Mais uma vez, então, podemos traçar o caminho das práticas materiais de sala de aula até questões mais amplas que se abrem na teologia. Alguma vez pensamos no fluxo temporal como parte da linguagem de fé da sala de aula? Pensamos na "integração entre fé e aprendizado" como algo que tem a ver apenas com as ideias e o conteúdo do curso? Em que medida isso diz respeito à nossa arquitetura do tempo, com os significados produzidos pelas maneiras pelas quais usamos o tempo, o ritmo ou o silêncio?

SHABBAT E BÊNÇÃO

Como a imagem de Heschel a respeito de uma arquitetura do tempo dá a entender, as estruturas maiores que criamos, como, por exemplo, a forma pela qual um semestre ou um ano letivo inteiro se desenrola, também são importantes. Há alguns anos, um colega expressou preocupação no sentido de que,

---

[22] Cit. em Jonathan Tran, *The Vietnam war and theologies of memory* (Chichester: Wiley-Blackwell, 2010), p. 81. Tran está citando Robert Jenson, *Systematic theology* (Oxford: Oxford University Press, 1997), vol. 1: *The triune God*, p. 236, e tb. *Systematic theology* (Oxford: Oxford University Press, 2001), vol. 2: *The works of God*, p. 34. Achei o tratamento de Tran sobre teologias do tempo e a forma como se relacionam com os conflitos interculturais sugestivo para pensar sobre como o tempo de ensino se relaciona com fé e ética.

[23] Susan Handelman, "'Stopping the heart': the spiritual search of students and the challenge to a professor in an undergraduate literature class", in: Andrea Sterk, org., *Religion, scholarship, & higher education: perspectives, models, and future prospects* (Notre Dame: University of Notre Dame Press, 2002), p. 202-29.

como todos nós, nossos alunos estão sempre correndo de uma atividade para outra.[24] Isso deixa pouco espaço para reflexão, descanso, adoração e para o *shabbat*. Coloque-se no lugar desse professor. O que você acha que ele poderia fazer para combater a falta de espaço para o *shabbat* na comunidade da qual os alunos fazem parte? Reserve alguns momentos agora para pensar e listar algumas estratégias possíveis antes de continuar lendo.

•••

Suponho que as intervenções mais fáceis para um membro do corpo docente imaginar em meu contexto consistiriam em planejar uma série de devocionais em sala de aula sobre o Shabat na Escritura, ou recomendar aos alunos uma leitura sobre a importância do Shabat e as idolatrias da vida moderna. Talvez possamos imaginar meu colega escolhendo textos bíblicos, coletando exemplos e histórias, elaborando folhas para entregar aos alunos, revisando os argumentos teológicos para o papel do Shabat segundo uma visão cristã do mundo e formulando questões pontuais para uma discussão em aula sobre como devemos usar o tempo livre. Talvez possamos ouvi-lo exortar os alunos a viver de forma mais intencional, mais cristã. Tudo isso pode ser uma coisa boa (embora algumas coisas adicionem mais coisas para os alunos fazerem).

Na verdade, meu colega adotou uma abordagem um pouco diferente. Ele decidiu reestruturar seu curso para que não fosse possível para os alunos trabalharem nas tarefas aos domingos. Ele projetou as lições de casa para que sempre fossem entregues antes da noite de sábado, com penalidades por eventual entrega atrasada. Nenhuma nova tarefa para a semana seguinte era anunciada antes da manhã de segunda-feira. Ele também planejou debater com os alunos por que o semestre fora estruturado dessa maneira, conectando as especificidades de como o tempo foi estruturado ao chamado bíblico para o Shabat, e também planejou revelar aos alunos como ele próprio passava os domingos.

Essa combinação de estrutura e imaginação compartilhada é importante, e não apenas porque os alunos talvez não percebam o que se pretende com essas mudanças, a menos que sejam informados sobre o pensamento que lhes é subjacente. Um enfoque nas minúcias da prática sem convidar os alunos a

---

[24] Devo esse exemplo a Kurt Schaefer.

participar explicitamente de uma imaginação compartilhada correspondente equivale a uma espécie de manipulação comportamental, o que está aquém da prática cristã almejada. Por outro lado, um enfoque em narrar as crenças e normas cristãs sem atentar para as estruturas da prática comunitária que podem torná-las mais viáveis corre o risco de cair em uma hipocrisia, ou justiça própria, em que exortamos os alunos a cumprir padrões que nós mesmos não estamos modelando. Jesus repreendeu os escribas de sua época por colocarem fardos pesados nas costas das pessoas sem levantar um dedo sequer para ajudá-las.[25] Em vez de apenas dizer aos alunos que eles deveriam viver de forma mais fiel, reestruturar os parâmetros de tempo do curso criou um padrão compartilhado dentro do qual havia uma inclinação interna para alcançar o resultado desejado. Isso dificilmente resolverá todos os desafios contextuais de viver bem em um ambiente cultural sobrecarregado, mas estabelece as bases para o tipo de prática compartilhada intencional capaz de nos colocar na direção certa.

É importante que o padrão de engajamento aqui seja estendido ao longo do tempo, por todo o semestre. Certa vez, outro colega, também lecionando em uma faculdade cristã, compartilhou comigo sua frustração de que, quando os alunos preencheram formulários de avaliação no final de um semestre, atribuíram notas baixas para "perspectiva cristã", embora toda a primeira semana tenha sido dedicada a leituras sobre a forma como a teologia se relacionava com a disciplina que estava sendo ensinada. Aparentemente, a expectativa desse colega era que a conexão entre fé e aprendizado fosse algo a ser apreendido intelectualmente em determinado momento. Era algo a ser entendido e guardado para referência futura, e não algo que seria trabalhado de modo sistemático ao longo do tempo, em uma combinação de práticas intencionais e explícitas, por um lado, e a construção paciente de uma imaginação compartilhada, por outro.

Refletir sobre a abordagem do meu colega ao Shabat me fez pensar sobre como os cursos na minha instituição costumam terminar. Recentemente, ocorreu-me que a maioria das liturgias das igrejas termina com uma bênção e uma comissão. A paz e o favor de Deus são reafirmados e nós somos chamados a sair e servir à luz do que acaba de ser declarado. A maioria dos semestres escolares, por outro lado, termina com um julgamento e uma dispensa. As últimas coisas são um exame seguido de comunicação remota das

---

[25] Mateus 23:4.

notas, por meio de um sistema on-line, momento após o qual o curso termina. Nos últimos dois anos, experimentei um padrão diferente para o final do semestre. Decidi inverter o exame e a aula final — realizar o exame durante o que seria a última aula e, em seguida, usar o tempo que seria do exame para uma reunião final da turma. Durante essa reunião final, lidero uma discussão sobre quais foram os temas mais importantes do semestre e o que os alunos acham que aprenderam. Também nos concentramos no que vem a seguir — das coisas aprendidas neste semestre, o que os alunos querem manter e levar adiante? Como esses ganhos podem informar seu trabalho no próximo semestre? Quais são suas esperanças e seus medos para a próxima parte de seu aprendizado? Como cresceram, como continuarão a crescer e quais estratégias adotarão para consolidar o que aprenderam até então? Ao final dessa discussão, oro pelos alunos e, nesse tom, concluímos o semestre. Não é perfeito. Às vezes (embora nem sempre), pode ser um desafio garantir a presença da turma toda nessa aula final, uma vez que o semestre letivo se encerrou e o exame já foi concluído. As notas ainda serão postadas mais tarde, embora eu envie comentários críticos a cada aluno antes de publicá-las on-line. Não tenho evidências concretas do que essa mudança pode estar alcançando. Simplesmente me pergunto de que forma as experiências de aprendizado dos alunos seriam diferentes se seus semestres terminassem sistematicamente com uma bênção e uma comissão, e não com um julgamento e uma dispensa. É outro exemplo de conversa entre a imaginação e a prática. Que tipo de lar pedagógico é construído pela forma como moldamos o tempo?

DESERTO

Este capítulo explorou vários exemplos de como o ambiente material do ensino é incorporado à história que estamos tentando contar e, por sua vez, como ajuda a contar — ou enfraquecer — essa história.[26] Vimos outros exemplos em outros capítulos. Em nenhum desses casos o objetivo é identificar uma única maneira "bíblica" de organizar as coisas. O que está em jogo é mais um tipo de integridade: podemos projetar formas de ensino segundo as quais o que pregamos e os movimentos materiais que fazemos se apoiam mutuamente, de modo que testemunhamos não apenas com palavras, mas também com ações?

---

[26] Muitos outros exemplos podem ser encontrados em http://www.whatiflearning.com/the-approach/strategies-for-reshaping-practice, acesso em 11 ago. 2022.

Concluirei este capítulo com mais um exemplo no qual alguns dos tópicos que estamos explorando se unem.

Um professor cuja aula sobre Bíblia foi observada durante um projeto de pesquisa recente estava engajando seus alunos no estudo de Mateus 5—7.[27] A turma já havia considerado como a palavra de Deus chegou a João Batista no deserto. Eles haviam debatido sobre como Deus muitas vezes fala no deserto e como a cultura moderna tende a nos ajudar a nos fortalecer para enfrentar o deserto. O professor adotou a prática de usar o nome Yeshua sempre que se referia a Jesus, como forma de criar alguma distância dos textos evangélicos no caso dos alunos que, com frequência, os ouviam na igreja ou em educação cristã pretérita. O professor também se propôs a criar um pequeno deserto na forma de solitude e silêncio para o encontro com Mateus 5—7. E, embora essa escola fizesse uso extensivo das ferramentas digitais de aprendizagem, para essa atividade os alunos foram instados a usar Bíblias impressas e fazer anotações à mão em folhas de papel. Em vez de ficarem agrupados na sala de aula, os alunos foram mandados para fora da sala e espalhados pelos corredores, para a leitura contínua de Mateus 5—7 sozinhos. Ao retornarem, o professor perguntou sobre seu progresso e pediu aos que não haviam chegado ao capítulo 7 que levantassem a mão. Em seguida, ele dividiu os alunos em grupos, com base na quantidade de texto que haviam lido, e ficou claro que quase dois terços não haviam completado o capítulo 7. Ele disse aos alunos "Esperem aí, vocês não chegaram ao capítulo 7?" e então, quando eles assentiram, fez uma pausa e olhou para os alunos por dez segundos. Então, ele disse aos alunos que estava orgulhoso deles por se envolverem com o texto, e que aprender a desacelerar e realmente se envolver eram habilidades que ele queria que eles desenvolvessem. Seguiu-se a discussão da passagem de Mateus.

Essa curta sequência de ensino ilustra como a imaginação, o engajamento e os detalhes envolvidos na prática se entrelaçam. A visão do professor para seus alunos inclui promover a capacidade de ler vagarosamente, engajar-se com os textos profundamente, experimentar a solitude de forma construtiva e ouvir a voz de Deus. Ao se dedicar a transformar essa visão em uma sequência de ensino, ele usa textos, tarefas e falas, mas também presta atenção aos detalhes materiais do processo de ensino. O espaço desempenha papel relevante, pois os alunos trabalham sozinhos, fora do ambiente familiar da sala de aula. O tempo desempenha papel relevante, não apenas o tempo dado ao exercício,

---

[27] Extraio esse trecho de notas de observação de pesquisa feitas por minha colega Kara Sevensma.

mas também a longa pausa do professor, seguida de sua afirmação das virtudes do engajamento lento. (Pense em como essa afirmação poderia soar se fosse lançada rapidamente entre conversas sobre outros tópicos, ou se tivesse sido feita no meio de uma tarefa com tempo previamente definido e focada em obter uma nota.) Nem toda atividade de aprendizado terá esses objetivos ou obedecerá a esse ritmo. Haverá, sim, um conjunto de práticas que convidam a modos particulares de viver no tempo e no espaço e ajudam a sustentar determinada história. As práticas materiais de ensino não são mera técnica; elas são os recursos e os móveis com os quais uma casa é construída.

Para reflexão e debate

- Qual relação entre você, sua disciplina e seus alunos está implícita em sua postura típica e na disposição usual de sua sala de aula?
- Como seu próprio uso do silêncio e das pausas após fazer perguntas afeta os padrões de participação quando você ensina?
- De que forma sua abordagem de ensino pode estruturar a experiência de tempo dos alunos?
- Você se comunica com os alunos sobre a relação entre as práticas que adota e os propósitos que lhes dão sentido?
- Como a atividade no deserto poderia ter sido diferente se os alunos tivessem permanecido no ambiente normal de sala de aula e respondido a perguntas em uma folha ou ouvido uma apresentação?

Anotações

Assim que possível, depois de ministrar uma de suas aulas, reserve um tempo para fazer anotações sobre seu cenário material. Como o mobiliário estava disposto? Como você se movia e usava a postura e os gestos? Que imagens foram usadas? Quais palavras-chave ou metáforas você usou para estruturar o que estava acontecendo? Para o que foi dado tempo e o que foi acelerado? Como foram o ritmo geral e o andamento? Quando tiver terminado, pense sobre que visão de aprendizagem estava implícita. Quais coisas específicas você gostaria que funcionassem de maneira diferente e como alcançá-las?

CAPÍTULO 10

Pedagogia e comunidade

No início deste livro, anunciei quatro afirmações-chave que eu esperava explorar. São elas:

- Há uma conversa rica, interessante e importante sobre fé e pedagogia que precisa ser verbalizada. Essa conversa vai além das questões de cosmovisão ou perspectiva expressas no conteúdo dos cursos, e não é redutível a questões de caráter ou tratamento gentil dos alunos.
- Progredir nessa conversa não implica a imposição de um conjunto prescrito de técnicas aprovadas por Deus. Precisa ser uma conversa porque não existe uma fórmula simples para ensinar de modo cristão, nem deveria existir.
- Essa conversa é necessária para a saúde contínua e o desenvolvimento futuro da educação cristã em todos os níveis e para o florescimento de seus alunos. Ela envolverá um tipo particular de atenção à prática incorporada que não abandona nosso foco mais comum no bom pensar, mas expande seu contexto.
- Essa conversa em particular tende a ser negligenciada nas discussões protestantes sobre educação. Atualmente, não somos muito habilidosos em nos engajar com ela, e muitas das ferramentas intelectuais desenvolvidas para abordar a "integração de fé e aprendizado" não são ideais para desenvolvê-la ainda mais.

A primeira metade do livro concentrou-se principalmente nas duas primeiras dessas afirmações; a terceira afirmação foi visitada ao longo de todo o livro e a quarta será abordada com mais detalhes no próximo (e último) capítulo. A segunda metade do livro concentrou-se em uma estrutura para se pensar de forma prática sobre fé e pedagogia. Tenho argumentado que traçar a forma como a fé pode moldar a pedagogia exige que *vejamos nossas salas de aula de maneira nova*, deixando a concepção cristã suplantar a mera devoção à técnica. Envolve *escolher formas de engajamento* que conectem intencionalmente as formas de participação com os tipos de formação que buscamos. Exige *remodelar a prática*, atentar para espaço e tempo, gestos e imagem, objetos e sons, e perguntar qual visão carregam. Eu ofereci exemplos, não prescrições; meu objetivo era desvelar o processo de reflexão baseado na fé sobre como ensinamos, sabendo que os resultados serão diferentes em outros contextos.

Ver de maneira nova, escolher o engajamento e remodelar a prática não são etapas sucessivas, mas facetas interdependentes de um todo. A imaginação ajuda a orientar as práticas e formas de engajamento que escolhemos. O ambiente de aprendizagem material restringe a forma de nos envolvermos e sustenta ou prejudica nossa história sobre o que está acontecendo. À medida que nos engajamos, a imaginação se torna concreta e os detalhes práticos adquirem significado. Não é suficiente ter perspectivas cristãs sem práticas concretas e engajamento intencional que estejam em consonância com elas. "Filhinhos, não amemos de palavra nem de boca, mas em ação e em verdade."[1]

TIPICAMENTE CRISTÃO?

Alguma coisa do que expus é *tipicamente* cristã? Do jeito que isso é comumente indagado, entendo que se deseja saber se existem ações ou abordagens pedagógicas que pertencem exclusivamente ao ser cristão e separam os cristãos dos não cristãos, mostrando-nos onde está a fronteira entre o reino de Deus e o reino do mundo. Tratei dessa questão nos capítulos 3 e 5 (na seção intitulada "Práticas motivadas"). Voltarei a essa questão muito em breve aqui, pois esse assunto parece repetir-se com muita regularidade quando debato com outros professores cristãos.

Parte da dificuldade de se pensar sob a perspectiva das práticas diferenciadas é que as práticas tendem a não permanecer diferenciadas se forem úteis. É bem possível tomar por empréstimo alguns aspectos de uma prática sem adotar a estrutura de fé que lhe deu origem, como atestam as boas vendas de gravações de canto gregoriano para uso como música de relaxamento. Acrescente

---

[1] 1João 3:18.

a isso a enorme influência do cristianismo na educação ocidental, e rapidamente se torna algo problemático abordar as práticas educacionais no que se refere a uma divisão rígida entre escolas cristãs e escolas seculares. As escolas cristãs tendem a ecoar o imaginário social mais amplo de várias maneiras, refletindo práticas da cultura à sua volta e práticas da história educacional recente que podem ter poucas raízes na confissão cristã. As escolas seculares contêm práticas nascidas da reflexão cristã do passado e do engajamento cultural cristão. E os limites dessas práticas não são bem nítidos.

Uma vez que as práticas são rotineiramente emprestadas, adaptadas e retrabalhadas em novos contextos, se há alguma maneira de falar sobre práticas como diferentes no âmbito dos comportamentos será no contexto de sua contínua interdependência com as crenças. Um comportamento visto por si só está aberto a uma variedade de significados. Uma pessoa quebra um ovo e pode estar assando um bolo, errando um exercício de malabarismo, descartando comida velha ou pregando uma peça em alguém; quando as ações são incorporadas em narrativas e relacionamentos é que se tornam significativas e assumem uma identidade mais específica.[2] Dizer que alguém quebrou um ovo é significativamente menos informativo do que uma história em que alguém faz um bolo de aniversário para um parente falecido, na esperança de comunicar seu carinho. Pessoas que não são cristãs partem o pão e bebem o vinho, mas não enquanto celebram a entrega do corpo e do sangue de Cristo. Comportamentos tomados de forma isolada raramente são singulares, exceto quando se tornam momentos nas histórias. Acho que isso é parte do que dá plausibilidade superficial à ideia de que ensinar é apenas ensinar, algo indiferente à fé. Se olharmos para os comportamentos individualmente, eles tendem a ficar inertes sob nosso olhar, e nos dizem muito pouco.

No entanto, isso não significa que apenas as teologias que emolduram uma prática são cristãs. A história necessita que as práticas sejam completas — para tornar a ocasião completa, os ovos devem realmente ser quebrados, o pão deve ser partido, e o vinho, bebido; a fé sem obras é morta. As práticas pedagógicas parecerão mais tipicamente cristãs quando colocadas em meio à fé cristã confessa, embora possam expressar uma postura cristã no mundo mesmo quando silenciamos sobre nossas motivações. O objetivo não é encontrar alguma técnica que os cristãos possam patentear. O objetivo é moldar um

---

[2] Alasdair C. MacIntyre, *After virtue: a study in moral theory*, 3. ed. (Notre Dame: University of Notre Dame Press, 2007), p. 216 [edição em português: *Depois da virtude: um estudo sobre teoria moral*, trad. Pedro Arruda; Pablo Costa a partir da, 3. ed. (Campinas: Vide Editorial, 2021).].

conjunto de práticas que sejam tão condizentes quanto possível com a história de todas as coisas renovadas, na medida em que os reinos deste mundo se tornam o reino de nosso Deus e de seu Cristo,[3] o que pode, portanto, parecer bem diferente da norma em nosso contexto mais amplo, ou não. A questão do grau em que essas práticas são diferentes parece menos crucial do que a questão de saber se são manifestações genuínas da fé que confessamos e procuramos desenvolver no tecido de nossa vida.

A NECESSIDADE DE SERMOS CONDUZIDOS

Isso desloca o foco principal da distinção de nossas técnicas para a integridade de nossos compromissos vividos. Também convida à reflexão tanto sobre os tipos de casas pedagógicas que construímos para nossos alunos como sobre as casas e histórias que moldaram nossos próprios hábitos e suposições. Que tipo de pessoas somos como professores? De onde surgiram nossas suposições sobre o que pode ou não ser feito em sala de aula? A quem pertencem as histórias que animam nossos sonhos inconscientes sobre como o ensino e a aprendizagem devem funcionar? Em que medida isso pode nos transformar, e como?

Tornei-me mais vividamente consciente do fato de minha própria formação enquanto estava de pé em uma mesa de uma sala de aula, em uma escola de ensino médio urbana, gritando como um maníaco enquanto dois pais, meio inseguros, espiavam pela porta aberta. Na noite anterior, eu preparara uma aula de alemão para um grupo de alunos de onze anos de um ambiente urbano pobre, a maioria com dificuldade significativa de alfabetização em inglês. Uma olhada nas atividades do livro me convenceu de que não funcionariam com essa turma, razão pela qual eu precisava de uma maneira diferente de ensinar palavras em alemão para as partes do corpo humano. Na aula, pratiquei, inicialmente, as novas palavras (nós gritamos juntos, sussurramos, cantamos as palavras com vozes infantis) e eu segui com algumas rodadas de "O mestre mandou".[4] Em seguida, empurramos as mesas para o

---

[3] Amy Plantinga Pauw, "Attending to the gaps between beliefs and practices", in: Miroslav Volf; Dorothy Bass, orgs., *Practicing theology: beliefs and practices in Christian life* (Grand Rapids: Eerdmans, 2002), p. 33-48.

[4] *Simon says*, no original. esse é um jogo infantil em que alguém é o "mestre" e manda que os participantes executem tarefas, normalmente físicas, como: "Capitão manda, marinheiro faz... levantar os braços". Jogadores são eliminados se obedecerem a uma ordem que não tenha sido precedida da frase "o mestre mandou..." (ou "*Simon says...*"). (N. T.)

meio da sala, abrindo espaço nas bordas, e eu organizei os alunos em grupos de três, só de meninos ou só de meninas. Cada grupo tinha um conjunto de cartões e cada cartão tinha duas palavras em alemão para as partes do corpo. Um aluno deveria ler as palavras, enquanto os outros dois tinham de suspender esse cartão entre as duas partes do corpo nomeadas (por exemplo, entre o cotovelo do primeiro aluno e a cabeça do segundo aluno). Em seguida, outra carta era virada e lida, e o desafio consistia em suspender o maior número possível de cartas sem cair. O recorde, se bem me lembro, foi treze. Finalmente, dei a cada grupo uma tesoura e um cronômetro. Os cartões foram todos cortados ao meio, rendendo o dobro de cartões de uma única palavra. Um aluno deveria deitar no chão, um segundo tinha o cronômetro e o terceiro deveria usar todos os cartões para marcar com precisão seu colega de bruços contra o relógio. A essa altura, eu estava de pé em uma mesa, bem no meio da sala, gritando o recorde atual, enquanto os grupos gritavam seus tempos dos vários cantos da sala. Nesse momento, o diretor da escola passou pela sala e olhou pela porta aberta, acompanhado por dois pais de um futuro aluno, e minha perspectiva subitamente deu uma guinada. Senti como se fosse um adolescente quando um avô entra em uma sala na qual você está perdido em sua música favorita e, de repente, é invadido por uma sensação desorientadora de que a música não soa tão bem com os avós também na sala. Percebi quão distante eu me encontrava do roteiro original. Eu era um professor. Professores devem ficar na frente da sala, explicar as coisas e escrever em um quadro. Eles devem estar no controle, e deve haver ordem, silêncio e calma. Devem supervisionar enquanto seus alunos escrevem em pedaços de papel e examinam livros grandes e sérios, ou recebendo respostas de alunos com as mãos levantadas. Não devem estar em uma ilha de mesas, bem no meio da sala, gritando números enquanto os alunos arremessam pedaços de papel em outros alunos de braços abertos no chão e todos gritam seus resultados ao mesmo tempo. Eu tinha trinta alunos, quase todos com dificuldades significativas na escola. Eles estavam totalmente engajados, lendo e falando em alemão por quarenta minutos, e haviam aprendido com sucesso vinte novas palavras em alemão. De repente, eu tive certeza de que seria demitido.

Eu não fui demitido (felizmente, meu diretor abriu um sorriso e seguiu em frente), mas o ponto dessa história não é que o caminho para um bom ensino seja subir em móveis enquanto os alunos estão deitados no chão. A insanidade não é melhor que a ordem rígida, a menos que tenhamos base para acreditar que estão produzindo melhor aprendizado. Duas coisas me chamam a atenção sobre aquele momento. Em primeiro lugar, tal momento consolidou para mim a percepção de que as coisas podem ser concebidas de maneira diferente, que os móveis, minha postura, o som ou o silêncio, o tempo, as regras de interação, meu papel exato no processo — tudo isso estava lá para servir ao aprendizado e poderia ser ajustado de qualquer maneira que servisse ao aprendizado. Não há mérito algum em fazer algo diferente só por fazer, ou com o fim de produzir um mero espetáculo. Mas, se me fosse possível melhorar o aprendizado através de mudanças, então eu deveria levar em consideração uma ampla gama de opções em vez de me limitar à ideia preconcebida de como o aprendizado deve funcionar. Em segundo lugar, tornou-se claro para mim, de forma visceral, quão poderosamente meu subconsciente era roteirizado por narrativas específicas de como um professor deve ser, e que eu não as havia escolhido de forma consciente. Boa parte do meu ensino é moldada não tanto por uma avaliação clara do que levará ao maior aprendizado em um momento específico, ou pelas articulações cuidadosamente aprimoradas de minhas crenças sobre Deus e o mundo, mas pelo que fiz antes, pelo que vi os outros fazerem e pelo que presumo que os outros esperam de mim.

Ao longo deste livro, sugeri que é possível trabalhar em direção a formas de projetar o ensino e a aprendizagem que ressoem de forma mais coerente com as convicções cristãs sobre o que é ser humano, interagir com outros humanos, servir ao mundo e imaginar o futuro. É possível fazer tudo isso sem deixar de se preocupar com o rigor e a aprendizagem eficaz do conteúdo. A pedagogia nunca é inocente, mas sempre pode ser moldada de mais de uma forma, inclinada para mais de um fim, oferecendo mais de um lar para viver e crescer.

No entanto, essa percepção deve levar a mais do que uma advertência para ponderar sobre cada escolha, para se concentrar em acertar cada uma intencionalmente. Existem muitas escolhas, e nenhum de nós consegue prestar atenção a cada segundo de cada dia. As salas de aula são complexas demais para dominarmos completamente (quando nos permitimos imaginar que chegamos aonde queremos, um grupo novo e diferente de alunos aparece para nos lembrar de nossa tolice). Não somos seres do tipo que consegue abordar cada instante de suas ações com uma intencionalidade consciente e racional ou com uma abertura espontânea de coração. Nenhum de nós tem energia ou capacidade para esse tipo de heroísmo constante. Precisamos de histórias, hábitos, rotinas e padrões de prática que nos sustentem, a partir dos quais vivemos e ensinamos. Devemos e vamos investir nosso tempo em um planejamento cuidadoso, mas também precisamos ser levados.

Isso pode soar como o prefácio de um lembrete devocional de que temos de confiar na graça e na obra do Espírito Santo para que nossos esforços parciais e malformados produzam frutos duradouros. Na verdade, sim, mas também acho que existem maneiras de cooperarmos com o processo de nos tornarmos o tipo de professor em cujas práticas a graça encontra expressão. Vou deter-me especificamente em dois deles para encerrar esse assunto. O ensino e o aprendizado cristãos devem ser conduzidos pelas disciplinas e pela comunidade cristã.

PRATICANDO A FÉ

Carolyne Call, em sua descrição pungente do processo e dos custos de se repensar uma disciplina universitária de psicologia da adolescência à luz das práticas cristãs de comunhão, hospitalidade e testemunho, escreve sobre suas lutas com uma aluna em particular, "sem dúvida um dos alunos mais teimosos, perturbadores e socialmente desajustados que já tive".[5] Essa aluna apresentava

> dificuldade em se concentrar na aula e, com frequência, mantinha conversas paralelas ou fazia comentários em voz baixa em resposta a tópicos sobre os quais eu estava ensinando. Ela nunca fazia anotações. Era ativa na discussão, mas compartilhava reflexões e pensamentos muitas vezes inadequados, estereotipados ou até mesmo racistas. Parecia completamente inconsciente de seu efeito sobre os outros alunos. Era impetuosa e franca em sua renúncia a qualquer coisa espiritual ou religiosa. Já era bem difícil lidar com essa realidade, mas, além disso, ela também apresentava alguns dos piores trabalhos escritos que eu já tinha visto.[6]

Call confessa que, em qualquer outro momento, teria "interagido com ela como se fazia necessário, tentando minimizar suas interrupções, mostrando-se agradecida quando a aula terminava".[7] No entanto, o fato de ter embarcado em um projeto para adequar intencionalmente seu ensino às práticas cristãs criou uma contrapressão à necessidade instintiva de simplesmente administrar o estresse e seguir em frente. Se a sala de aula tinha de ser imaginada no que se refere

---

[5] Carolyne Call, "The rough trail to authentic pedagogy: incorporating hospitality, fellowship, and testimony into the classroom", in: David I. Smith; James K. A. Smith, orgs., *Teaching and Christian practices: reshaping faith and learning* (Grand Rapids: Eerdmans, 2011), p. 60-79, 76.
[6] Ibidem, p. 76-7.
[7] Ibidem, p. 77.

PEDAGOGIA E COMUNIDADE

à comunhão e à hospitalidade, então "Kathy" também deveria ser concebida como um membro, como uma convidada. Se essa concepção fosse mais do que uma ilusão ou um desejo, se fosse uma maneira de viver, e não apenas uma forma de sonhar, então "Kathy" também deveria ser tratada como um membro, como uma convidada. O fardo foi deslocado um pouco das reações momento a momento da sala de aula para um conjunto mais estável de intenções fornecido pelo compromisso inicial com práticas específicas e as virtudes relacionadas. Mesmo assim, esse compromisso foi testado. Acho que vale a pena ler na íntegra a descrição de Call acerca do momento em que isso veio à tona:

> Isso veio à tona em uma noite de segunda-feira, quando eu estava me preparando para a aula da noite. Kathy e dois amigos chegaram cedo e estavam compartilhando abertamente seu total desdém por outro membro do corpo docente. Kathy disse: "Ah, ele só fica lá em cima, tipo 'dã — eu sou chato'". Isso realmente me causou uma dor física, e eu fiquei imaginando os comentários não editados que os alunos compartilham casualmente sobre todos nós. Eles continuaram a rir, compartilhando exemplos do comportamento desse professor nas aulas que haviam tido com ele. Quando a aula começou, eu estava oscilando entre querer xingá-los por seu desrespeito e fugir e me esconder em total desespero. Em vez disso, respirei fundo e orei em silêncio: "Eu amo essas pessoas. Eu amo essas pessoas. Deus, me ajude a amar essas pessoas". Isso não significou que eu tenha sentido afetos calorosos de amor por eles. Em vez disso, essa era minha bússola pessoal. Lembrei-me de que assumira o compromisso de ensinar a esses alunos com amor e hospitalidade, e não por dever e irritação. Deixe-me ser clara: essa foi uma das transições mais difíceis que já experimentei. A energia mental e emocional que isso exigia de mim, para me voltar a esses alunos em amor, era tremenda. No entanto, naquele momento, eu soube, de uma forma que nunca havia experimentado antes, o que significa ensinar como cristã. É algo totalmente relacionado à forma de eu perceber esses alunos desde o início do semestre. Minha percepção teve de ser colorida para tentar percebê-los como Cristo os teria percebido: certamente falhos em muitos aspectos, mas dignos de amor e respeito, atenção e foco. Isso não significa, contudo, que tivesse de ignorar o comportamento desrespeitoso deles (acabei respondendo mais à frente aos seus comentários, envolvendo-os em uma discussão sobre ensino), mas, sim, que eu estava engajada em um processo contínuo de automonitoramento sobre meu próprio compromisso de amá-los e de como viver isso de uma forma adequada. Mas minha hospitalidade para com a classe (e, especialmente, em

relação a Kathy) nunca teria sido possível se não fosse por minhas outras práticas, como orar pelos alunos, preparar comida para eles, ouvir suas histórias pessoais e coisas semelhantes.[8]

Call aborda aqui a interação concreta entre concepção e prática. A prática nasce da concepção. São modos de viver formativos que nos mantêm esperançosamente em direção aos bens para os quais nossos compromissos nos chamam. As práticas são um ato de cooperação, um convite implícito para que a graça dê forma em nossa vida à visão para a qual nos persuadiu. As práticas também *orientam* a imaginação. O compromisso de praticar a hospitalidade implica modos particulares de conceber os alunos, modos particulares de ver a sala de aula, opções específicas quando a situação exige uma resposta. As práticas nutrem e sustentam uma imaginação que pode, por sua vez, ajudar a levar a mais práticas. A confissão de Call de que não teria sido capaz de responder daquela maneira sem um padrão previamente estabelecido de práticas intencionais em relação aos alunos para disciplinar e orientar suas reações contraria os relatos que falam do ensino como mera técnica instrumental. Também contraria falar do ensino como fundado no coração do professor de um modo que depreende nossa capacidade de produzir ensino cristão a partir do calor de nossa consideração interior pelos alunos.[9] Precisamos de práticas e disciplinas, e não apenas de técnica e gentileza.

Suponho que o processo de permitir que a fé anime as escolhas pedagógicas comece com as práticas usuais que moldam a fé e orientam o eu: adoração, oração, leitura da Escritura, aprender a viver em uma comunidade de fé, doação, engajar-se em atos de misericórdia e justiça etc. Embora eu tenha enfatizado neste livro que a pedagogia tem seu próprio conjunto de estruturas, não se limitando a uma extensão de nossas ideias e sentimentos, também creio que a formação de um eu cristão é componente necessário da pedagogia cristã.

No entanto, isso, por si só, não será suficiente. Call nos leva um passo adiante em sua extensão intencional de práticas cristãs básicas na arena de seu ensino. Ela descreve o trabalho de orar por seus alunos, compartilhar comida com eles, praticar a escuta cuidadosa deles e escolher o compromisso de amar, independentemente de seus sentimentos, quando os alunos demonstram imaturidade. Como tentei ilustrar ao longo deste livro (e como

---

[8] Ibidem, p. 77-8.
[9] É claro que também é possível interpretar a linguagem do "coração" como se referindo exatamente ao tipo de formação e orientação do eu que Call descreve.

Call também ilustra em outras seções de seu artigo), essa busca da prática cristã no ambiente educacional levará, mais cedo ou mais tarde, para além de um compromisso pessoal com a oração e a resposta graciosa, em direção a uma reconsideração de como a própria pedagogia é moldada. Não há uma receita rápida para a pedagogia cristã, mas tão somente um longo processo, feito com temor e tremor, de despir o velho e colocar o novo, e de encontrar maneiras de falar, agir e influenciar uma atividade compartilhada que ressoe com o reino de Deus. Nasce da oração, do estudo, da escuta dos alunos, da disciplina adquirida de estarmos atentos ao que está acontecendo em sala de aula, da humildade que nos permite ouvir dos outros que nossos melhores esforços não estão produzindo exatamente o que esperamos.

EM BUSCA DE COMUNIDADE

O relato de Carolyne Call nos encoraja a olhar para além de "pensar muito o tempo todo" e em direção a "quais práticas podem moldar nossa capacidade de responder de maneira cristã?". No entanto, se encerrarmos mesmo nesse tom, correremos o risco de fazer o projeto de ensino e aprendizado cristão soar como uma espécie de alpinismo espiritual individual que investe a energia de nossa santidade pessoal em escalar as alturas da possibilidade pedagógica. Isso ainda não soa bem. Falando por mim, muitas vezes não sou muito bom em sustentar a disciplina espiritual de modo constante, e há muitos dias em que também não pareço ser muito bom em ensinar. Suponho que uma das práticas cristãs mais importantes que podem sustentar o ensino e o aprendizado cristão é a comunidade intencional aprender continuamente com os outros como viver nossa vocação de ser o corpo de Cristo.

Fui abençoado várias vezes em minha carreira docente ao contar com colegas gentis e que não me julgaram, pessoas com as quais me senti à vontade para abordar o que realmente estava acontecendo em sala de aula. Alguns dos momentos mais importantes em meu próprio desenvolvimento como professor ocorreram quando corri da aula para o escritório de um colega e exclamei: "Acho que algo muito bom acabou de acontecer na minha aula, mas não tenho certeza do porquê, posso falar sobre isso e ouvir sua opinião?". Ou: "Acho que acabei de dar a pior aula de história da educação. Estou tão feliz por não ter sido um dos meus alunos, acho que teria morrido. Como você teria ensinado isso?". Ou: "Você notou como nós sempre...?", ou: "E se nós...?". Colegas que estão dispostos a reagir com carinho e interesse a tais explosões são tesouros que merecem ser buscados, e vale a pena cultivar a capacidade de ser um colega desses para os outros. A qualidade geral de nossa pedagogia depende não apenas de dons e dedicação individuais, mas também do grau em que podemos promover conversas contínuas, abertas e engajadas sobre ensino e aprendizagem, conversas que se dedicam, de forma genuína, a descobrir as formas de renovar o ensino. Considero uma parte importante do trabalho das escolas, faculdades e universidades cristãs descobrir a forma de promover essas conversas regularmente.

Bons textos sobre pedagogia cristã podem oferecer um pouco do mesmo companheirismo estimulante. O artigo de Carolyne Call aponta, de forma implícita, para isso, pelo simples fato de ser uma publicação; surgiu de um projeto de vários anos de pesquisa em grupo e representa o aprendizado compartilhado para o bem dos colegas, e não apenas um diário de progresso espiritual pessoal. Aprender sobre ensino envolve aprender com os outros: aprender com nossos alunos, com nossos colegas imediatos e aprender com uma comunidade mais ampla de educadores cristãos entre os quais os dons foram distribuídos para o bem de todo o corpo. Como observo no próximo (e último) capítulo, os recursos atualmente disponíveis não são tão ricos quanto poderiam ser, mas há um bom material capaz de proporcionar um diálogo gratificante com outros educadores cristãos.

Nossas conversas sobre pedagogia não precisam circunscrever-se aos limites de nosso próprio espaço e tempo. Há uma nuvem de testemunhos pedagógicos. Há uma comunidade engajada à qual podemos nos juntar para descobrir o que significa ensinar de maneiras que possam ter o gosto do reino de Deus. Essa é a comunidade que tenho em mente enquanto escrevo. Espero que alguma parte deste livro possa ter ajudado a iluminar uma pequena parte de seu próprio ensino, e que você conheça a alegria de sentir a graça fluir de vez em quando em meio a seus projetos pedagógicos.

Para reflexão e debate

- Quais disciplinas você poderia adotar que o ajudariam a sustentar um engajamento cristão com seus alunos e com sua sala de aula?
- Quais são as principais pressões que prejudicam esse engajamento?
- Quais colegas em sua própria instituição ou em uma instituição próxima seriam os parceiros de diálogo mais promissores em relação às suas abordagens de ensino e aprendizagem?

CAPÍTULO 11

O estado da pesquisa acadêmica cristã

Estas últimas páginas são voltadas principalmente àqueles que trabalham no ensino superior, mas também podem ser úteis para outros interessados no estado atual da pesquisa acadêmica ou nas razões pelas quais a pedagogia cristã é um tópico pouco explorado. Aqui dedico atenção especial à lacuna que afirmei existir nas pesquisas cristãs sobre ensino e aprendizagem. É o tipo de lacuna que se torna visível, por exemplo, quando se elaboram listas resumidas das necessidades da educação superior cristã. Um volume recente sobre a "ideia de uma universidade cristã" argumenta que "temos de pensar cuidadosamente sobre as questões de mercado (quem exatamente quer uma universidade cristã), pluralismo (como nos relacionamos com a diversidade religiosa) e conteúdo (qual é exatamente a diferença em relação a outras universidades moldadas por uma ideologia diferente)".[1] Ao longo deste livro, argumentei que, quer estejamos falando de uma universidade cristã, quer de uma escola cristã de outro tipo, há um tópico importante a ser adicionado a essas listas. A pedagogia é uma variável importante para o que acontece nos ambientes de aprendizagem. Ela ajuda a moldar o que é aprendido e os significados obtidos da experiência de aprendizagem. Falar de educação cristã sempre ficará aquém se a atenção não estiver voltada a questões pedagógicas. No entanto, há uma tendência bastante comum entre os estudiosos cristãos: não lhes ocorre de pronto falar de pedagogia ao escrever sobre fé e educação superior. Eu observei isso no capítulo de abertura; este capítulo final retorna ao problema com mais detalhes. Acredito que, em suas considerações sobre

---

[1] Ian S. Markham, "The idea of a Christian university", in: Jeff Astley; Leslie Francis; John Sullivan; Andrew Walker, orgs., *The idea of a Christian university: essays on theology and higher education* (Milton Keynes: Paternoster Press, 2004), p. 3-13, 3.

a educação superior cristã, os estudiosos cristãos protestantes negligenciaram indevidamente a pedagogia como uma variável relevante e a trataram de forma casual quando ela surgiu. No que se segue, esclarecerei e fundamentarei essas afirmações, sugerindo algumas razões pelas quais isso pode estar acontecendo e apontando para alguns próximos passos necessários.

O PANORAMA DO ACADEMICISMO CRISTÃO

Ao longo do último meio século, uma literatura substancial surgiu no contexto do ensino superior cristão protestante, lidando com o que tem sido mais frequentemente chamado de "integração entre fé e aprendizagem". Revistas acadêmicas foram fundadas como plataformas para estudos especificamente cristãos de vários tipos. Nelas, foram publicados mais de dez mil artigos revisados por pares fora dos limites da teologia. Esses artigos cobrem uma vasta gama de tópicos e uma ampla variedade de disciplinas.[2] Ao lado dos artigos de pesquisa, um bom número de livros com ampla circulação defende, debate e refina abordagens ao ensino superior e à vida da mente que estão entrelaçadas com a fé cristã.[3] Tem havido um bom suprimento de recursos que oferecem conselhos sobre como ser cristão e pensar bem, juntamente com lamentos periódicos de que os cristãos não pensam o suficiente ou que pensam coisas erradas. Conferências, *workshops*, seminários e grupos de discussão de livros focados nesse conjunto de questões são uma característica regular da vida em muitas faculdades, universidades e seminários cristãos, pelo menos na América do Norte. Em geral, essas instituições têm como missão o foco no ensino e na aprendizagem, e não na pesquisa. No entanto, ainda há uma lacuna significativa nesse assunto quando se trata de pensar concretamente sobre como a fé molda os processos de ensino e aprendizagem. Os estudiosos cristãos têm sido melhores em explorar um tipo de questão do que outro.

Um exemplo pode ajudar a identificar a distinção que tenho em mente. Há alguns anos, liderei dois grupos de discussão formados por professores em

---

[2] Veja David I. Smith; Joonyong Um; Claudia D. Beversluis, "The scholarship of teaching and learning in a Christian context", *Christian Higher Education* 13, n. 1 (2014), p. 74-87.
[3] Alguns dos volumes mais amplamente discutidos incluem Douglas Jacobsen; Rhonda Hustedt Jacobsen, *Scholarship and Christian faith: enlarging the conversation* (Oxford: Oxford University Press, 2004); George M. Marsden, *The outrageous idea of Christian scholarship* (Oxford: Oxford University Press, 1997); Mark A. Noll, *The scandal of the evangelical mind* (Grand Rapids: Eerdmans, 1994); Nicholas Wolterstorff, *Reason within the bounds of religion*, 2. ed. (Grand Rapids: Eerdmans, 1988); Nicholas Wolterstorff, *Educating for Shalom*, ed. Clarence W. Joldersma; Gloria Goris Stronks (Grand Rapids: Eerdmans, 2004).

meu próprio *campus*, oportunidade em que lemos e debatemos um pequeno livro de Paul Griffiths intitulado *The vice of curiosity* [O vício da curiosidade].[4] Nesse livro, Griffiths apresenta um relato agostiniano de diferentes tipos de apetite por conhecimento. Assim como o desejo e a luxúria em relação ao sexo, ou a fome e a gula em relação à comida, o apetite por aprendizado vem em variedades saudáveis e distorcidas. Por um lado, temos *studiositas*, o desejo saudável de aprender; por outro lado, temos sua falsificação deformada pelo pecado, *curiositas*. (Podemos traduzir livremente como "a característica de quem é estudioso" e "curiosidade", mas apenas com alguma cautela, pois comumente usamos a palavra moderna "curiosidade" em um sentido diferente e mais positivo hoje.) Em suma, *studiositas* refere-se a ser submissamente atento ao seu objeto, procurar conhecer na e para a comunidade, relacionando-se com o conhecimento como um dom recebido com gratidão e livremente compartilhado. *Curiositas* busca a propriedade e o controle egocêntrico do que é conhecido, é algo orgulhosamente tagarela e jactancioso, e aprecia o status público de quem sabe coisas que os outros não sabem. Esses diferentes apetites não surgem de forma aleatória — nós treinamos nossos apetites por meio das práticas nas quais nos engajamos. Griffiths argumenta que a formação particular do eu que resulta da prática intelectual e pedagógica típica da universidade moderna é mais adequada à produção de *curiositas* nos alunos do que ao cultivo de *studiositas*. Uma prática cristã de aprendizagem deve atentar a esses regimes pagãos de prática e buscar alternativas para se mostrar coerente com seus próprios compromissos, mostrando-se capaz de promover crescimento saudável.

O relato de Griffiths levanta algumas questões importantes e básicas sobre o ensino e o aprendizado cristão. Trata-se de um relato sugestivo que provoca, de imediato, o debate, ideal para discussão em pequenos grupos. Nossos dois grupos de leitura contavam com professores de uma variedade de disciplinas, tinham o mesmo líder e debatiam as mesmas leituras, mas os diálogos se desenrolaram de maneira bastante diferente.

Um grupo gravitou mais facilmente em torno das questões relacionadas às manifestações do conhecimento. A estrutura platônica de Griffiths era defensável? Sua explicação do apetite intelectual se sustenta se for desvinculada dessa estrutura? Ele realmente entendeu Agostinho? Suas afirmações sobre as consequências negativas de *curiositas* são empiricamente testáveis? Elas são precisas?

---

[4] Paul J. Griffiths, *The vice of curiosity: an essay on intellectual appetite* (Winnipeg: Canadian Mennonite University Press, 2006).

Sua descrição do conhecimento saudável e não saudável é tendenciosa contra as ciências naturais? E assim por diante. Os participantes geralmente queriam testar a coerência e a validade dos conceitos e afirmações de Griffiths, e usaram seu livro como ferramenta para refletir sobre posições intelectuais.

O outro grupo logo começou a buscar questões mais voltadas às práticas pedagógicas. Quando tentamos nutrir o desejo de aprender nos alunos, que tipo de apetite estamos realmente nutrindo? Quais dos nossos movimentos em sala de aula estimulam determinado tipo de apetite? Que tipo de apetite os alunos trazem consigo no início de seus estudos? Como ele foi formado e quais são nossas chances de rejeitá-lo? Existem abordagens de ensino capazes de mudá-lo? Quais de nossas práticas em sala de aula reforçam o senso de conhecimento como uma posse individual competitiva? Quais de nossas práticas são capazes de fomentar o senso de responsabilidade comunal implícito em *studiositas*? E assim por diante. Esse grupo investiu mais rapidamente em descobrir de que forma as ideias de Griffiths poderiam ajudar-nos a repensar o que estávamos fazendo com os alunos. Eles usaram o livro como ferramenta para refletir sobre suas práticas pedagógicas.

Ambos os conjuntos de questões parecem substanciais e importantes. Cada conjunto é uma maneira válida de abordar o texto de Griffiths, e nenhum anula o outro. Na verdade, parece-me que um precisa do outro. Ambos levaram a discussões animadas e abriram possibilidades para uma investigação mais aprofundada. Ambos exigiam engajamento intelectual, teste de ideias e reflexão cuidadosa. Ambos os diálogos podem acontecer em resposta não apenas ao livro de Griffiths, mas também a uma ampla gama de outras ideias, recursos e descobertas em uma grande quantidade de disciplinas. No entanto, há um aspecto importante no qual esses conjuntos de perguntas não são iguais.

A distinção entre esses dois tipos de perguntas enquadra-se na lacuna que desejo destacar. O primeiro tipo de pergunta, que enfatiza as posições intelectuais, normalmente recebe mais peso no ensino superior em geral. E o academicismo cristão nas últimas décadas exibiu preocupação com questões do primeiro tipo, ao lado de uma falha generalizada em atender adequadamente às questões do segundo tipo.

MAPEANDO AS LACUNAS

Essa afirmação se baseia, em parte, na experiência. Encontro regularmente educadores em conferências que ouviram muitas palestras dizendo-lhes que precisam ter uma cosmovisão cristã, mas sentem que, no final, não estão muito mais perto de ver a forma como isso afeta seu ensino no dia a dia, depois que as poucas questões controversas em sua disciplina são debatidas. Eu participo de conversas no ensino superior em que pessoas que sabem debater com precisão e sofisticação as nuances epistemológicas de vários pressupostos e sob várias perspectivas acabam caindo em dicotomias simplistas como "palestras *versus* trabalho em grupo", ou negam qualquer expertise se o tópico versar sobre pedagogia. Mas há alguns motivos para preocupação que vão além da evidência anedótica. Então, vamos a alguns dados.

Imagine que você tivesse um balde cheio de pedrinhas, cada qual representando um artigo de periódico revisado por seus pares e publicado fora dos periódicos de teologia sob a ampla bandeira de "integração entre aprendizagem e fé", ou academicismo cristão, ou pesquisa acadêmica informada pela fé, ou qualquer outro nome adotado para a intenção de resistir à separação entre fé e aprendizagem. Você precisará de um balde bem grande — ainda que voltemos nossa atenção apenas a artigos publicados em revistas acadêmicas abertamente cristãs fora da área da teologia entre 1970 e 2010, você precisará de uma pedrinha para mais de mil artigos cobrindo uma ampla gama de disciplinas e tópicos. Ou seja, talvez vários baldes. Ou talvez um ou dois grandes carrinhos de mão.

Agora imagine que você recebeu a tarefa de separar as pedrinhas em duas pilhas. Na pilha da direita, você jogará pedrinhas representando qualquer artigo que, de alguma forma, aborde diretamente as questões de ensino e aprendizagem. Apenas abordar ideias que poderiam ser ensinadas em uma sala de aula não é suficiente — não apenas transformaria tudo o que já foi escrito em um artigo sobre ensino (porque podemos ensinar sobre qualquer coisa), como também deixaria de apontar a questão de *como* essas ideias serão ensinadas. O ensino certamente precisa de conteúdo, mas um compilado dos conteúdos em potencial ainda não é ensino/aprendizagem. Portanto, sua primeira pilha precisa pelo menos mencionar pedagogia, ou ensino, ou alunos. Você quer ser o mais generoso possível, então conclui que, se um artigo contiver até um parágrafo que mencione ensino, pedagogia, formação, alunos ou alguma noção equivalente, você o considerará um artigo sobre ensino e aprendizagem. Chamaremos isso de pilha da pedagogia.

Na pilha da esquerda, você jogará todo o restante — artigos que abordam um espectro deslumbrante de ideias, textos e discussões disciplinares e interdisciplinares fascinantes, mas sem se aventurar em nenhuma reflexão sobre como os professores e alunos interagirão em torno deles ou como farão parte de um processo de aprendizagem ou formação. Esse, naturalmente, é um material de grande valor em potencial, até mesmo para o professor, que precisa de coisas verdadeiras para ensinar. Só que esses artigos não tratam *sobre como ensinar*, nem mesmo por um parágrafo. Chamaremos isso de pilha das disciplinas.

Você começa a classificar. Um artigo que fala de como os sistemas de valores dos alunos dos cursos de economia são afetados pelo currículo de economia é jogado na pilha da pedagogia, em cima de um artigo sobre como um programa de física é projetado para que se progrida na reflexão dos alunos sobre fé e ciência. A pilha de disciplinas tem início com um artigo sobre as visões de Charles Taylor sobre secularização, seguido por um artigo que aborda teologia do marketing e outro sobre epistemologia para historiadores. Você continua até que todas as pedrinhas sejam separadas. Imagine as duas pilhas. Quão grande você espera que cada uma delas seja?

Uma coisa que você perceberá é que os artigos que abordam pedagogia estão mais frequentemente nas revistas de educação.[5] Isso não é surpreendente, mas significa que a maioria está focada no ensino fundamental e no ensino médio, e serão lidos apenas por professores dos departamentos de educação, então eles são menos propensos a se tornar parte da conversa acadêmica cristã mais ampla, que tende a ser dominada por filósofos, historiadores, teólogos e acadêmicos de literatura. Você descobrirá que, fora desses periódicos, apenas 4,6% dos artigos mencionam ensino e aprendizado.[6] Você também descobrirá que, em algumas disciplinas que estiveram na vanguarda dos debates sobre a natureza do aprendizado cristão, os artigos sobre ensino/aprendizagem são surpreendentemente escassos.[7] De 1970 a 2010, a disciplina de filosofia reuniu três artigos que mencionavam estudantes ou pedagogia — 0,28% dos 1.075 artigos publicados nessa disciplina. A disciplina literatura inglesa publicou 18 artigos dos 1.492 (1,21%).[8] Simplificando, durante o

---

[5] Allan Harkness nos fornece um diretório útil de periódicos que abordam diretamente a interface entre cristianismo e educação em Allan G. Harkness "Exploring the interface between Christian faith and education: an annotated list of current journals", *Journal of Education and Christian Belief*, 17, n. 1 (2013), p. 99-114. Desde a publicação dessa lista, o *Journal of Christian Education* e o *Journal of Education and Christian Belief* se juntaram para formar o *International Journal of Christianity and Education*s

[6] Esse é um número agregado derivado de Smith; Beversluis; Um, "The scholarship of teaching and learning", p. 82.

[7] As diferenças disciplinares desempenham papel relevante em relação à forma como o corpo docente se envolve com a pesquisa em ensino/aprendizagem. Veja, p. ex., George R. Lueddeke, "Professionalizing teaching practice in higher education: a study of disciplinary variation and 'teaching-scholarship'", *Studies in Higher Education* 28, n. 2 (2003), p. 213-28.

[8] Smith; Beversluis; Um, "The scholarship of teaching and learning", p. 83.

último meio século, o diálogo acadêmico que emergiu e procurou esclarecer a natureza do ensino superior cristão parece, em sua maior parte, ter sentido pouca necessidade de falar sobre ensinar e aprender. Isso não significa que não haja nada ali; além dos artigos que abordam pedagogia, há vários livros úteis focados em graus variados nas questões pedagógicas.[9] No entanto, as contribuições tendem a ser ocasionais e dispersas, e não um diálogo cumulativo e conectado.

Para agravar o problema, não é incomum descobrir que até mesmo os escritos que se propõem a abordar o ensino em contexto cristão sofrem uma espécie de deslocamento de foco quando realmente se dedicam a essa tarefa. Livros e ensaios que começam prometendo abordar o ensino muitas vezes acabam sendo principalmente sobre epistemologia, ou história das ideias, ou filosofia da religião, ou a visão do autor sobre o pós-modernismo. Há uma tendência recorrente de se substituir o debate filosófico pela atenção real ao ensino.[10] Poucos exemplos desse tipo de escrita realmente têm predileção por sala de aula.

Onde o ensino *é* realmente abordado nos textos que falam de fé e aprendizagem, as recomendações costumam ser de alto grau de generalidade (exortações para usar modelos além de explicações, tentar trabalhos em grupo, envolver mente, coração e mãos) ou abandonam as estruturas teológicas e conceituais cuidadosamente nutridas que enquadram a discussão mais filosófica quando o tópico se volta ao ensino. Não apenas a quantidade, mas também a nuance e a precisão em escrever sobre os objetivos da educação, a história das ideias e as perspectivas intelectuais a serem defendidas raramente parecem receber uma atenção igualmente cuidadosa ou sustentada,

---

[9] Estes incluem, no período em questão, p. ex., Chris Anderson, *Teaching as believing: faith in the university* (Waco: Baylor University Press, 2004); Stephen R. Haynes, *Professing in the postmodern academy: faculty and the future of church-related colleges* (Waco: Baylor University Press, 2002); Mary E. Hess; Stephen D. Brookfield, orgs., *Teaching reflectively in theological contexts: promises and* (Malabar: Krieger, 2008); Arlin C. Migliazzo, *Teaching as an act of faith: theory and practice in church related higher education* (New York: Fordham University Press, 2002); Parker J. Palmer, *To know as we are known: spirituality of education* (San Francisco: Harper & Row,1983); Andrea Sterk, org., *Religion, scholarship, & higher education: perspectives, models, and future prospects* (Notre Dame: University of Notre Dame Press, 2002); Nicholas Wolterstorff, *Educating for responsible action* (Grand Rapids: Eerdmans, 1980). Também particularmente relevante é o trabalho que procura deslocar a conversa sobre aprendizado e fé para as questões de formação, como James K. A. Smith, *Desiring the kingdom: worship, worldview, and cultural formation* (Grand Rapids: Baker Academic, 2009) [edição em português: *Desejando o reino: culto, cosmovisão e formação cultural*, trad. A. G. Mendes (São Paulo: Vida Nova, 2019)].

[10] Para oferecer um exemplo entre muitos, Harry Lee Poe, *Christianity in the academy: teaching at the intersection of faith and learning* (Grand Rapids: Baker Academic, 2004), tem um subtítulo que sugere foco no ensino e critica abordagens do ensino superior como apenas dispensar conhecimento (p. 56), mas lida apenas de passagem com a pedagogia (p. ex., p. 55-6), antes de se concentrar na história das ideias e nas fronteiras disciplinares.

informada pela fé, às práticas reais e aos processos de ensinar e aprender. Unir grandes ideias teológicas ou filosóficas a práticas concretas parece ser um desafio. A resultante falta de uma estrutura rica e compartilhada voltada ao diálogo tende a deixar as instituições cristãs facilmente à mercê de pressões culturais relativas a técnicas manipuladoras, formas reducionistas de avaliação e resultados de aprendizagem padronizados e desprovidos de profundidade.

Estou longe de querer sugerir que não há uma grande quantidade de ensino excelente nas instituições cristãs de ensino superior, ou que não existem algumas exceções valiosas ao padrão que acabamos de descrever. Muitos educadores cristãos estão ensinando de maneira profundamente cristã, para o grande benefício de seus alunos e da sociedade. Também tem havido um fluxo constante de excelente trabalho individual sobre ensino e aprendizagem por estudiosos cristãos, e há muito material na literatura acadêmica mais ampla sobre prática educacional que pode ser útil para as instituições educacionais cristãs em particular. No entanto, boa parte do envolvimento individual permanece privada, conhecida apenas por grupos locais de alunos, e muito do que é publicado sobre pedagogia cristã permanece fragmentário. A teologia e a filosofia cristãs continuam a gerar um debate vivo e intrincado. A história institucional da educação superior cristã não é apenas mapeada, mas também contestada e refinada. No entanto, uma discussão comunitária ampla, bem desenvolvida e baseada em princípios da pedagogia informada pela fé tem apresentado desenvolvimento mais lento. Essa carência tende a deixar o professor cristão individual, em grande parte, à mercê de sua própria sorte quando se trata de tornar explícito o que significa ensinar de maneira informada pela fé.

EFEITOS NO CORPO DOCENTE

Essa negligência parece encontrar eco nos dados recentes de uma pesquisa realizada com 2.309 professores em 48 faculdades e universidades cristãs.[11] Nathan Alleman, Perry Glanzer e David Guthrie começaram a estudar a

---

[11] Nathan F. Alleman; Perry L. Glanzer; David S. Guthrie, "The integration of Christian theological traditions into the classroom: a survey of CCCU faculty", *Christian Scholars Review* 45, n. 2 (2016), p. 103-24; Perry L. Glanzer; Nathan F. Alleman; David Guthrie, "How Christian faith can animate teaching: a taxonomy of diverse approaches", in: T. Laine Scales; Jennifer L. Howell, orgs., *Christian faith and university life: stewards of the academy* (Cham: Palgrave Macmillan, 2018), p. 165-92.

influência das tradições teológicas em sala de aula. Em sua pesquisa, os professores foram questionados: "Sua tradição teológica influencia as seguintes áreas de seu ensino?". A tabela a seguir mostra as respostas em porcentagem:[12]

PERGUNTA	SIM	NÃO SEI	NÃO
Objetivos do curso	48	9	43
Fundamentos, cosmovisão ou a narrativa que guia o curso	79	5	16
Motivações ou atitudes para com a turma	78	6	16
Abordagem ética	84	4	12
Métodos de ensino	40	20	40

Observe que, por um lado, entre 78% e 84% relataram que sua tradição teológica influenciava a ética, as motivações e a cosmovisão em seus cursos. Isso parece sugerir que o projeto de conectar a fé com a vida da mente foi amplamente adotado por esses membros do corpo docente. Por outro lado, porém, quanto mais próximas as questões estão das práticas de ensino, menores são as respostas positivas. Apenas 48% relatam influência nos objetivos do curso e apenas 40% sentem que sua tradição de fé influencia a forma de ensinar. Talvez o mais revelador seja o número de 20% para "não sei" em resposta à questão sobre os métodos de ensino (consulte o capítulo 1 para algumas inquietações relacionadas a essa terminologia), ou seja, mais do que o dobro de qualquer outra área de incerteza, com o "sim" e respostas "não" divididas igualmente em torno dessa opção.

Observe também que o mesmo corpo docente, como um grupo, que está inseguro sobre a pedagogia mostra-se confiante em relação às questões de cosmovisão e perspectiva de enquadramento. Isso sugere que não devemos atribuir a fragilidade na área da pedagogia a uma falta de engajamento com o debate sobre o ensino superior cristão. O próprio corpo docente que absorveu, em grande parte, a ênfase desse diálogo na orientação da perspectiva de suas matérias tem pouca clareza sobre a forma como a fé pode influenciar a pedagogia. Sugiro que isso não ocorre apesar dos esforços existentes para se

---

[12] Reproduzido a partir de Alleman et al., "Integration", p. 108.

desenvolver o academicismo cristão, mas, sim, por causa de seus contornos reais. O problema não é que os professores estejam deixando de se engajar com a literatura sobre fé e aprendizagem, mas, sim, que, no que diz respeito à pedagogia, a literatura com a qual eles se engajam não oferece muita ajuda. Porém, é inteiramente possível combinar um forte investimento na ideia de que a vida da mente deve ser estruturada de maneira cristã com uma abordagem não reconstruída da pedagogia. Na corrida para relacionar a fé ao aprendizado, o *processo* de aprendizagem foi largamente deixado para trás.

RAZÕES PARA IGNORAR O ENSINO

Como explicar uma lacuna assim? Uma explicação conveniente, é claro, seria a de que não há muito para tratar. Talvez ensinar seja realmente apenas uma técnica, e não há nada cristão a ser dito sobre isso. Todo este livro foi concebido como um argumento cumulativo de que essa explicação está simplesmente errada; a esta altura, eu já disse tudo o que precisava dizer. Se o argumento dos capítulos anteriores tiver algum mérito, então esse tipo de explicação não servirá.

Um tipo diferente de explicação é oferecido pela literatura que emergiu do movimento recente no ensino superior em geral, voltado a um enfoque crescente na pesquisa de ensino e aprendizagem, um movimento enraizado no trabalho de Ernest Boyer.[13] Essa literatura tem documentado uma gama de fatores que se reforçam mutuamente e que ajudaram a suprimir o envolvimento acadêmico com a área de ensino/aprendizagem.[14] Estão incluídos os fatores relacionados a recompensas, treinamento, hábitos mentais, solidão e comunicação. A estes, acrescentarei algumas considerações relacionadas ao contexto particular da academia cristã.

Recompensas
O baixo status da reflexão sobre o ensino na educação superior, em comparação com outras formas de reflexão acadêmica, tem sido sustentado por sistemas de recompensa e padrões de progressão de carreira que tendem a recompensar determinadas formas de pesquisa disciplinar mais do que o

---

[13] Ernest L. Boyer, *Scholarship reconsidered: priorities of the professoriate* (Princeton: The Carnegie Foundation for the Advancement of Teaching, 1990).
[14] O que se segue baseia-se especialmente na útil pesquisa de Mary Taylor Huber e Pat Hutchings, *The advancement of learning: building the teaching commons* (San Francisco: Jossey Bass, 2005).

engajamento com a melhoria sistemática do ensino. O ensino superior de nível introdutório tem sido frequentemente relegado a instrutores e estudantes de pós-graduação mal remunerados e institucionalmente marginalizados, para que aqueles que estão acima na escala possam concentrar-se na área de pesquisa. O sucesso na pesquisa provavelmente trará maiores oportunidades para se desvincular do ensino ou para ministrar ensinamento apenas a alunos selecionados. As tentativas de reequilibrar as recompensas por meio da implementação de prêmios por ensino exemplar algumas vezes levaram à percepção de tais recompensas como prêmios de consolação questionáveis, uma vez que o sucesso na publicação de pesquisa e artigos científicos confere status mais elevado nos círculos acadêmicos. Desenvolvimentos pedagógicos bem-sucedidos são comumente adotados por outros professores sem que o nome de seu criador seja anexado — as ações em sala de aula não vêm com notas de rodapé. Há, portanto, menos prestígio acadêmico a ser conquistado por meio da inovação pedagógica. Em um nível mais imediato e existencial, o trabalho pedagógico pode conquistar menos respeito dentro do próprio departamento e contar menos para garantir promoção e emprego contínuo. Muito tempo focado em refletir sobre o ensino pode acabar sendo visto como um movimento ruim na carreira.

Treinamento
Alimentando-se disso, o treinamento pedagógico para estudantes de pós-graduação tem sido historicamente casual — melhor em algumas instituições do que em outras, mas, com frequência, ausente. O foco principal da formação de pós-graduação tem sido o domínio das literaturas relevantes e a produção de pesquisa. Até recentemente, poucos programas de pós-graduação abordavam a formação pedagógica do futuro corpo docente de uma forma séria e sistemática ou municiavam seus candidatos com estruturas teóricas que lhes permitissem refletir adequadamente sobre o funcionamento das salas de aula. Muitos membros do corpo docente do ensino superior se tornam excelentes professores mais por iniciativa própria do que por terem recebido treinamento como uma parte importante de sua preparação ou formação.

Hábitos da mente
Um terceiro fator diz respeito à forma como refletimos sobre a docência. Como Huber e Hutchings resumem sucintamente, alguns mitos comuns são:

"É fácil: qualquer um faz. É mágico: não é algo que se aprenda a fazer, mas um dom com o qual você nasce. Resume-se a técnica e truques, não consistindo em algo intelectualmente substancial".[15] O que essas visões têm em comum é a falta de razão para pensar no ensino/aprendizagem como um foco recompensador de investigação contínua. Como Rodney Bass aponta, na pesquisa disciplinar, um problema é uma coisa boa — os acadêmicos trabalham por anos a fio e publicam séries de artigos de uma profundidade e uma sutileza cada vez maiores sobre problemas interessantíssimos em seus campos.[16] Quando se trata de docência, os problemas são vistos como inconvenientes que se resolvem melhor antes do Natal ou simplesmente são atribuídos a deficiências dos alunos. Isso revela nossa tendência de não pensar no ensino como uma arena rica para engajamento e reflexão. Um eminente colega sênior comentou certa vez, com a intenção de me assegurar que achava que minha preocupação com a pedagogia tinha algum valor: "Não sou contra o 'como fazer'". Foi uma expressão concisa e eloquente do sentimento de que ensinar é importante da mesma forma que a troca periódica do óleo do carro ou o uso regular de fio dental — necessários, mas não muito cativantes. O ensino tende a se tornar um objeto de atenção principalmente quando não está funcionando bem, fazendo-se necessária uma ação corretiva, e então o objetivo é consertar as coisas mais do que chegar ao entendimento. Isso é uma pena, pois ensinar é um assunto rico, complexo, difícil e fascinante que tende a murchar e morrer sob um regime de correções técnicas rápidas.

Solidão

A tendência de as circunstâncias reais do ensino promoverem "solidão pedagógica" não ajuda esse estado de coisas.[17] Professores ministram suas próprias aulas, e seu ensino raramente é exposto ou compartilhado de forma significativa com os colegas. Não é incomum que os professores saibam pouco do que acontece nas aulas uns dos outros, ainda que dentro de um mesmo departamento. Os tipos de conhecimento e experiência adquiridos em sala de aula

---

[15] Huber e Hutchings, *The advancement of learning*, p. 18. Eu acrescentaria a ideia de que "os professores não são muito responsáveis pelo aprendizado de seus alunos, cabendo aos alunos mostrar sua coragem e a montanha da sabedoria por si mesmos".
[16] Rodney Bass, "The scholarship of teaching: what's the problem?", *Inventio* 1, n. 1 (1999), disponível em: https://my.vanderbilt.edu/sotl/files/2013/08/Bass-Problem1.pdf, acesso em: 27 fev. 2017.
[17] Lee S. Shulman, "Teaching as community property: putting an end to pedagogical solitude", *Change* 25, n. 6 (1993), p. 6-7.

são muitas vezes altamente contextuais e difíceis de compartilhar por meio de muitas formas padrão de redação de pesquisa. Uma história compartilhada de reflexão sobre o ensino é elusiva.

Comunicação

Por fim, escrever academicamente sobre ensino pode significar encontrar novas revistas e canais de publicação — periódicos que podem ser de menor prestígio, menos lidos e menos familiares ou respeitáveis para os colegas de departamento que revisarão o trabalho de um acadêmico do que os periódicos em educação, nos quais eles geralmente buscam publicar. Trabalhar com ensino/aprendizagem pode significar envolver-se com novas literaturas e novas habilidades e adotar métodos de pesquisa que os colegas podem perceber como "simplórios" em comparação àqueles dentro da disciplina do indivíduo. As conversas sobre trabalhos em pedagogia podem ser conduzidas com uma rede frouxa de indivíduos igualmente interessados fora do departamento e do campo de cada um. Os departamentos disciplinares têm sido a principal fonte de identidade e via de promoção para a maior parte dos professores, e essas disciplinas e departamentos têm variado em sua disposição de respeitar o trabalho focado nas questões de ensino, e não nas questões próprias de suas disciplinas.

Contexto

No contexto do ensino superior cristão protestante, talvez possamos acrescentar outro fator. Parte do ímpeto para o engajamento acadêmico cristão tem sido a resistência, por um lado, contra as perspectivas intelectuais que permitem que a fé desempenhe papel relevante como motivação ou fonte de valores, mas que não a veem como dando uma contribuição intelectual genuína; e, por outro lado, contra instâncias de um anti-intelectualismo cristão.[18] A pesquisa acadêmica explicitamente cristã tem representado, em parte, a espécie de luta para reivindicar o valor da fé precisamente como envolvendo alegações de verdade capazes de informar a investigação intelectual. Talvez, em conjunto com os fatores descritos, isso tenha ajudado a reforçar o foco na teoria e na investigação disciplinar em detrimento do foco no ensino e na aprendizagem. O desejo de mostrar que o academicismo cristão pode ser inteiramente respeitável e sério provavelmente levará, afinal, ao foco em formas de

---

[18] Mark A. Noll, *The scandal of the evangelical mind* (Grand Rapids: Eerdmans, 1994).

pesquisa acadêmica e trabalho intelectual que são mais prontamente respeitadas na academia existente.

Qualquer um desses fatores será mais forte ou mais fraco em qualquer departamento ou instituição. Mas tome-os juntos, e a ideia de investir séria energia acadêmica nas questões de ensino e aprendizagem poderá, aparentemente, comprometer habilidades não desenvolvidas com um tópico intelectualmente marginal por pouca ou nenhuma recompensa em meio a uma agenda já sobrecarregada. Consequentemente, a pedagogia tem sido com mais frequência uma prática de fundo privatizada, e não um tópico substantivo no debate acadêmico. Apesar do desejo de distinção e do grande enfoque no ensino da maioria das faculdades e universidades cristãs, os padrões descritos nas publicações acadêmicas cristãs sugerem que, no que se refere à pesquisa sobre ensino e aprendizado, a academia cristã pode não ser tão diferente da academia secular. Pode até estar para trás. É claro que os melhores professores estão investindo quantidades prodigiosas de tempo, energia e paciência no aprendizado de seus alunos, desenvolvendo novas abordagens e padecendo quando os resultados decepcionam. Novamente, a questão não é a carência de um bom ensino, mas a incapacidade de sustentar um debate público e disciplinado que nos permitiria aperfeiçoar o ensino de maneiras informadas pela fé.

Esse déficit na educação superior cristã tem consequências para o ensino e a aprendizagem cristãos nas escolas de níveis fundamental e médio. Já mencionei que as revistas de educação cristã contêm uma porcentagem maior de artigos que fazem referência a ensino e aprendizagem, e há um bom material para ser escavado. No entanto, aqui também a pesquisa sobre educação cristã tem sido muitas vezes individual, fragmentada e carente de coesão. Em uma extensa revisão das pesquisas empíricas publicadas sobre escolas com um *ethos* cristão, Elizabeth Green concluiu que esse ainda era um "campo de pesquisa subdesenvolvido".[19] Green notou que

> a falta de clareza por parte dos pesquisadores e das escolas sobre o que se entende por uma escola com um *ethos* cristão tornou difícil chegar a conclusões sobre o impacto dessas escolas. [...] Da mesma forma, a falta de clareza sobre o que se entende pelo termo "impacto" torna difícil tirar conclusões, pois diferentes relatórios de pesquisa podem conter coisas fundamentalmente diferentes. A

---

[19] Elizabeth Green, *Mapping the field: a review of the current research evidence on the impact of schools with a Christian ethos* (Londres: Theos, 2009), p. 82.

diversidade das escolas estudadas e dos paradigmas de pesquisa utilizados dificultou a obtenção de conclusões seguras.[20]

Quando os professores dessas escolas procuram líderes intelectuais cristãos para se orientar sobre como moldar a educação cristã, o que costumam receber são informações sobre as posições teológicas e filosóficas que devem sustentar e promover. Isso pode levar a uma replicação no nível do ensino fundamental da ideia de que ser um professor cristão é principalmente oferecer devocionais ou debater alguma perspectiva cristã controversa sobre o assunto em sala de aula. Isso falha em estabelecer as bases para uma reflexão séria nas escolas sobre questões de como as práticas de avaliação ou o design das folhas de exercícios ou as mudanças na tecnologia educacional podem afetar a formação da fé entre os alunos. A fragilidade dos estudos acadêmicos cristãos sobre ensino e aprendizagem limita e deforma os tipos de diálogo sobre educação cristã que seriam viáveis entre aqueles que ensinam no ensino superior e aqueles que ensinam em escolas de ensino fundamental e médio.

OLHANDO PARA FRENTE

A intenção deste livro é mostrar algumas maneiras pelas quais um debate mais cuidadoso e detalhado sobre ensino e aprendizado cristão é possível. Para que tal conversa cresça, é necessário se reavaliarem as prioridades dos estudiosos cristãos. Os líderes de instituições e departamentos terão de adotar algumas medidas para mudar as barreiras institucionais e profissionais que impedem o envolvimento com os estudos sobre ensino e aprendizagem. As oportunidades variam de ações tão simples quanto desistir de desdenhar desse engajamento, como se fosse algo menos importante que o trabalho disciplinar, a tentativas mais sistemáticas de promover ambientes e estruturas no *campus* que encorajem e recompensem o engajamento acadêmico com questões sobre a pedagogia cristã.

Para o acadêmico individual, há um escopo considerável de diferentes formas de engajamento acadêmico. O trabalho empírico sobre ensino e aprendizagem em contexto cristão, tanto qualitativo como quantitativo, pode coexistir alegremente com análises mais fenomenologicamente orientadas de

---

[20] Ibidem, p. 83. Para alguns esforços mais recentes e sistemáticos de fornecer uma imagem fundamentada em pesquisa dos resultados das escolas cristãs, veja https://www.cardus.ca/research/education/, acesso em: 25 fev. 2017.

ideias, eventos e práticas de ensino específicas. Há muito espaço (como sugeri no final do capítulo 7 e no capítulo 8) para reengajar fontes históricas, teológicas e literárias com um olho nas questões pedagógicas, e não em nosso repertório mais comum de preocupações. Há muito espaço para explorar a forma como mudanças informadas pela fé na perspectiva intelectual podem reformular especificamente os desenhos de programas, cursos e disciplinas. Acredito que há uma necessidade particular de desenvolver e praticar formas de escrita acadêmica que possam nos oferecer uma visão detalhada dos contextos e práticas específicos e oferecer narrativas perspicazes que permaneçam engajadas com as estruturas teóricas relevantes e, portanto, não se tornem meras anedotas. Tentei fornecer exemplos disso; espero que outros possam fazer melhor. Neste livro, concentrei-me na instrução em sala de aula, mas há outros contextos de aprendizado, incluindo estudo fora do *campus*, aprendizado acadêmico de serviço e instrução on-line, que podem ser examinados com questões semelhantes em mente. Existem periódicos como o *Christian Scholars Review, Christian Higher Education* e o *International Journal of Christianity and Education* que aceitam trabalhos em uma variedade de gêneros de escrita acadêmica e de uma variedade de disciplinas. Um primeiro passo prático para o engajamento com essas oportunidades é buscar colegas que estejam interessados em questões de ensino, aprendizagem e formação, qualquer que seja sua disciplina, e iniciar conversas e colaborações.

Fora algumas preciosidades ocasionais, as safras anteriores foram escassas no que diz respeito a pesquisas publicadas para aqueles que estão preocupados com a pedagogia cristã. Sugiro que é importante não apenas para o desenvolvimento de nossos alunos, mas também para a saúde futura da educação cristã em todos os níveis, que nosso envolvimento com o academicismo cristão sobre o ensino e a aprendizagem se torne mais robusto, difundido, bem como mais colegiado e colaborativo. Existem alguns sinais encorajadores nos últimos anos, com um crescente interesse pela fé e pela pedagogia em alguns livros recentes e em conferências.[21] Que o progresso continue e se aprofunde à medida que formos aprendendo juntos a praticar e articular uma pedagogia enraizada no chamado do professor e do acadêmico cristão.

---

[21] Veja, p. ex., Karen E. Eifler; Thomas M. Landy, orgs., *Becoming beholders: cultivating sacramental imagination and actions in college classrooms* (Collegeville: Liturgical Press, 2014); Scales; Howell, orgs., *Christian faith and university life*, conferências bienais sobre fé e pedagogia são organizadas pelo Kuyers Institute for Christian Teaching and Learning da Calvin College, disponível em: https://www.pedagogy.net.

Para reflexão e debate

- Que tipos de textos acadêmicos têm maior probabilidade de impactar sua própria prática pedagógica?
- Quais textos acadêmicos você descobriu em sua própria disciplina que abordam questões pedagógicas de maneira informada pela fé? Como isso poderia ser estendido?
- Quais colegas de sua própria instituição ou de uma instituição próxima seriam os parceiros de diálogo mais promissores para investigar tópicos pedagógicos?
- Se seu próprio trabalho inclui escrever e publicar, há maneiras de contribuir para uma conversa mais ampla sobre fé e pedagogia?

ÍNDICE REMISSIVO

A
adoração 74, 82, 86, 100
amor a Deus e ao próximo 64, 77, 83, 88, 117
amor autocentrado 74, 75, 82, 83, 86, 87, 89, 100
atenção 47, 90, 91, 137, 169, 193
avaliação 28, 55, 61, 100

B
Bernardo de Claraval 134
Bíblia e a pedagogia 28, 65, 137, 156
Bonhoeffer, Dietrich 94, 158

C
Call, Carolyne 46, 136, 184, 185, 186, 187, 188
carga cognitiva 44
ciências 20, 24, 32, 54, 98, 123, 127, 137, 193
complexidade 54, 61
comunidade
    Bonhoeffer e a 144, 153
    como recurso 188
    sala de aula 62, 108
consumismo 60, 79, 83, 88, 134
Cooling, Trevor 117
cosmovisão 20, 21, 23, 26, 31, 49, 55, 75, 89, 104, 129, 178, 194, 196, 198
    e o imaginário social 131
cristão, academicismo 199

D
dever de casa 24, 105, 110, 158, 172
disposição da sala de aula 38, 44, 57, 111, 184
Dykstra, Craig 63, 94, 105

E
ecossistema, ensino como 57
educação física 115
empatia 77, 83, 92, 128
ensino de línguas 40, 100, 163, 168, 184
espaço físico 44, 57, 166
estranhamento 117

F
fatores afetivos 44, 57, 111, 187
formação
    como objetivo 60, 158
    do professor 181, 187
    e a fé 27, 146, 148
    implícita 61, 66, 143

G
graça 76, 136, 143, 149, 184
Green, Elizabeth 117, 204

H
Heschel, Abraham Joshua 168, 170
história 55
hospitalidade
    a estranhos 31, 87
    ensino e 33, 63, 137, 170, 187
Huebner, Dwayne 166, 167

I
imagem de Deus 63, 88, 94
imagens 77, 90, 129, 131
imaginação 33, 48, 79, 82, 90, 99, 105, 106, 107, 108, 115, 118, 130, 134, 135, 136, 137, 144, 154, 156, 157, 158, 160, 166, 171, 172, 173, 174, 179, 185, 186
imaginário social 131
integração de fé e aprendizagem 31, 166, 178, 199

L
Lakoff, George 99
lar, pedagogia como 33
leitura 109, 141, 158, 175
lentidão 90, 91, 175
lugar de poder 166

M
matemática 61, 117, 129, 133
McLaren, Peter 166
método, ensino como 33, 58, 96, 199
modelar 66, 79, 90, 172

N
nomes, aprender os 47, 63

O
objetivos
　das disciplinas 39, 113
　focais 61, 113
　múltiplos 55, 60, 148
oração 151, 166
ordem moral 70, 83, 89
ouvir 48, 65, 79, 89, 137, 175

P
participação 39, 48, 108, 110, 147, 168
pesquisas acadêmicas sobre ensino/aprendizagem 204
pessoas
　alunos como 55, 63, 76, 99
　natureza das 72
　representação das 77, 92, 127
pão, ensinar como o partir do 137
postura 41, 110, 166
práticas
　cristãs 94, 187
　e crenças 64, 99
　e a imaginação 163
　motivadas 99
　pedagógicas 90, 115, 158

R
relacionamentos 24, 26, 34, 54, 78, 143, 180
repertório 48, 65, 71, 88, 100, 131, 205
ritmo 41, 42, 43, 44, 53, 160, 162, 163, 167, 168, 169, 170, 175
Rosa Branca 94

S
segurança 44, 46, 55, 60, 107, 132
shabbat 173
silêncio 41, 56, 99, 109, 152, 160, 167, 168, 170, 174, 175, 182, 183, 185
Smith, Charles 82

T
Taylor, Charles 129, 130, 195, 199
tempo 175
　arquitetura do 170
　gerenciamento do 37, 40, 44
　inícios e fins 38, 48, 173
tipicamente cristão 65, 99, 181
tsunami, unidade de ensino sobre 129, 133

V
virtudes
　e leitura 141, 174
　e o ensino 26, 115, 184

W
Wenger, Etienne 48, 105, 123, 124, 147, 148
What if learning [Aprendizado "e se...?"] 117, 179
　escolher o engajamento 110, 115, 158
　remodelar a prática 111, 114, 115, 175
　ver de maneira nova 108, 115, 137
Wright, N. T. 98, 157

Este livro foi impresso pela Geográfica, em 2023, para a Thomas Nelson Brasil. A fonte do miolo é Lora. O papel do miolo é pólen natural 80g/m², e o da capa é cartão 250g/m².